威廉·庞德斯通 WILLIAM POUNDSTONE

立于思想巅峰的畅销书王者
——以思考审视社会，以笔触警醒世人

从麻省理工学院的物理学高才生到家喻户晓的畅销书作家

庞德斯通从小就对科学有着浓厚的兴趣，痴迷世界上的一切神秘事物。在八九岁时，他读了美国著名科普作家马丁·加德纳（Martin Gardner）的《百万人的相对论》(Relativity for the Million)一书，被该书深深地吸引，自此深深地爱上了物理学。20世纪70年代，庞德斯通以骄人成绩获得了美国国家优异奖学金，并进入世界知名学府麻省理工学院攻读物理学。

从麻省理工学院毕业后，庞德斯通有过一段短暂的编辑生涯，这段经历对他后来的写作大有裨益。而对书籍的热爱，让他立志成为一名作家。

物理学专业和理工科背景给庞德斯通之后的写作刻下了深深的烙印。他对探究隐藏在事物背后的奥秘表现出了前所未有的热情，这让他在每一部著作中都对事物本质进行了几近苛刻的探求。正是这种追根溯源的态度成就了庞德斯通的写作之途，让他成为美国家喻户晓的畅销书作家。

传奇家族赋予的探索基因

庞德斯通对生活中的任何事物都充满好奇心,他很喜欢研究一些看似不起眼,但能对人们的生活产生很大影响的现象。而且他非常善用幽默且灵动的笔触来描述自己的发现。在他的书中,严谨的科学知识和数学知识总能以一种充满趣味的方式被呈现出来。这与家庭成员及富有传奇色彩的家族历史对他的影响是分不开的。

他的父母与著名演员、5次艾美奖得主唐·诺茨(Don Knotts)是大学同学。他的堂姐葆拉·庞德斯通(Paula Poundstone)是美国著名喜剧演员,曾在多部喜剧及多档脱口秀节目中有过出色表现,如喜剧《猫、警察和职员》(Cats, Cops and Stuff)以及脱口秀《杰·雷诺今夜秀》(The Tonight Show with Jay Leno)等。她也曾荣获"美国喜剧奖最佳脱口秀女演员"称号,两次荣膺"有线电视杰出奖",在"史上最伟大的100位喜剧演员"中排名第88位。

庞德斯通本人也有很多有趣的奇遇。他曾经有机会领养《宋飞正传》(Seinfeld)的制片人拉里·戴维(Larry David)的猫,不过最终因为怕自己无法承担照顾小动物的责任而遗憾放弃。

WILLIAM
POUNDSTONE

17部超级畅销书，两获普利策奖提名

不得不承认，庞德斯通的作品题材涉猎范围之广令人钦佩至极，从物理学、数学，到社会学、经济学、管理学……几乎无所不包。从1983年的第一本书《大秘密》，到如今的《知识大迁移》《概率思维预测未来》，庞德斯通已出版著作17部，而且每一部作品都成为家喻户晓的超级畅销书。其中，《循环的宇宙》和《推理的迷宫》两部作品还分别获得了普利策奖提名。广为中国读者熟知的《无价》，得到了诺贝尔经济学奖得主丹尼尔·卡尼曼的青睐，也被罗永浩盛赞为"一大奇书"。

庞德斯通为读者营造了一个充满趣味又不乏真知灼见的阅读殿堂。他将带领你拨开错综复杂的生活迷雾，一探事物的核心本质。追随他的脚步，以前所未有的激情，让自己的思维来一次大飞跃吧！

威廉·庞德斯通系列作品

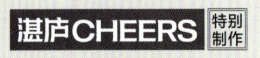

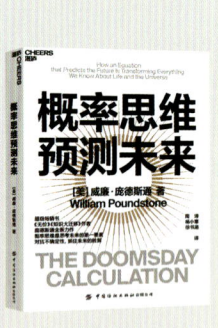

作者演讲洽谈，请联系
BD@cheerspublishing.com

更多相关资讯，请关注

湛庐文化微信订阅号

湛庐 CHEERS 特别制作

湛庐 CHEERS

与最聪明的人共同进化

HERE COMES EVERYBODY

无价

[美]威廉·庞德斯通（William Poundstone）◎著　闾佳◎译

浙江教育出版社·杭州

中文版序

价格蕴含着人类心灵的奥秘

来想想上海的房价之谜吧！从 2000 年到 2004 年，上海房地产的价格将近翻了一番。尽管房价的变化速度着实叫人眼花缭乱，但房地产开发商们仍然费了不少心血，以便给房子定一个正确的价格。对新建的高层楼房来说，开发商要"照顾"到买家的偏好：低楼层潮湿且容易滋生蚊子，窗外看不到好风景，大众觉得它不够有面子；13 这个数字不吉利，14 听起来像是"去死"，所以，这两层不受买家的欢迎；此外，购房者们一般也不想要最顶层，因为到了夏天实在太热了。

在确定价格时，开发商要顾及所有这些因素。房子太贵，卖不出去；太便宜，开发商赔钱。定价的标准是，"坏"楼层卖得跟"好"楼层一样快。可惜，开发商们在这一点上失败透顶："坏"楼层的房子要卖出去耗费的时间总是更久，定价再便宜也不管用。

2008 年，奚恺元、让－皮埃尔·杜贝（Jean-Pierre Dubé）和张岩在《营销研究》杂志上撰文论述了这一矛盾。它是价格心理学上的绝佳例子。价格心理学是一个超有趣的研究领域。这个领域有一条戒律：**人们并非总有明确的偏好**。还有另一条戒律：**人们提出选项的方式方法，会影响他们做出的决定**。正如阿莫斯·特沃斯基（Amos Tversky）所言："与其说我们挑选的是选项本身，倒不如说我们挑选的是选项的说法。"

无价
PRICELESS

举个例子，人们现在了解到，做出选择的潜在认知机制有别于估计价格或其他定量数字。这是一点重要甚至烦人的发现，因为大部分传统经济学都假设：做出选择（买还是不买）和确定公平价格是配套的，前者相当于你的手，后者相当于你的手套——瞧，伸出手戴上手套，就是这么合适。确定公平价格的能力是市场经济的基础。

可有时候，我们设定的价格却跟我们做出的选择完全是两码事。奚恺元的研究小组向潜在的购房者提出以下问题："你是愿意花50万元买一楼的房子，还是愿意用56万元买八楼的房子？"绝大多数购房者表示，他们倾向于购买更贵的八楼。这没什么奇怪的，因为购房者说，他们认为楼层比价格更重要。人在做选择的时候，考虑的因素越是重要，这种因素所得的权重就越多。故此，那些购房者强烈地偏爱"更好"的楼层，只有很大的价格差异才能驱使他们选择楼层不佳的房子。

另一组购房者回答的问题稍有不同。研究小组告诉他们，一楼房子的卖价是50万元，请他们给八楼房子安排一个公道的价格。所有购房者定的价格，全都低于56万元。指定价格和做出选择有所区别，两者其实分属于大脑不同的部位，是两种思维过程。尽管人们努力想给较好的楼层分配一个公平的"贴水"，但他们力有未逮。结果，较好楼层的价格出现了系统性低估——在实验室研究里是这样，在研究小组采访的地产销售部里也是这样。好楼层总是最先卖光，于是晚来的买家可选范围变小了，开发商少赚了钱。

多年来，经济学家一直不愿承认决策心理学在商业世界的重要地位。而奚恺元等人的实验极有影响地论证了价格心理学的相关作用。蓬勃发展的经济和新兴的市场使中国成了此类研究的重地。《无价》的读者遍及全球，着实让我欣喜。我希望中国读者也能看出它的启示意义。正如我们所发现的：**价格不只是数字，在很多方面，它蕴含着人类心灵的奥秘。**

威廉·庞德斯通

William Poundstone

你了解价格的魔力吗？

扫码鉴别正版图书
获取您的专属福利

扫码获取全部测试题及答案，
一起了解价格的本质

- 是谁把经济冲突比喻为博弈？（ ）

  A. 冯·诺伊曼

  B. 卡尔·马克思

  C. 亚当·斯密

  D. 丹尼尔·卡尼曼

- SKP 公司的座右铭是：价格是一道危险的杠杆。这是指价格波动能大幅度影响：（ ）

  A. 员工流动率

  B. 用户满意度

  C. 股票价格

  D. 利润率

- 很多超市把主要入口设在店面右侧，这更可能是因为：（ ）

  A. 右侧风水好

  B. 顾客沿逆时针方向逛商店会让店家赚得更多

  C. 巧合而已

  D. 大部分顾客习惯靠右行走

扫描左侧二维码查看本书更多测试题

引言
一杯近 290 万美元的咖啡 / 001

第一部分
价格背后的心理奥秘

- 为什么百老汇剧场里价格越高的位置卖得越火?
- 为什么 100 万美元带来的愉悦感,却要用 400 万美元才能翻倍?
- 为什么有人说得出张国荣的老唱片该比蔡依林的贵 2 倍,却说不出它到底该卖 10 块还是 1 毛?

第 1 章　价格没头脑 / 009

第 2 章　黑就是白 / 014

第 3 章　价格效用:谁在决定价格 / 026

第 4 章　偏好逆转:为什么喜欢 A 却给它的定价低 / 038

第 5 章　锚定效应:随锚点上下浮动的价格 / 052

第 6 章　记忆价格和前景理论:我们对价格很愚钝 / 068

第 7 章　最后通牒博弈:讨价还价中的心理状态 / 080

第 8 章　一掷千金:丰厚的奖金是否影响判断 / 096

第二部分
魔术般的价格骗局

- 为什么重达 72 盎司的牛排会免费?
- 为什么同样一瓶啤酒,小卖部和旗舰店售价相同,而小卖部却被顾客认为是敲竹杠?
- 为什么一双 800 元的鞋子旁要摆一双 1 200 元的鞋子?

第9章　免费的72盎司牛排 / 105

第10章　价格吸引的诱饵 / 112

第11章　普拉达的"托儿" / 118

第12章　菜单标价心理战 / 123

第13章　超级碗门票的价格 / 129

第14章　电视购物全是套装且还有赠品 / 134

第15章　移动电话资费套餐的秘密 / 137

第16章　折扣券的秘密 / 141

第17章　浮云般的定价依据 / 145

第18章　你真的相信便宜和更便宜吗 / 149

第19章　神奇数字9 / 151

第20章　分不清的免费和低价 / 161

第21章　房价一定要定得比市值高 / 165

第22章　卖了安迪·沃霍尔的海边别墅 / 171

第三部分
挥舞价格的魔棒

- 为什么议价时一定要抢先报价，而且一定要"狮子大开口"？
- 为什么如此强硬的杰克·韦尔奇会在离婚大战中败下阵来？
- 为什么一颗头骨会拍出上千万的高价？

第23章　抢先报出你的价格 / 179

第24章　让对手注意力不集中 / 186

第25章　喝喝小酒，好做生意 / 191

第26章　通货膨胀背景下的货币错觉 / 195

第27章　兜售货币错觉 / 202

第28章　利用性别差异的最后通牒博弈 / 206

第29章　漂亮的人薪资更高 / 211

第30章　巧妙利用"傻瓜蛋理论" / 213

| 目 录

第 31 章　利用性别差异定价 / 218

第 32 章　全是睾酮和催产素惹的祸 / 222

第 33 章　百万美元俱乐部 / 228

第 34 章　淘气的市场先生 / 234

第 35 章　看在上帝的分上 / 240

第 36 章　锚定解毒剂 / 243

第 37 章　带上你的好朋友 / 247

第 38 章　义愤理论 / 251

第 39 章　环境影响判断 / 256

第 40 章　金钱，巧克力，幸福 / 261

◀ 湛庐文化特别奉献 ▶

精读指导

无价：潘多拉星球的故事 / 267

精读指路人　营销与销售行为专家孙路弘

引言

一杯近290万美元的咖啡

"你要的越多,得到的就越多"

1994年,新墨西哥州阿尔伯克基(Albuquerque)地区陪审团判定,麦当劳应赔偿斯特拉·利柏克(Stella Liebeck)近290万美元,原因是利柏克自己打翻了麦当劳卖给她的一杯热咖啡。尽管热咖啡造成利柏克三度烫伤,但美国公众可不怎么同情她。深夜模仿秀和电台主持人把她变成了人肉靶子。谈话类节目的客座嘉宾们把这场官司当成重点案例,展示"我们的法律制度出了什么问题"。《宋飞正传》(Seinfeld)有一集的剧情就是克莱默[①]起诉被打翻的咖啡,一家网站设立了"斯特拉奖"——专门给司法制度下最疯狂的判决颁发雷人奖。

利柏克受伤并不是闹着玩的。她的孙子开车载她来到麦当劳的"得来速"窗口[②]。他们买了咖啡,孙子把车开到路边停下,方便利柏克老太太往里面加奶加糖。老太太把咖啡杯夹在两膝之间,掀开盖子。就在这时,咖啡洒了。利柏克花了11 000美元的医疗费,用于腹股沟、臀部和大腿的皮肤移植。棘手的问

---

① 剧集中的人物,宋飞的怪邻居。——译者注
② 顾客待在车里就能点餐的便捷服务。——译者注

无价
PRICELESS

题是，你该怎样给利柏克的痛苦和麦当劳的过失定价呢？起初，利柏克要求麦当劳赔偿 20 000 美元。麦当劳拒绝了，并且提出赔偿 800 美元。

利柏克的律师，在新奥尔良出生的里德·摩根（Reed Morgan）擅长打这种官司。1986 年，他代表休斯敦的一位妇女向麦当劳提起了诉讼。那位妇女也是因为咖啡洒了，三度烫伤。摩根用他迷人的美国南部腔男中音，提出了一个高明的法律理论：麦当劳的咖啡存在"缺陷"，因为它太烫。麦当劳负责质量控制的人说，咖啡应当介于 180～190 华氏度[①]，而这个温度，比其他连锁店的咖啡要烫些。休斯敦一案以 27 500 美元的赔偿额达成和解。

摩根跟踪监控了随后的咖啡官司。他知道，1990 年，加利福尼亚州的一位妇女因为麦当劳的咖啡造成三度烫伤，以麦当劳赔偿 23 万美元达成和解，只不过这件事没有大张旗鼓地宣传。但这里有一个很大的区别：在加利福尼亚州的案子里，是麦当劳的员工把咖啡洒到妇女身上的。

由于利柏克是自己把咖啡弄洒的，按理说这件案子的索赔金额应当远远少于 23 万美元。但摩根根本不管这一套，他对陪审团使用了一种颇具争议性的心理战术。等会儿我再详细介绍它，此刻先暂时用一连串的美元符号"＄＄＄＄＄＄＄＄＄＄"来指代它。

这种技术奏效了。陪审团就好像被催眠了一般，判给利柏克近 290 万美元的赔偿费。这包括 16 万美元的补偿性赔偿，外加 270 万美元的惩罚性赔偿。为做出这一判决，陪审团用了 4 个小时。据报道，一些陪审员报出的赔偿额高达 960 万美元，是其他人好说歹说才把他们劝下来的。

虽说赔偿额减少了，但麦当劳上诉是免不了的。81 岁的利柏克可不会返老还童。她很快就跟麦当劳达成了庭外和解，和解费保密，据说低于 60 万美元。她肯定意识到自己已经打出了一记漂亮的"本垒打"，这种事恐怕是可一而不可再。

---

① 相当于82～88摄氏度。——译者注

说完麦当劳的咖啡，让我们再来看看那些换包装的秘密。"四季宝"（Skippy）花生酱重新设计了包装用的塑料罐。"以前用的罐子，底部是平的，"西蒙顾和管理咨询公司（Simon-Kucher & Partners，下文简称 SKP 公司）的定价顾问弗兰克·卢比（Frank Luby）解释说，"现在的则向内凹进去，这样可以少装几盎司[①]花生酱。"老包装一罐能装 18 盎司，而新包装只能装 16.3 盎司。原因嘛，再明显不过：方便四季宝减少分量而价格不变。

花生酱罐子底部的凹陷设计，跟一种定价理论有着很大关系，在心理学文献里，它被叫作"任意连贯性"（coherent arbitrariness）。

你不可不知的价格术语

任意连贯性

该理论说，消费者其实并不知道什么东西该值多少钱。他们茫然地穿过超市货架，根据种种线索判断价格。任意连贯性首先是一种相对理论。买家的主要敏感点是相对差异，而非绝对价格。

四季宝换了新包装，相当于花生酱涨价 10%。可要是厂家直接涨价 10%（比如涨到 3.39 美元），消费者肯定会注意到，有些说不定还会转而购买其他品牌。根据这一理论，消费者会很乐意支付给四季宝 3.39 美元，只要他们不知道涨价了。四季宝花生酱的消费者往往是些小孩子，他们隔一段时间就会买一罐，并且记得上次是什么价。对于这样的产品，顾问们建议采用"隐性"缩小包装的创新方法。2008 年夏天，家乐氏（Kellogg's）旗下生产的可可亚脆米花、香果圈、爆米花、苹果酒和蜂蜜麦片逐步采用细长型纸包装盒——几乎没有人注意到。消费者只看到盒子摆在货架上的高度和宽度，等他们伸手取下盒子时，其实已经做出购买决定，转头开始想别的事儿了。

---

① 1 盎司≈28.35 克。——编者注

无价
PRICELESS

价格实验

大雅（Dial）和激爽（Zest）肥皂把模具改小了，这样肥皂的重量少了差不多0.5盎司（约14克），而外包装盒子丝毫没变。北棉（Quilted Northern）把自家生产的超柔卫生纸缩窄了0.5英寸（约1.27厘米）。泡芙（Puffs）纸巾的制造商把纸巾长度从8.6英寸（约21.84厘米）缩短到8.4英寸（约21.34厘米）。由于包装盒大小不变（约24.13厘米宽），所以盒子里多出来的空间足有1英寸多（约2.54厘米）。你看不出来，是因为纸巾盒的开口在中间。不管怎么说，消费者根本不会注意到这些缩水，除非他们有旧款泡芙纸巾，来仔细量一量。

这套把戏也就能耍到这个地步。再怎么缩水，麦片盒子也不能扁得像信封，罐子也不能做成实心塑料疙瘩。总有一天，制造商们要采取一项人人都能注意到的大胆行动。它会引入一种全新的经济型包装。不管是在大小、形状，还是在其他设计方面，新包装（和新价格）都难以跟以前的比较。消费者困惑不已，无从判断换了新包装的产品是否划算。于是，他们干脆两眼一闭，把产品扔进了手推车。包装缩水的戏码就这么永无休止地循环上演。

如果你觉得这套把戏很蠢，那你不是第一个这样认为的人。好多人嘟哝说，他们宁可付高价，也要搞清楚所买产品的重量。还有些人赌咒发誓说，他们会观察商场的比较标签，精确计算每盎司的价格，断不会受此愚弄。但价格顾问们知道一件事：消费者说的和做的并非一回事。对大多数人来说，价格记忆是短时记忆，外包装记忆则更是如此。

很多公司曾经只能用经济学入门教科书上的需求曲线来制定产品定价策略。上一代，波士顿咨询、罗兰贝格等事务所，靠着为企业提供超级复杂的定价心理技巧服务而赚了个盆满钵满。但抢先专攻定价咨询的，还要数前文提到的SKP公司。正是SKP公司把定价策略彻底发展成了一门高深的学问。

引 言

关于 SKP 公司对日常生活所需种种商品的定价的惊人影响，我们意识到的很少。适用于其他类型咨询工作的规则，放到价格上就不成立了。一家广告公司不可能同时代理可口可乐和百事可乐——SKP 公司却可以。在不少行业，SKP 公司招揽了一多半的顶尖公司。目前，在它的客户名单里，是这样一些如雷贯耳的名字：宝洁、雀巢、微软、英特尔、德州仪器、沃达丰、诺基亚、霍尼韦尔、蒂森克虏伯、华纳音乐、贝塔斯曼、默克、拜耳、强生、瑞银、巴克莱银行、汇丰银行、高盛、道琼斯、希尔顿、英国航空、汉莎航空、阿联酋航空、宝马、奔驰、大众、丰田、通用、沃尔沃、卡特彼勒、阿迪达斯和多伦多蓝鸟队。不管你是给短信息、卫生纸，还是给机票设定价格，同样的心理技巧都适用。对 SKP 公司的顾问们来说，价格具有最普遍的无形说服力。

虽说价格只是一个数字，但它能唤起人们复杂的情感——这种东西，现在靠着大脑扫描，咱们都能看见了。在不同背景下，消费者对同样的价格会产生不同的感知：既可能觉得是捡了天大的便宜，也可能觉得是被狠狠敲了一记竹杠；还可能完全没上心。有些技巧是普遍适用的，比如包装缩水，价格以神奇数字"9"结尾。但价格咨询，可不仅仅是在扁平世界里用来叫卖的新招数。它利用了心理学近些年来最重要、最新的一些科研成果。设定价格的行为稀松平常，可在这一过程中，商家把内心的欲望变成了人人都看得见的数字语言。事实证明，这一过程，狡猾得惊人。

1984 年，阿莫斯·特沃斯基获麦克阿瑟奖时开玩笑说，自己的工作不过是确定了"广告人和二手车推销员早就知道"的东西。这可不光是自谦的客套话。当时，钻进钱眼儿里的从业者们对特沃斯基的接受程度，可比大多数经济学家和 CEO 要高多了。营销人员早就在做价格心理学方面的试验了。在邮购的鼎盛时期，厂家为了测试定价策略的效果，经常印制不同版本的产品目录或传单。你还以为价格是固定不变的？这些研究成果一定可以打消你所有的幻想。营销人员和销售人员清楚地知道客户愿意付多少钱，并且随时都可以变；凭借这一事实，钞票滚滚而来。经济学家唐纳德·考克斯（Donald Cox）甚至说，行为经济学基本上是"营销专家们的老把戏，他们早就把'经济人'概念从焦点小组

里踢出去了"。

到了今天，研究价格的心理学家与营销顾问及价格顾问群体产生了互相依赖的关系。不少顶尖的理论家，包括特沃斯基、丹尼尔·卡尼曼（Daniel Kahneman）[①]、理查德·泰勒（Richard Thaler）、丹·艾瑞利（Dan Ariely），都在营销期刊上发表过重要研究成果。SKP公司有来自三个大洲的学者当学术顾问。当今的营销工作者大声地赞美锚定和任意连贯性，以及它们令人不安的力量。"许多像我这样从事营销教育的人都会在开课时说：'我们讲的不是要操纵消费者，我们是要发现并满足他们的需求。'"哥伦比亚大学的埃里克·约翰逊（Eric Johnson）说，"接着，等你入行工作一阵子，你会意识到，嘿，我们分明能够操纵消费者嘛！"

---

① 诺贝尔经济学奖得主，行为经济学之父。其最新著作《噪声》中文简体字版已由湛庐引进，由浙江教育出版社2021年出版。——编者注

第一部分

价格背后的心理奥秘

- 为什么百老汇剧场里价格越高的位置卖得越火?
- 为什么100万美元带来的愉悦感,却要用400万美元才能翻倍?
- 为什么有人说得出张国荣的老唱片该比蔡依林的贵2倍,却说不出它到底该卖10块还是1毛?

PRICELESS

第 1 章
价格没头脑

  假设有人让你拎起一个手提箱，猜猜它多重。你能猜得多准确呢？大多数人都承认自己猜不了多准。手臂肌肉、大脑和眼睛不是用来掂量物体具体有多重（精确到千克）的。这就是为什么超市的公平秤和体重秤前总是挤满了人——大家用秤一称，个个目瞪口呆。

  现在再假设这个行李箱无人认领，被摆上了拍卖台。它的锁被撬开了，里面装着一些休闲衣物、一台高级相机，还有一些没怎么用过的物品。这一回，你的任务是猜多少钱能中标——也就是手提箱及其中物品的市场价值。你认为你能猜得多准确？会比你猜手提箱重量更准吗？

  你可能会说，拍卖这事儿有时料不准。好吧，问题再简单些。假设你是拍卖场上的一个投标人，你所要做的就是判断你的最高出价。不是猜别人会怎么做，而只需说出这个手提箱对你来说值多少钱，以美元和美分来表示就行了。你的估价会精确到什么程度呢？为没有明确市场价值的东西标上

> 货币价值判断跟重量等感官判断大有相似之处。

无价
PRICELESS

一个价格并不难,但在本例中却要稍微难一些。你恐怕总会怀疑自己的最高出价比另外两个投标人高出一大截。

价格心理学上的一个常见主题是,货币价值判断跟质量(或者亮度、音量、温度、气味的强度)等感官判断大有相似之处。研究感官知觉的学科,叫作心理物理学。早在19世纪,心理物理学家就发现,人们对相对差异非常敏感,对绝对数值则不怎么敏感。给你两个外观上一模一样的手提箱,一个重15千克,一个重16千克,你轻轻一提,就很容易说出谁重谁轻。可要是没有公平秤,你恐怕很难判断手提箱是否超过了航空公司20千克的质量限制。

人们对价格也是一样找不着头绪。可人们在很大程度上对这一重要的事实没有正确的认识。这是因为,人们生活在一个媒体虚报价格和市场价值的氛围下。人们由于记得什么东西的成本"应该"是多少,所以接受了假象:我们的价值感觉没问题。视力不好的人照样能在家里穿梭自如,因为他记得家具摆放的位置。消费者就是这样。这叫补偿作用,不叫"视力敏锐"。

> 价格不过是拼凑出来的数字,不见得总能令人信服。

我们时不时地能得到一些线索,看出自己的价格感觉有多不靠谱。摆过旧货摊的人都知道,要给家里的废旧物品标上一个有意义的价格会是多么困难。"这张张国荣的老唱片该比那张蔡依林的贵2倍,我百分百肯定。但它到底该卖10块还是1毛,这我可就说不准了。"

相对估值稳定而一致,具体的数额却无比随意。旧货摊的例子揭示了一个我们或许不愿在商业交易中承认的真相:价格不过是拼凑出来的数字,不见得总能令人信服。

简单的发现带来了深远的影响。推动我们周遭世界运作的数字并不像看起来那么牢不可破、有着符合逻辑的基础。在新的价格心理学当中,价值短暂而又不可靠,就好像哈哈镜里的样子一样变化多端。

它挑战了人们在商业意识和常识中根深蒂固的信条:"人人都能被收买,只不过各有不同的价码。"特里·索泽恩（Terry Southern）1959年的小说《奇妙基督徒》（The Magic Christian）对这一民间智慧来了一次即兴演奏。

> 亿万富翁盖伊·格兰德（Guy Grand）爱玩恶作剧，他花一辈子想要证明，只要价格足够高，所有人就都能被收买。他的典型做法是，买下芝加哥的一栋办公大楼，把它拆了，立上一口热腾腾的大桶，里面装着从猪圈运来的屎、尿、血。而在这堆臭烘烘的大杂烩里，炖着一张张百元大钞，总数100万美元。桶上贴着告示："此处美元可免费自取。"

照格兰德的信条，只要给上足够多的钞票，什么样的事人们都肯做。人们未必个个都是贪婪积财的物质主义者，但在当今社会，相信金钱是战无不胜、超越一切的人不在少数。

"人人都有价码"理论认为，人们对自己的估价是稳定的，只要稍稍耍点儿手腕，你就能发现它。倘若有人报上一个价格（要你把自己卖给魔鬼什么的），你会把它跟心里的底价做个比较，以决定是否接受。毫不夸张地说，所有传统经济学理论都建立在格兰德的简单前提之上：人人都能得到一个价格，这些价格决定了人的行动。

现在，我们掌握了压倒性的证据，足以证明这个想法是错的。至少，把它拿来当成人类真实行为的模型绝不靠谱。早在20世纪60年代末，心理学家萨拉·利切坦斯泰因（Sarah Lichtenstein）和保罗·斯洛维克（Paul Slovic）便证明了价格具有极度的模糊性。在他们的实验中，被试无法为想要的东西或所做的选择设定一致的价格。自那以后，心理学家们研究出了这种现象的前因后果。按照新的观点，要在内心"构建"价格，人得从周围的环境中获得"线索"。特沃斯基和卡尼曼的主要研究领域是心理学下一个名为"行为决策理论"的年轻分支。它的研究内容，是人们如何做决策。乍一看，这一主题似乎颇有意义，但稍显沉闷。事实上，人

> 人人都能得到一个价格，这些价格决定了人的行动。

无价 PRICELESS

类的悲喜瞬间尽在其中。生活的一切，无非就是做决定。他们所做的"联合国"实验，示范了它是如何运作的。

价格实验

他们使用了一件道具——类似嘉年华会上的幸运大转盘，边上标着从1到100的数字。一组大学生看着转盘转动，并随机选中一个数字。你可以自己试着玩一玩——想象转盘旋转，转出的数字是65。现在，请回答以下两个问题：

（a）联合国中非洲国家所占的比例，是高于还是低于65%（就是刚刚出现在转盘上的那个数）？

（b）非洲国家在联合国中所占的比例是多少？

请把你的答案写在此处，或者稍微想一下，给出一个具体的数字。

和许多实验一样，这个大转盘也是动了手脚的。转盘只能转出两个数字，10或65。做这个手脚，只是为了简化结果分析。不管怎么说，特沃斯基和卡尼曼发现，这一所谓的随机数字，影响着被试对第二个问题的回答，而且影响极大。

如果转盘停在10，学生们对非洲国家在联合国中所占比例的估计，平均值是25%。可要是转盘停在65，平均估计值就成了45%。后一估计值几乎是前者的两倍。在这个实验中，唯一的变量就是估计比例的人看到了一个不同的"随机"数字，而且他们知道这个"随机"数字是毫无意义的。

你兴许会说，美国人的地理知识向来糟糕。美国大学生们不知道正确答案，只好靠猜，凭空幻想一个数字。你大概觉得，他们是因为对答案拿捏不准，所以才只好把刚刚凑巧出现的数字生拉硬扯上去，然而实际情况并非如此。被试并不是简单重复他们刚才碰到的数字（10或65）。他们给出了自己的数字，但在这一过程中,他们受了先前数字的巨大影响。

特沃斯基和卡尼曼把这称为"锚定与调整"。1974年,他们在《科学》杂志上发表了一篇经典论文——《不确定状态下的判断:启发式和偏差》(*Judgment Under Uncertainty: Heuristics and Biases*)。他们建立的理论认为:在估计未知数量时,最初的一个数值("锚点")充当了心理上的标杆或起点。在上面的实验中,幸运转盘上的数字就是锚点。第一个问题要被试将锚点与待估计的数量进行比较。特沃斯基认为,在回答第二个问题时,被试在心理上将锚点上下调整,以此得出自己的答案。这一调整往往并不充分。结果,答案离锚点太近。如果你只看最后的结果,那就好像是锚点施加了一种磁铁般的吸引力,把估计值拼命往自己附近拉。

> 在估计未知数量时,最初的一个数值("锚点")充当了心理上的标杆或起点。

请容我顺便问一句,你刚才猜的答案是多少呢?跟"65"对照组的平均估计值45%相差多少?此外,事实上,非洲国家在联合国中所占的比例,接近28%。

PRICELESS

第 2 章

黑就是白

一位女士怀着 7 个月的身孕，穿着高跟鞋摇摇晃晃地走着。她看到报纸上刊登的广告称，埃斯基尔森医生的诊所可以免费检查视力，觉得这挺划算。埃斯基尔森医生的诊所设在俄勒冈州尤金市（Eugene）中心法院的对面。门上一板一眼地挂着招牌：俄勒冈研究所视觉研究中心。那时是 20 世纪 60 年代，诊所里候诊室的样子跟其他小镇上的验光师诊所差不多：什么东西都不太贵，可样样整洁崭新。家具贴面是菲律宾红木镶板，地毯是墨绿色的。几幅海报为房间增添了几分色彩，其中一幅是旅游海报，上有"神奇的哥本哈根"字样——兴许埃斯基尔森医生是丹麦人？接待员接待了患者，引她上了三级台阶，进了验光室。

埃斯基尔森医生一脸严肃，看不出具体多大年纪。他下巴中间有点儿向内凹，秃顶前肯定是个帅哥。他戴着眼镜，让人觉得好像心情不大好——仿佛这份工作在跟他唱反调似的。

"请您走过来，站在这个有标志的地方，"他温和地说，"我会在墙上投射一些三角形，请您目测一下它们的高度。"

患者照做了，很快就进入了视力检查的状态。过了几分钟，埃斯基尔森医生注意到患者的动作有几分异样。

"您怎么了？"他问。"怪了，"患者道，"我怎么有点儿晕啊？""大概是怀孕的缘故？"医生不怎么确定地问。"我从来没这样过，"患者坚持道，"我感觉连站都站不住了。"这位怀孕的女士穿着高跟鞋走了几步，用手扶着墙："你是在催眠我吗？这可太卑鄙了！"埃斯基尔森医生冲着墙上的对讲机说了话："好啦，吉姆，咱们的被试发火了。"

埃斯基尔森医生的合作者保罗·霍夫曼（Paul Hoffman）曾在南太平洋空军当过领航员。告别军队后，他攻读了实验心理学博士，后来在俄勒冈大学当小助教，这期间他发现自己不怎么喜欢教书，反倒冒出了一个想法：建立智库，专门研究人类的决策。1960 年，他终于碰到了机会。他凭着美国国家科学基金会发的 60 000 美元补贴，以及房子抵押款，在 11 号码头买下一栋房子，改名为"俄勒冈研究所"。霍夫曼认为，有些研究，不搞大学那一套繁文缛节最好。

1965 年，纽约一栋办公大楼的设计师给霍夫曼出了一道难题。那栋建筑顶楼的租客们支付的租金是最高的。建筑师和工程师们担心，曼哈顿刮大风时顶层会晃悠——他们可不愿让宝贵的租户们觉得大楼摇摇欲坠。为避免此种情况，他们需要知道多大幅度的水平晃动会引起人们的注意。当时似乎完全没有这方面的数据。

霍夫曼意识到，他们需要做一个心理物理学实验。所谓"人刚好能注意到的区别"，就是一种刺激的最小可感知量（在上述案例中，就是房间的晃动幅度）。就如何测量可察区别，自 19 世纪以来已经有了大量的心理物理学文献。修些活动的小隔间本来是很容易的，不过霍夫曼知道，要是他一开始就告诉人们实验的目的，被试会满心盼着房间晃动，而这种期盼会让他们提前感觉到晃动。"于是我想，"霍夫曼回忆说，"该怎么邀请一个人来办公室，出于这样或那样的目的，请他待在某个房间里，然后开始让房间摇晃呢？"

无价
PRICELESS

霍夫曼在尤金市珍珠大街 800 号的办公大楼租了个房间，改装成验光师诊所。验光室地板下有轮子。通过一套静音液压装置（本来是锯木厂用来拖原木的），房间会逐渐加速前后摇摆，晃动幅度也会递增。晃动幅度介于 1 英寸（约 2.54 厘米）到 12 英尺（约 3.66 米）之间。心理学家埃斯基尔森凑巧是个注册验光师，他答应扮演验光师这个角色。他们总共做了 72 例假验光测试。验光的时候，他们慢慢加快房间的摇摆速度，直到被试"发火"，即说出一些表示自己对晃动有所察觉的话。埃斯基尔森和霍夫曼关心的数据是，房间的晃动幅度要多大，患者才能察觉。他们详细记录被试的生理特征（如怀孕、穿高跟鞋等），以及被试察觉时说了什么话：

我觉得站不稳。我觉得自己好像在船上。当初在宾夕法尼亚州的时候，我们做过醉酒驾驶测试，要求被试沿着一条直线走……

真不舒服。你是不是在给我照 X 光一类的东西啊？我好像被偷拍了……

我觉得你偷走了我的地心引力……

埃斯基尔森自己也没能免疫。每天他都头晕，回到家调养好，第二天早晨回来，又晕了。

实验结果表明，可察觉晃动临界值比建筑工程师们预计的要小 10 倍。虽说这不是客户想要听到的消息，但霍夫曼的研究方法引起了他们的兴趣。建筑师山崎实和工程师莱斯利·罗伯逊（Leslie Robertson）来到俄勒冈，坚持要试一下实验装置——然后，他们信了。

之前签的保密协议使得霍夫曼无法出版甚至无法公开自己的发现。建筑开发商可不愿跟负面宣传一类的消息沾边，但俄勒冈测试的确让工程师们采用了刚性更强的外部支撑部件。1970 年，该建筑以"世界贸易中心"（以下简称"世贸中心"）之名，大张旗鼓地开张了。2001 年，两架飞机在恐怖分子的劫持下撞向了世贸中心的双子塔。由于采纳了霍夫曼的建议，塔楼维持了足够长的挺立时间，使 14 000 多人得以安全逃生。

今天，俄勒冈研究所备受推崇，因为它是行为决策理论诞生的摇篮。长久以来，它是利切坦斯泰因和斯洛维克的工作场所。在这里，两人首次清晰地揭示了人们对价格和基于价格的决策是多么地摸不着头脑。还有一年，俄勒冈研究所成为当时最具影响力的两位心理学家——特沃斯基和卡尼曼的根据地。那可真是硕果累累的一年啊！

在谈到这个杰出群体之前，有必要先谈谈他们的前辈，以及心理物理学这一奇特的科学。"心理物理学"这个词是19世纪中期德国心理学家古斯塔夫·西奥多·费希纳（Gustav Theodor Fechner，1801—1887）普及开来的。靠着心理物理学，费希纳遇上了哲学史上的一个古老问题：主观体验能够比较或沟通吗？一般而言，颜色体验就是个很方便的例子。

人们是以同样的方式体验颜色的吗？有没有这样的可能：同为红色的"停止"标识，一个人看到的是红色，另一个人看到的却是绿色？有没有什么办法能把它说出来呢？看到绿色的人仍然会把标识叫作红色，因为别人一直教他"停止"标识的颜色就叫作"红色"。

本着纯粹的哲学精神，类似这样的问题是无法回答的。可它为下面的问题打开了口子：感觉的强度能否测量呢？19世纪的德国心理学家威廉·冯特（Wilhelm Wundt）对此表示怀疑：

> 一种感觉比另一种强多少或弱多少，我们永远说不出来。不管太阳是比月亮亮一百倍还是一千倍，大炮的声音比手枪响一百倍还是一千倍，要进行估算，都远非我们的能力所能及。

我们要搞懂冯特说的是什么。他并不是说，物理学家无法测量日光和月光的客观亮度。冯特的那个时代，物理学家们已经开始做这件事了。他也不是说，你问太阳和月亮哪一个更亮，人们会回答不出来。事实上，人们会百分百同意，太阳要亮得多。

冯特只是在说，主观上的比率是没有意义的。在这一点上，他犯了个弥天

无价 PRICELESS

大错。在接下来的一百多年里，跟冯特同时代的人及他的接班人们（大多顶着"物理学家"的头衔），收集了令人信服的证据，证明了人们很擅长做冯特心目中"不可完成的任务"。

"心理物理学"最切实的定义是"对物理量（声音、光、热和质量）和主观感受之间联系的研究"。就算只在德国莱比锡市，费希纳也不是第一个探讨它的人。早在1834年初，莱比锡的生理学家厄恩斯特·韦伯（Ernst Weber）就确定了迄今为止该领域最了不起的一大成果。

价格实验

韦伯让被试蒙上眼睛，要他们判断不同的砝码组合有多重。韦伯谨慎地增加小砝码，直到被试说他感觉自己负担的物体质量明显沉了些（这就是"可察差异"）。他认为，质量的相对变化（百分比）比绝对克数的变化更为重要。壮汉举起的杠铃上飞来一只苍蝇，当事人感觉不到质量的明显变化。可要是人蒙着眼睛，手掌上放了一枚硬币，同一只苍蝇飞到硬币上，他恐怕能察觉出不同。

在电灯泡和扬声器时代到来之前，心理物理学是甚为原始的一档事儿。早期的一位研究者朱利叶斯·默克尔（Julius Merkel）曾做实验要人们判断金属球落到乌木块上的声音大小。若是想让声音大些，默克尔只能从更高的地方把球抛下。另一位先驱，比利时物理学家约瑟夫-安东尼·费迪南德·普拉托（Joseph-Antoine Ferdinand Plateau）要求8名画家精确地画出位于黑与白正中间的灰色。为了不让"黑"与"白"的含义出现混淆，普拉托提供了色样。画家们取了色样，回到画室调灰色。尽管每个画室的光线有所不同，普拉托记录说，8人得出的灰色基本上相同。有人拿它当证据，想借此说明感觉也并非那么主观。他还做了一件跟费希纳的"苦命实验"极为相似的事情，直盯太阳看25秒，致使视力永久性受损。他逝世于比利时根特市（Ghent），死时双目失明，他的身后之所，距离画家凡·艾克（Van Eyck）名作《根特祭坛画》中所画的那座教堂只有咫尺之遥。

20世纪，心理物理学的发展主要得益于更好的视听设备。装配了最新的幻灯机、变阻器和音频振荡器之后，心理物理学的整个领域蓬勃发展。它的范围不仅涉及感官世界，还涵盖了道德、美学和经济价值判断。研究人员让大学生们观察倾斜的线条、色彩或现代画作的复制品；用鼻子闻毒油，用耳朵听白噪声；比较暴行、薪水和香味。接着发问就开始了：跟水平线相比，斜线的倾斜度是多少？请按1到7级给你刚才听到的声音响度分级。哪一种犯罪程度更严重？你觉得照片里的这个孩子智力怎样？

S. S. 史蒂文斯（S. S. Stevens）之所以出名，是因为他确立了物理强度与主观感觉的关联曲线。长久以来，人们就知道那不会是一条直线。

> **价格实验**
>
> 设想有一个完全黑暗的房间。打开一盏60瓦的灯。然后打开第二盏60瓦的灯。此刻的光线会比只开一盏灯时亮1倍吗？不会（几乎人人都这么说）。它看起来会更亮，但不会亮上1倍。严谨的实验揭示，要想在主观上令光线看起来亮上1倍，光源点的强度在物理上必须是先前的4倍。

这其实是一条典型的幂曲线。不用数学公式来说的话，这里有一个把握大意的办法：你正用圣诞彩灯装饰房子，想要房子的灯光亮过你邻居的。具体而言，你想要自己的灯看起来比他家亮1倍。据史蒂文斯说，你得买上瓦数差不多是邻居家灯泡瓦数4倍多的灯泡。

不管你的邻居是个环保主义者，只点一盏彩灯，还是他喜欢出风头，把自己的房子弄得五彩缤纷，这条规则都成立。要想让主观效果翻倍，灯泡瓦数就得增加到4倍（你家当月的电费账单一定很可观）。

史蒂文斯满意地注意到，他的幂曲线可以简单地概括为：相同的刺激比率可以得出相同的主观比率。这通常被称为史蒂文斯定律(幂定律)，或心理物理学定

无价
PRICELESS

律。史蒂文斯和同一时期的研究者用了整整一代人的时间确定：幂定律具有普遍性，不光适用于光线的亮度，也适用于对温度、滋味、气味、震动和电击的感觉。

两个比率之间的因数，根据刺激类型的不同而有所不同。换言之，不一定总是"4倍的刺激带来2倍的反应"。比方说，在液体软性饮料中，要感受到2倍的甜度，糖量只需是原先的1.7倍。比率还取决于刺激的呈现方式。比如，一小片金属片接触皮肤，或是热源照射小范围皮肤，抑或是像桑拿一样的热浪包裹全身，在这三种情况中，热的感觉遵循不同的幂曲线。但在给定的实验中，曲线是非常一致的。在1965年，史蒂文斯的两位同事指出："从实验事实的角度来看，幂定律是毫无疑问地建立起来了，它恐怕比心理学领域提出的其他任何理论都更为牢不可破。"

史蒂文斯想解释为什么感觉会遵循幂定律。他注意到，物理定律（比如$E=mc^2$）大部分是幂定律。通过调整为物理定律的形式，感觉能更清楚地"告诉我们实际情况是怎么一回事"。在史蒂文斯逝世后出版的文稿中曾写到，心理物理学：

> 举例来说，感觉上需要保持恒定的，是差数，还是比例，抑或是比率？显然，是比例——比率。

价格实验

走向一栋房子，房子的相对比例保持不变：从任何距离看，三角形的屋顶始终都是三角形。不管是在明亮还是黯淡的光线下看，照片上显示的都是同一幅画面：虽然光线不同，可照片光亮和阴影部分的比例看起来大致相同……不管刺激水平出现多大幅度的变化，知觉比例的效用及其关系几乎不变。请想想看，如果对话只在单一的强度范围内才能为人所理解；或者随着距离拉远，物体的外观比例就发生变化；又或者一有乌云遮蔽光线，照片就辨识不清了，那我们熟悉的生活会发生怎样天翻地覆的变化啊！

这样说来，我们的感觉以比率为基础，简直再合情合理不过了！但这里却有一个致命的弱点。对比率、对比例如此敏感的代价是，对绝对数量相对迟钝。

心理学家史蒂文斯用他典型的文风指出了这一点：

> 本书中的字体看似是黑色，实则不然，它只是因为没有来自黑色区域的光线进入你的眼睛罢了。事实上，黑色释放了大量的光，要是我们把黑色周围的白纸全都扯掉，你会发现黑色本身似乎散发着明亮的光芒，就像黑夜里的霓虹灯一样。

感觉以比率为基础，这一性质带来了许多后果。比较微不足道的一点是，它影响了心理物理学实验的设计。人们发现，实验结果在很大程度上取决于反应量表。这就是"测验"——以前是纸质的，现在是在线形式的。有两种最流行的反应量表：等级和量值。这两者你应该都很熟悉。

等级量表用于消费者调查和互联网投票。你如何评价你家的洗碗机？请选择：

1. 很差
2. 一般
3. 良好
4. 非常好
5. 绝佳

等级量表会列出数量固定的可能回答，并以文字标注。它有一个最低分（即最差选项），和一个最高分（最优选项）。

另一种方法是量值量表。它要求你用数字给某种东西打分。最低分数是0，最高分是——这里没有最高分。为什么没有最高分呢？诸如响度或质量这类物理量是没有上限的，对其的主观感受也没有明显的限制。

有时，量值量表会提供一个比较标准——模数（modulus）。它可能会给你展示一个投影出来的光圈，告诉你它的亮度是100。接着，它要你估计其他圆圈

的亮度。有前者一半亮的，就是 50；两倍亮的，是 200；当然了，完全看不见的，是 0。

模数应该能有所帮助，它的作用类似于地图上的比例尺。但史蒂文斯的妻子杰拉尔丁·斯通（Geraldine Stone）却说，他原打算省掉估计模数这一环节。史蒂文斯发现，没有它，被试们反而能给出更前后一致的判断。此后，他更青睐的技术是指导被试给出一个数字（任何数字都可以），来跟亮度、甜度和不快程度相对应。

这一套实验听起来乱哄哄的。从某种意义上来说，它确实乱——不同的人会给同样的东西分配完全不同的数字。但这并非必然。在中世纪，各地商人使用不一样的度量衡。但倘若一头牛比另一头牛重 2 倍，那么不管到哪儿，这个事实都不会发生变化，哪怕不同地方称量出的克数略有不同。在史蒂文斯的实验中，被试的绝对判断并不一致，但其比率却很有意义。让被试自己创造精神标杆，衡量史蒂文斯给出的答案，这样更为合理。

为什么模数没用呢？有了模数，被试害怕"犯错"。没有它，他们只好跟着最初的冲动走，而这通常更准确。"我喜欢这样，我可以放松下来，思考音调。"一名被试告诉史蒂文斯，"要是有了固定的标准，我会感到更多的限制，老想着对声响做加减乘除，但这很难；而没有标准的时候，声响的数据值看起来该在哪儿，我只需要把它放过去就行了。"

追溯 20 世纪 30 年代的心理物理学文献，人们有时会用"锚点"来指代模数或等级量表中的两个端点。文中说，要根据这些比较标准"锚定"判断。然而，"锚点"似乎就像玻璃窗上的气泡，会歪曲判断。

在学生们的记忆里，史蒂文斯可能并不是一个好老师，可他做过几次令人印象深刻的课堂示范。

> **价格实验**
>
> 一次，他给学生们看了一个被白色包围的灰色纸盘子。漆黑的房间里，聚光灯照在灰色盘子上，灰色看起来是白的。接着，史蒂文斯又把灯光打到了盘子周边的白色上。在周围耀眼的白色包围下，先前还是"白"色的盘子变成了"黑"色。

许多错觉就建立在类似原理的基础之上。由麻省理工学院认知科学家爱德华·H. 阿德尔森（Edward H. Adelson）提供的例子，在本质上同史蒂文斯的示范很类似。在图 2-1 中，方块 A 和方块 B 的灰度是一样的。这个错觉很有意思，连酒吧都经常用它打赌。要想证实它，不妨先去找点便利贴（大概需要 6 小块）。

> **价格实验**
>
> 把跳棋盘其他的格子仔细地遮起来，只留下方块 A 和方块 B 两处可见。还没把最后一块便利贴贴上去之前，你恐怕会惊疑：方块 A 和方块 B 两处的颜色怎么会是相同的呢？可突然之间，它们就"变成"了同一种中灰色。

图 2-1 这些方块颜色一样吗？

无价
PRICELESS

要理解这一错觉的原理并不难。圆柱体投下了一道影子，让"白色"的方块 B 变"黑"了（实际上就成了灰色）。从纸张印刷的角度来看，方块 B 的灰度值和"黑色"的方块 A 一样。但人的眼睛和大脑有比判断绝对灰度值更重要的事情要做。它们正试着理解世界（在本例中，就是图 2-1）的意义。这就意味着大脑会专注于对比。我们看到了一张棋盘，所有的"白"方块都是同一颜色，还有一道边缘模糊的影子。光与影之间的对比干扰不了棋盘黑白方块之间的对比，反过来也是一样。

所以，史蒂文斯说过这么一句名言："黑就是周围有一圈光环的白。"这句话的口气挺像作家奥威尔，但确确实实不是乱说。史蒂文斯再清楚不过了，稍稍要些小花招，你就能让人相信任何有关自己感觉的事情。在主观上，没有什么绝对的东西，只有对比。

而心理物理学家赫尔森在暗房里的经历，也为我们提供了宝贵的理论。

价格实验

赫尔森正在摄影暗房里亮着的一盏红灯底下工作，突然间他注意到一件怪事——他的烟头闪着绿光。

当然，在普通光线下，燃着的烟草放出的光看上去应该是余烬红。这一经验帮赫尔森明确了一个重要的概念——一个有关适应水平的概念。很明显，当时赫尔森的眼睛适应了暗房里不同寻常的红色灯光。较之安全灯发出的红色光芒，燃烧的烟头发出的是一种调子更冷、更黄的红色光。两相比较，后者便显得像是绿色了。赫尔森的眼睛和大脑登记的不是绝对色彩（这是数码相机用的方法），而是香烟和房间基准颜色之间的色差。

赫尔森最终得出结论，所有的感觉都要适应一定的刺激水平，接着记录从基准开始的变化。他在一系列著名的质量实验中示范了这一观点。

> **价格实验**
>
> 他先让被试一个接着一个地举起两枚小砝码，然后再让他们描述第二枚砝码有多重。他发现，被试会因为第一枚砝码而产生偏差，因为第一枚砝码充当了比较的锚点或基准。倘若锚点砝码比第二枚砝码轻，它会让第二枚砝码感觉重些；要是锚点更重，它则会让第二枚砝码感觉更轻。这种感觉的相对性会带来彻底的矛盾。赫尔森可以做些安排，同样一枚砝码，放在轻砝码之后，被试感觉重；放在重砝码之后，被试感觉轻。

从概念上讲，这没什么好大惊小怪的。如果你想显得苗条点儿，就结交些胖朋友！我们都注意到了对比效应。你是否有过这样的经历：一边想着要喝一口咖啡，实际上喝的却是茶？在那短短的一瞬间，你喝的东西味道怪不可言。它尝起来既不像茶，也不像咖啡。你所喝的，是介于期待和现实之间的落差。

第3章
价格效用：谁在决定价格

每个人的生活中都有一套非常重要的量值量表，它叫作价格。大概在公元前3000年，美索不达米亚人就认识到，他们用的质量单位谢克尔也可以用来表示大麦的量——或者能用同等大麦数量交换的其他任何东西的价值。这就是金钱和价格的萌芽。

经济学用保留价格来探讨市场力量对支付价格有着什么样的影响。但对于这事儿，有一种很是不同的看待方式。你可以把保留价格想成一套量值量表。对买方来说，价格是对拥有某物渴望程度的量化指标。对卖方来说，价格衡量的是保住自己一方也已拥有的某物（包括时间、精力和自尊这类绝对重要的东西）的欲望程度。

> **你不可不知的价格术语**
>
> 保留价格（又称最低价格、底价）
> 对经济学家来说，指的是买家愿意支付的最高数额，或卖家愿意接受的最低数额。交易价格便位于这两个极值之间。

第一部分
价格背后的心理奥秘

按日常生活的常识来看，价格是单一维度的，就像尺子上的刻度。每一种商品在量表上都对应着单一的一点。这些点整整齐齐地把世界上所有东西的价格都排列了出来。然而，价格的心理现实并非如此简单。

史蒂文斯为哈佛大学实验室里的人上了好多免费的金钱心理学课。他在班上提出过这样一个谜题：

> 假设我告诉你说，我有了一个特别基金，我会给你 10 美元。这会令你高兴，对吧？现在你来仔细想一想：要让你感到双倍开心，我得给你多少钱呢？

哲学家大可对此表示反对，所谓"双倍开心"这样的说法没有意义。但史蒂文斯的学生们似乎能毫不费力地按出题者的本意来回答这个问题。不过，他们的回答不见得能叫哲学家大吃一惊，倒是会大出经济学家们的意外：平均答案是 40 美元上下。

出乎意料地得到 10 美元是个挺不错的小惊喜。接下来的一两天，你偶尔会想起钱包里多出来的这笔钱，感觉良好。但从现在开始的一个星期之内，你会用掉这笔钱，然后忘了它。

这下子，你真能拍着胸口说，获得 20 美元会让你感觉好 1 倍吗？我刚才所说的 10 美元的结果，换成 20 美元也是一样。这样推理下来，要让人感到双倍开心，必须多于 20 美元，事实也正是如此：课堂上，学生们给出的平均回答介于 35 美元和 50 美元之间。

金钱的收益递减很难说是什么新消息。史蒂文斯发现，100 万美元带来的愉悦感，400 万美元才能让它翻倍。没有哪个经济学家会为此感到一丁儿的吃惊。这是些足以改变人生的大数目。金钱能买到的绝大部分东西，100 万美元都够了（至少在史蒂文斯生活的那个年代是这样的），没人会觉得第二个 100 万会像第一个那么有意义。

无价 PRICELESS

这就是所谓的财富效应。但它解释不了史蒂文斯的小实验。他的研究对象是哈佛大学的学生,他们中有不少来自富裕家庭,大部分人都有望得到终身的经济保障。从一辈子的角度来看,区区几十美元应该毫无意义才对。唯一有关系的事情应当是,这笔钱能买些什么。不管金钱跟开心的兑换率是多少,10美元能买到的量,20美元都能买上两倍。"正确"的答案应该是20美元。

为什么史蒂文斯的学生们不这么想呢?显然,他们想的不光是这笔钱可以买什么。金钱本身是一种能产生感觉的"刺激"——其运作原理和史蒂文斯研究的其他刺激差不多。

价格实验

1959年,日本心理物理学家印藤太郎向127名大学生展示了手表的图片和简介。他要学生们评价每只手表的合意度,并给它指定一个公平的日元价格。根据实验结果,学生们认为,一只表要达到两倍的合意度,必须为它支付8.7倍高的价格。

拿现在的价格来说,天美时手表大概在40美元左右,而你可以选择150美元上下的斯沃琪手表、3 000美元的卡地亚手表,或者30 000美元的劳力士手表。它们全都是功能良好的手表,都起计时的作用。唯一的区别是档次。戴卡地亚手表,表明你有钱,而且不怕露富。戴劳力士手表也一样,而且更张扬。劳力士手表大概比卡地亚手表更加金光闪闪,但没有哪个地方能贵出将近10倍的价格来。正如印藤太郎的学生们所指出的,价格大幅上涨,可能只买来社会地位的小幅提高。

还有研究发现了收入与社会地位之间存在的幂定律关系,以及盗窃钱财严重程度内含的幂定律关系。根据史蒂文斯引用的一项研究,要让你的社会地位翻番,你的收入必须是先前的2.6倍。盗窃的严重程度与所窃财物价值之间只存在微不足道的递增关系。要让罪行严重程度翻倍,盗窃金额需要增加到60倍。

| 第一部分 |
价格背后的心理奥秘

乍看起来，这似乎很奇怪。但大多数人都认为，凡偷东西都是错的，所窃金额反倒是次要问题。故此，根据盗窃幂曲线，偷 6 000 块钱只比偷 100 块钱情况严重 2 倍。

总体来讲，这一研究证实了史蒂文斯的观点：人对金钱的看法，跟其他感官知觉很像。价格是一套量值量表，下限是 0（我们都知道，这就是说某样东西毫无价值），没有上限。不同的特征比（礼物、盗窃等）也是量值量表里很典型的东西。

> 价格是一套量值量表，下限是 0（我们都知道，这就是说某样东西毫无价值），没有上限。

由于我们的文化对金钱追求得过于疯狂，比起很多东西来，在实际中我们对它并没那么敏感。许多感觉的增加速度比刺激本身的量提高的速度要快。要让人感觉重两倍，质量本身只需增加到 1.6 倍（所有举重选手都明白这是啥意思）；要带来双倍的冲击感，电流量只需增加到 1.2 倍（这就是为什么用它来折磨人很管用）。而要让金钱带来双倍快感，所需的金钱要更多才行。相对而言，根本就没有物美价廉这档事儿。

价格当然是一套独特的量值量表。我们当然很看重绝对价值——物品索取的绝对价格。然而，看重绝对值，并不能带来准确感知它们的能力。**锚定的花招以及利用对比和暗示营造幻觉的手法，很容易动摇人们对货币价值的评估**。很少有人预料到，这项研究揭示了一只看不见的手在操纵、误导全世界的金融决策。除了搞心理物理学的，几乎没人对此有所留意。

本尼·高福斯坦（Benny Goffstein）相当看重家庭。等他有机会自己开赌场时，他便为它取名"四女王"，讨 4 个女儿的欢心。和他经营的第一家赌场"里维埃拉"比起来，"四女王"坐落在城里，规模较小，利润也更为丰厚。

而"四女王"的一位投资者，跟高福斯坦在"里维埃拉"碰到的那些黑帮分子截然不同。此人名叫查尔斯·B. G. 墨菲（Charles B. G. Murphy），是一位品位有些"独特"的马萨诸塞州贵族。墨菲过

029

去是耶鲁大学的足球运动员,他是 J. 斯特林·洛克菲勒 (J. Sterling Rockefeller) 的朋友,他本人还是个非洲探险家、大冒险家、律师兼赌徒。他去世前的最后几年是在拉斯维加斯度过的。墨菲带着一个问题来找高福斯坦。为了避税,他先前成立了一个慈善基金会。政府向墨菲施加压力,要他把基金会的一部分资金真正投入到慈善事业上,不然别想合理避税。墨菲决心把钱投到他真心喜爱的一项科研主题上:赌博。

墨菲找周围的人打听了一圈,想找个是赌博专家的科学工作者。他想到了密歇根大学的心理学家沃德·爱德华兹 (Ward Edwards)。爱德华兹提出了一个非同寻常的请求。他和自己从前的几个学生,现在为一家名为俄勒冈研究所的机构工作,想在拉斯维加斯的赌场做一些实验。他们很喜欢在实际环境下对真人做实验。能在"四女王"做这事儿吗?身为主要支持者,墨菲身上有足够的痞气,他暗示得很清楚:这个要求,高福斯坦必须接受,没有拒绝的余地。

爱德华兹从事科研工作,最喜欢的便是提难题。他出生于新泽西的莫里斯敦 (Morristown),父亲是个经济学家。他是在餐桌上听着父亲和同事们聊天长大的。这令他对经济学产生了一种叛逆的怀疑态度。在斯沃斯莫尔学院和哈佛大学求学期间,爱德华兹决心走心理学的道路。也正是在哈佛大学,他读了约翰·冯·诺伊曼 (John von Neumann) 和奥斯卡·莫根施特恩 (Oskar Morgenstern) 的著作,可他对所读到的一切并不怎么热衷。

在匈牙利出生的冯·诺伊曼是 20 世纪伟大的数学家。在普林斯顿大学经济学家莫根施特恩的大力劝说下,冯·诺伊曼把自己天才的头脑转向了经济问题。这才有了 1944 年《博弈论与经济行为》(*Theory of Games and Economic Behavior*) 一书的问世。冯·诺伊曼把经济冲突比喻成"博弈",一种类似打扑克的东西,认为它理应经得起数学分析。

经济博弈里的筹码是美元、英镑和日元。不过,这么说还不够确切。冯·诺伊曼和一般的经济学家一样,坚持要使用一种名叫"效用"的主观性货币。你可以把效用想成是一种个人"价签",人们会把它贴在各种事情和结果上。重要的是,人们会尝试积聚最大效用,但这并不一定意味着最多的金钱。谁死的时候获得的效用最多,谁就是大赢家。

"效用"一词可追溯至18世纪。瑞士数学家丹尼尔·伯努利(Daniel Bernoulli)指出,金钱的价值是相对的。过生日时得到一张百元大钞,在5岁的孩子看来是做梦也梦不到的一笔财富,可在45岁的百万富翁看来则毫无意义。为预测人们会怎么用钱,有必要根据这些不同的评价进行调整,就好像有时必须根据通胀调整美元币值一样。

> 效用是一个强大的概念,因为它假想的价签决定了一切经济决定。

经济学家们认同伯努利的想法,原因有二:**一,它承认了一个显而易见的事实——心理状态(不光是简单的贪欲)决定着经济决策;二,有了效用概念,经济学家不用在心理学上花太大功夫**。令经济学家们感兴趣的是,建立一门如数学般精密的科学。除了少数例外,他们可不想费心思衡量金钱的心理效用,只要假设它原则上能完成就行了。

效用是一个强大的概念,因为它假想的价签决定了一切经济决定。麻省理工学院经济学家保罗·A. 萨缪尔森(Paul A. Samuelson)把这一概念融入他的"显示性偏好"理论。该理论看起来极为合理,它指出:**了解效用的唯一途径,就是看人们做了怎样的选择。选择揭示了我们对效用所知的一切,反过来,效用决定了消费者愿意支付的价格。**

假设有人可以在A和B之间自由选择,他只需对照自己无形的价签,选中效用较高的那一个即可。这样一来,做决定就简化成了数字对比。这种假设很自然地成了大多数经济理论(从需求曲线到纳什均衡)的基础。

这就又把我们带回了冯·诺伊曼的贡献上。按照冯·诺伊曼的说法,每一结果的主观价格乘上它的出现概率,即可得出最终答案。许多经济选择就是赌博。这个世界如此反复无常,棘手和有趣的选择必然会是这样或那样的赌博。因此,有必要为赌博分配价格。

无价
PRICELESS

> 了解效用的唯一途径，就是看人们做了怎样的选择。

在冯·诺伊曼提出博弈论后的第三年，赫伯特·西蒙（Herbert Simon）发表了重要作品《管理行为》（*Administrative Behavior*）。它展示了一幅全然不同的画面，来说明人们"博"的是什么"弈"。西蒙分析了企业和各层级机构如何做决定的案例。他提出了一个不朽的观点，人类是"有限理性的"。信息不足，他们太忙，偶尔也很愚蠢，没法像冯·诺伊曼说的那样把事情思考透彻。对冯·诺伊曼理论中所要求的结果，现实生活中的人似乎并没有表现出绝对的赏识。相反，决策者往往依靠灵感或者心理捷径，迅速做出符合直觉的选择。

在决定付多少钱买车或跟谁结婚的时候，总会有些取舍权衡——按爱德华兹的同事库姆斯的话来说，也就是"比较没法比的东西"。赌博让你在以下两种情况之间权衡取舍：可以赢到的钱是多少，赢到的机会是多大。故此，库姆斯和爱德华兹会让被试选择赌博的方式，看他们是选奖金多的那种，还是选获胜概率大的那种。心理学家筛选了一定的偏好，试图洞悉人是如何做决定的。1960年，库姆斯和D. G. 普鲁特（D. G. Pruitt）在研究中发现，大多数选择可以按一条简单的规则加以解释——"永远选择获胜回报最高的赌博方式"。

欢迎来到有限理性的世界。遵循这一规则的人，一定是忘了概率这档事——总是选择风险大的东西来赌。这一策略在赛马场上不怎么合适，在别处也并不见佳。爱德华兹最著名的一个实验，用上了两个背包。

价格实验

背包里装满了数目相等的扑克筹码。一个背包里装的主要是红色筹码——比如，70%的红筹码，30%的白筹码。另一个背包里主要是白筹码——比例刚好相反，70%的白筹码，30%的红筹码。你并不知道哪个背包里装的是哪样。你的任务是判断哪一个背包主要装的是红筹码。为了做出判断，你每次可以从一个背包里抽

> 取一枚筹码。你必须根据自己抽取的次数判断概率。这就好比你是庄家，必须报出当前下注的盘口。爱德华兹让学生来做实验，自己则小心谨慎地记下所抽筹码的颜色。
>
> 假设你正从一号背包里抽筹码，抽出的第一枚是红色。问题来了——这个背包里主要装红色筹码的概率是多少？
>
> 正确答案比你想的要简单：不多不少正好是 70%。但这个实验的本意并不是设计一道数学难题。大多数决定是靠直觉做出来的，爱德华兹是想看看这种直觉的本能到底有多准确。他发现，人们的猜测往往比正确数值要低。人们没有意识到，单独的一枚红色筹码也可以蕴含着有价值的信息，可事实偏偏恰好如此。

1952 年，伦纳德·"吉米"·萨维奇（Leonard "Jimmie" Savage）碰到了这辈子最难熬的一顿午餐。萨维奇是个 35 岁的美国人，来巴黎参加学术会议。桌子对面，坐着一位一脸惊诧的男士。他是莫里斯·阿莱（Maurice Allais），40 岁的法国经济学家。阿莱告诉萨维奇，自己有些东西要给他看。法国人希望美国人做个小测试。重要的一点在于，萨维奇竟然没通过这个测试。

萨维奇是个急性子的统计学家，有心为人如何做决策创建一套理论。他关心的决策大多和钱有关系。他很想知道，人们如何为商品及服务分配价格，如何在其间加以选择。萨维奇想表明有关金钱的决策是（或者说，有可能是）完全合乎逻辑的。美国著名经济学家米尔顿·弗里德曼（Milton Friedman）指望的就是这样一种理论，因为它能为他的自由市场经济乌托邦提供一个坚实的基础。

可有一个大问题，阿莱告诉萨维奇：他的理论错得离谱。① 他轻而易举地证明了萨维奇的理论有错。阿莱就像童话故事里的巨魔怪一样，提出了三道谜题：

---

① 这里，我采用的版本取自阿莱次年发表的论文，我对问题做了简化，并把货币单位改成了美元。虽说它跟阿莱向萨维奇提的谜题并不完全相同，但足以让你领略阿莱的论点了。

033

无价
PRICELESS

谜题一：你愿意选择以下哪种情况？

(a) 稳得 100 万美元。

(b) 赌一把：旋转幸运转盘。该转盘分为 100 个刻度。有 89% 的机会赢 100 万美元，有 10% 的机会赢 250 万美元，1% 的机会什么也赢不到。

阿莱认为，大多数人会选择 (a) 稳赢 100 万，因为选 (b) 的话，有可能什么也得不到——虽说可能性很小。显然，萨维奇同意这一看法。

谜题二：这次你的选择是：

(a) 11% 的机会赢 100 万美元。

(b) 10% 的机会赢 250 万美元。

阿莱认为，大多数人会选择 (b)。两者的概率没有太大的差别。你当然会选奖金更高的 (b)。萨维奇再次表示同意。此时，他落入了阿莱的陷阱。

这样，我们就来到了谜题三面前。你面前摆着一个密封的盒子。你会选择哪一个呢？

(a) 89% 的机会赢取盒子里的东西，11% 的机会赢得 100 万美元。

(b) 89% 的机会赢取盒子里的东西，10% 的机会赢 250 万美元，1% 的机会什么也赢不到。

这一招准确地切中了萨维奇逻辑中的要害。诚如阿莱所知，萨维奇理性决策的一条公理指出，（基本上）决定选择汉堡加汽水还是比萨加汽水时，你可以把汽水忽略，因为两个选项中都有它。唯一起作用的一点是，你更喜欢汉堡还是比萨。按萨维奇的说法，一般而言，决策者应该忽略各个选项中的共同要素，根据差异进行选择。

几乎每个人都觉得这听起来很合理。阿莱却发现了一个微妙的漏洞。照萨维奇的逻辑，谜题三中的选择跟盒子里有什么应该是没关系的。无论是选 (a) 还是选 (b)，你都有 89% 的机会赢得同一个盒子。

这并不意味着盒子里的内容无关紧要。盒子里可能装着10亿美元、一只致命的狼蛛，甚至是你在地铁上碰到的帅小伙的电话号码。但根据萨维奇的观点，盒子跟选（a）还是选（b）无关。人们的选择，只应当取决于是有11%的机会赢到100万美元更好，还是有10%的机会赢到250万美元更好。

换言之，谜题三的答案应当和谜题二的相同。这还没完。假设我们打开盒子，发现里面有100万美元。那么谜题三中的选择，最终跟谜题一相同。一句话，三道谜题的答案应当都一样，不管是（a）还是（b），都该死磕到底，犯不着换来换去地折腾。阿莱捉弄得萨维奇违背了自己的原则。

几个月后，阿莱向弗里德曼提出了类似的小测试。弗里德曼没像萨维奇那样上当，他给出了一致的回答。

1953年，阿莱在法国出版的《计量经济学》（*Econometrica*）上发表了一篇文章，跟萨维奇和弗里德曼的理论公开叫板。萨维奇说，所有东西，每个人都能得到一个价格（效用）。这些主观价格左右了所有的决策。阿莱认为，人类比这要复杂得多。选择取决于背景，只是一个数字，无从表示人对不确定结果有着什么样的感受。自此以后，这一论证就被称作了"阿莱悖论"。

如果你还没搞清楚阿莱的用意以及它的重要性，别担心。让我给你举一个混合悖论的例子——这是哈佛大学理查德·济科豪瑟（Richard Zeckhauser）想出来的。

价格实验

你是一档热门游戏节目《金钱还是生活》的参加者。和大多数游戏节目一样，它不过是客厅老游戏的翻版罢了。可你运气不太好，碰上的老游戏是俄罗斯轮盘。

每次节目最开始，都会由"子弹夫人"蒂凡尼转动幸运转盘。转

无价
PRICELESS

盘等分为 6 块。蒂凡尼将依照转出的结果给左轮手枪上子弹（从 1 颗到 6 颗），然后交给节目主持人布莱恩。短暂的广告时间过后，布莱恩转了转手枪的转轮，并用它直指着你的左太阳穴。他扣动扳机前，提出了一套你无疑会很感兴趣的财务安排。

你可以买 1 颗子弹。你可以和布莱恩商量一个价格，他随机从左轮里取出 1 颗子弹，你则递给他一叠钱。届时，他会再次转动左轮，指着你的太阳穴扣动扳机。

这里有件怪事儿。如果转轮里只有 1 颗子弹，你说不定会愿意为它支付更高的价格。买下那颗子弹，你就能 100% 地活下来（要不然，你就有 1/6 的机会熬不到下一轮广告时间）。你会为它出上一大笔，对不对？

为了便于比较，假设现在手枪转轮里有 4 颗子弹。你愿意付多少钱买一颗子弹呢——让枪里的子弹剩下 3 颗而不是 4 颗？不知为什么，你好像觉得不愿为这颗子弹拼了老命地出钱了。你甚至会想，不妨碰碰运气，就试试 4 颗子弹算了。

这是不是人意识上的一件趣事？就是 1 颗子弹，死了就是死了。前后两种情况下，你减少的死亡概率都是完全一样的。为什么你出的价格却不一样呢？

又或者假设枪里有 6 颗子弹。除非你出钱买 1 颗子弹，不然就死定了。这下子，说不定你又会反复折腾，并得出结论：这颗子弹是无价的，你愿意付出自己的一切去交换。

这个游戏和阿莱最初的谜题解释的都是同一种效应。100% 肯定的事和可能性为 99% 的事，在主观上有着巨大的差异。这种差异会表现在价格和选择上。与此同时，10% 和 11% 的概率差异就可以忽略不计了。

自此以后，阿莱悖论成了一群经济学家、心理学家和哲学家眼中的试金石。杰出的头脑们对它反复进行自我测试，但逃过其魔爪的寥寥无几。随后几年，阿莱本人也围绕谜题做了大量的思考，并写了很多东西。他试图真正按照经济学家的方式，阐明人类决策的公理。他指出，它们总有着微妙的不相容，并最终导致矛盾。

> 100%肯定的事和可能性为99%的事，在主观上有着巨大的差异。这种差异会表现在价格和选择上。

这里，我只想稍微谈谈为什么阿莱悖论如此棘手。从本质上看，这里的绊脚石并不是确定性效应，而是聪明人受了语言（即框定选项的方式）的影响。正如特沃斯基之后所写："**我们是在选项的描述之间进行选择，而不是单纯地在选项之间做选择。**"在很大程度上，经济学家还没有做好准备接受这样的事实。

第4章
偏好逆转：为什么喜欢A却给它的定价低

假设你有1/8的机会能赢得77美元。你愿意出多少钱打这个赌？

最明显的办法是计算你每次出钱平均能赢多少。算出来是77美元的1/8，也就是9.63美元。当然，这个数字你心算起来挺麻烦。心理学家们关心的是直觉判断，他们观察到，被试分配给简单打赌的价格一般都太高。较之获胜的概率，人们似乎更注重奖金总额。

这可以解释为什么彩票会那么受人欢迎。举例来说，一张彩票能带来几千万分之一的机会赢上5 800万美元。基本上，买家买的只是幻想中了大奖的权利。"几千万分之一"这个数，只存在于纸面上和买家的脑海里。想招徕生意的时候，彩票主办机构会提高奖金，但这并不会增加中奖机会。

> 价格或许并不能反映出人们在想什么。

类似现象也适用于风险的规避。假如有1/12的机会损失63美元。你愿意出多少钱来避免这种情况的发生？人们愿意给的钱往往高于平均损失。做决定时，潜在的损失总额比损失概率要重要得多。

这暗示了人们为什么会购买保险。他们愿意为保险支付"高价",因为较之风险渺小的发生概率,他们更担心灾难带来的损失。

价格或许并不能反映出人们在想什么。我们可以设计两种打赌方式——就叫 A 和 B 吧!大部分人会说他们偏爱 A,可要是让他们给两者定价,他们又会赋予 B 更高的价值。具体举例:

> 假设盒子 A 和盒子 B 是用漂亮包装纸包着的有趣礼品盒。盒子里到底有什么,我不敢肯定。我有机会摇一摇它们,大概估计一下里面装着什么。最后我决定愿意为盒子 A 付 40 美元,为盒子 B 付 70 美元。但同时我又判断,我宁可要盒子 A。

这可真是疯透了!我的价格竟然跟我的愿望或行动不一致!利切坦斯泰因和斯洛维克还发现了更疯狂的一点:对某些类型的赌博,大多数人都会这样估价。他们把这称作"偏好逆转",这里有个例子。如图 4-1 所示,两个圆环代表投掷飞镖的靶盘。你任选其一;之后,会有一名发牌员朝你选中的靶盘投出一只飞镖,飞镖有可能落在圆环中的任一位置。它将决定你能赢多少钱(要是你赢得了的话)。你会选择哪个靶盘呢?

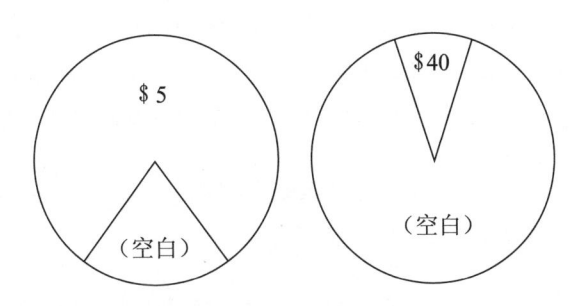

图 4-1　偏好逆转示例

左边的靶盘有 80% 的机会赢 5 美元,20% 什么也没有;右边的靶盘则有 10% 的机会赢 40 美元,90% 什么也没有。

两个赌注的预期价值恰好一样，都是 4 美元，它不足以成为做出选择的理由。然而，绝大多数人都会选择左边的靶子。利切坦斯泰因和斯洛维克把类似左边的赌称作 P [1]类赌。P 类赌提供了很高的获胜概率。他们把右边的赌称作 $ 类赌，提供更高的奖金，但获胜概率要小得多。倘若你要人们在两者中进行选择，大多数人会选 P 类赌。

这没什么可奇怪的。选择 P 类赌，提高了你获胜离场的概率。奇怪的是，同样的被试总是会给右图中的 $ 类赌分配更高的价格。**价格跟偏好相矛盾。**

真正的实验中使用了 12 种不同的赌注。它们比上面的例子要复杂得多，还涉及被试可能输钱的情况。[2] 研究人员先让被试一次看两种赌，要他们选择喜欢的一个。接着，又让他们每次只看一种赌（赌的条件跟之前一样），请他们定价。在这一部分，研究人员告诉被试，他们"拥有"讨论中的赌注，可以把它按原价卖回赌场。他们愿意接受的最低回收价格是多少？

173 个被试当中，127 个一直选的是 P 类赌，同时又总是给 $ 类赌分配更高的价格。几乎人人都会出现几次偏好逆转。他们不一定意识到自己在做什么。要人记住自己先前的反应，并在执行时保持一致，这是很难的。被试跟着直觉走，而这些直觉表现出了奇怪的模式。

"很明显，这些逆转构成了前后矛盾的行为，违背了目前所有的决策理论。" 1971 年，两位心理学家在《实验心理学杂志》（*The Journal of Experimental Psychology*）上写道。这一文章的署名是"萨拉·利切坦斯泰因和保罗·斯洛维克"。

实验表明，大多数人分配的价格跟做出的选择是不一致的。心理学家精心设计的研究方法，更突出了这一惊人发现。

在一轮尝试中，利切坦斯泰因和斯洛维克用尽全力，确保被试仔细想过之后再做出回答。

---

[1] Probability，英语"概率"一词的首字母大写。
[2] 类似于赌场博彩：你拿出一笔钱来赌，就要冒损失它的风险。

价格实验

这组被试玩的是轮盘赌,可以真正赢钱(尽管数目不大)。[1] 每一组赌,研究人员都要向被试展示三次,并提醒他们前一轮做过的选择。被试可以改变主意。只有第三次做的选择才是铁板钉钉的。尽管有了这样的预防措施,被试还是给自己抛弃不要的赌注分配了更高的价格。

另一组测试,研究人员改变了打赌定价的方式。他们要被试假装每一个赌都想买,并报出自己愿意支付的最高价格。从逻辑上说,一个简单的赌,买入价和卖出价应该是一样的。赌注价值几何,这赌就值多少钱。但利切坦斯泰因和斯洛维克发现,人们在买进赌注的时候,给 $ 类赌分配较高价格的概率会小许多。偏好逆转的次数大幅减少。

这就是早期文献中所谓的"禀赋效应"[2],倘若不存在市场价格,卖出价格一般是买入价格的两倍(绝非夸张的策略性讨价还价)。故此,利切坦斯泰因和斯洛维克检验了三种评估价值的方式,发现它们全都有着潜在的抵触之处。

自 1971 年以来,心理学家和经济学家都试图解释偏好逆转。很明显,所有被试都使用了心理捷径。不管是给赌博定价还是在赌博之间进行选择,心理捷径都把事情简化了。

这里有一道利切坦斯泰因和斯洛维克测试过的选择题:

[P 类赌]:10/12 的机会赢 9 美元,2/12 的机会输 3 美元。
[$ 类赌]:3/12 的机会赢 91 美元,9/12 的机会输 21 美元。

---

[1] 做实验的时候,心理学家大多要拼了命地省钱。被试赌的是"点数",点数可以兑换成美元,最高赢取金额是8美元。
[2] 芝加哥大学经济学家理查德·泰勒在1980年起的名字。

依照设计，你很难一看就直觉地发现哪个赌"更好"。那你如何选择呢？早期实验的一位被试解释说："如果获胜的概率大，我会付预期获胜金额的3/4。如果输的概率大，我会要实验人员付给我所输钱的一半。"

听到这样的话，当庄家的都会有种不寒而栗的感觉。这名被试忽视了大部分的所得信息。其实我们都这么做过。分摊餐馆账单、猜测买多长的停车时段合适……人人都会来个简单的四舍五入。因为首先，事情涉及的总金额不多，就算估计出错也没什么大不了的，我们的时间和精力恐怕更值钱；其次，可能是记忆的限制。据说，短期记忆，大概是指此刻就能进入你意识的可回忆概念仅限于7个元素左右。或许你对数字有很棒的长期记忆，笔记本电脑上有数十亿字节的金融模型，可它们只能供你参考。在决定性时刻（假设有一个"决定性时刻"），你能想得起的只有差不多7个数字或概念。

偏好逆转实验中要做的选择必然会跟这种限制产生摩擦。被试会碰到6个明明白白的数字：两组打赌的获胜率、获胜金额和损失金额。尽责的被试说不定还会计算额外的数字，比如每次下注的损失概率或预期值。可是意识一瞬间里只能停驻7个数字。思考计算出来的数字，意味着至少要暂时忘掉一部分最初的数字。用利切坦斯泰因和斯洛维克的话说："把不同类型的信息合并到整体决定当中，人在这么做的时候会产生一种紧张感，这种紧张感或许会迫使人采用一种歪曲潜在价值系统的判断策略。"

你以为人只有在面对心理实验室里虚构的小赌注时会这样？错。大多数重要的价格决策同样为我们展现了太多的信息。

为二手车、房子、企业收购设定价格时，我们会考察数十个，甚至成百上千个有关数字。你必须抛弃大部分数据，提炼出少数几个最具说服力的数字和原因。这样做，就意味着要进行直觉的判断：哪些信息可以安全地省略掉。同样，公司同事在论证新的供货商、广告活动是否合适时，也总会掺杂着不少半真半假的直观推断。"我采纳韩国方面的报价，因为它十拿九稳。""我总是给出预期付款的75%——有时这挺管用。""这样，我们保证能赚回本钱，并且很有可能赚到更多。"我们把事情过分简单化，是因为要在这个世界上过活，没有别的路可走。

实验过后，利切坦斯泰因会让发生了偏好逆转的被试进行陈述。每一次，她都试图让他们相信是自己"出了错"，想看看被试是会坚持原则，还是会放弃主张。俄勒冈研究所保存了这些谈话的录音。对话中，利切坦斯泰因的开场白近乎完美。我从1968年的一段录音中做了少许摘录（建议你到网站上收听完整的音频）：

利切坦斯泰因：我明白了。那么，A赌的出价是怎么回事？你现在有没有更深入些的认识，怎么会选择了其中一个，却又给另一个出更高的价格？

被试（男大学生）：的确挺奇怪。但要说这到底是怎么回事，我并没有什么深入的认识。不就是这么一回事嘛！它表明我的推理过程不怎么样，但，除此之外，我……问心无愧吧！

利切坦斯泰因：问心无愧。好吧！有些人会说，这种反应模式并不理性。

被试：是的，我看得出来。

利切坦斯泰因：嗯，假设我要你把它做得理性些。那么，你会说它现在就挺理性的，还是会做些更正？

被试：事实上，它现在就挺理性。

利切坦斯泰因：我能不能说服你，这是个不理性的模式？

被试：我想你恐怕做不到……

你大概想知道，我们会不会放这些偏好逆转的可怜被试一马。"固执己见无非是促狭鬼的小心眼儿"，爱默生曾这么写过，从那以后，固执己见的人就爱上了他。不过，说到固执己见，这里还有几句额外的话。价格上的前后矛盾，和音乐品味的前后矛盾不一样。每个角落里都站着些精明的人物，准备从歪曲的价格里大捞一把。事实上，几乎所有人正常的、深思熟虑的定价模式都给套利

无价 PRICELESS

提供了机会。让我们来看一个叫作"钱泵"的有趣骗术。

> **价格实验**
>
> 利切坦斯泰因握有 A、B 两种赌，邀请被试对其进行定价，被试对 A 赌定价 550 点（$ 类赌），对 B 赌定价 400 点（P 类赌）。
>
> **第一阶段**
>
> 利切坦斯泰因：如果你认为 A 赌值 550 点，那么要是我给你这个赌，你应该愿意给我 550 点吧？这听起来是否合理呢？
>
> 被试：如果我要给你……是的，这挺合理。
>
> 利切坦斯泰因：也就是说，你先用 550 点买到了 A 赌，而我有 B 赌以及你的 550 点。对吧？
>
> 被试：是的。
>
> 此时，被试付出 550 点，持有 A 赌；利切坦斯泰因得到 550 点，持有 B 赌。
>
> **第二阶段**
>
> 利切坦斯泰因：你有 A 赌，但是如果我们真正进行赌的话，你宁愿要 B 赌，对吧？
>
> 被试：当然了，毫无疑问。
>
> 利切坦斯泰因：好，那我用 B 赌跟你换 A 赌。这下……
>
> 被试：我亏钱了。
>
> 此时，被试持有 B 赌，利切坦斯泰因持有 A 赌及先前得到的 550 点。
>
> **第三阶段**
>
> 利切坦斯泰因：接下来，我会慷慨地付给你 400 点以上从你那儿买 B 赌。付你 401 点，你愿不愿意把 B 赌卖给我呢？

被试：好的，当然行。

利切坦斯泰因：好了，把 B 赌给我吧！

被试：嗯。

利切坦斯泰因：我给你 401 点，你会发现，我本就留有你的 550 点……

被试：是的。

利切坦斯泰因：给你 401 点后我还剩 149 点，也就是说，我比最开始多了 149 点。

此时，被试持有 401 点，利切坦斯泰因持有 149 点以及 A、B 赌。

第四阶段

被试：在我这边看来，推理没问题呀！（笑）这个我们还要玩多少次？

利切坦斯泰因：嗯……

被试：好吧，我看到你赚到点数了……

利切坦斯泰因：瞧，只要继续遵照你告诉我的反应模式，我们可以无限制地这么做下去。现在，你在"钱泵"游戏里看到，这个反应模式不……

被试：不适合。

利切坦斯泰因：不适合。

被试：不够好。

利切坦斯泰因：对于你在上面做出的三种反应，你还是一种都不想改吗？

被试：我得多花些时间想想。

无价 PRICELESS

"钱泵"游戏的确可以无限制地重复下去。利切坦斯泰因和被试不断交换 A 和 B，每一轮，利切坦斯泰因都捡回 149 点。这简直就像从小孩儿手里骗糖吃那么简单！只不过，这出"诡计"和街头骗术有一点区别：这个把戏货真价实，童叟无欺。每一步，被试都明白发生了什么事，并根据自己所谓的价值做出了选择。

利切坦斯泰因的苦苦追问并没能让这位被试屈服。有一次，他打趣地说，放弃先前立场"只不过能让自己看起来理性些"，但他无法这么做，因为"理性"意味着否定内心的感觉。面对宗教裁判所，倔强的伽利略坚持"日心说"——地球围着太阳转；这位先生也一样，他知道，哪怕被花招玩死，自己的估价还是老样子。

"轮盘赌或将决定人类命运"，1969 年 3 月 2 日，《拉斯维加斯评论报》（*Las Vegas Review-Journal*）上打出一个奇怪的标题。大叔模样的爱德华兹上了报纸，报道说他要搞一次"科学家们设计用来探测人类内心活动"的赌博。

拉斯维加斯轮盘赌桌上 25 美分的一场赌局，可能涉及人类有史以来面临的重大决策。把世界投入核战争，是不可想象的灾难性决定。可总有一天，在某个地方，只要有人能把手指头放在核按钮上，就有这个可能。

利切坦斯泰因认为，偏好逆转实验"在拉斯维加斯进行简直太完美了"。有人对最初的研究提出批评，说被试或许没有动力做出合理的决定。大学生为了一星半点儿的钱反复做实验，很快就会生厌。过上一阵子，他们可能会连试都懒得试了。走出实验室，碰到更高的赌注，人们才有动力投入更多时间和精力去关注决策。在拉斯维加斯进行尝试会是一次严峻的考验，它将证明偏好逆转现象是否真实存在。

1969 年有 10 个星期，"四女王"开出了全拉斯维加斯最优厚的赔率——公平的赌博，庄家不占优。实验名叫"赌注和赔率"，赌台管理员由约翰·庞迪塞罗（John Ponticello）担任。

利切坦斯泰因和斯洛维克只在拉斯维加斯待了几天。利切坦斯泰因亲自赌了几次，检查发牌手。严格地说来，"赌注和赔率"并不是轮盘赌，而是纸牌赌。由于赌博规则完全陌生，需要在 40 次投注当中做出选择并定价，庞迪塞罗不得不提醒每一位被试，完整地赌一回要花 1 到 4 个小时。出于科学有效性的考虑，他们要求被试必须完成整个过程。不愿花这么多时间的人，他们会劝其退出。

价格实验

一开始，每名被试要购买 250 枚筹码。他可以自由指定每枚筹码代表的价值，从 5 美分到 5 美元都可以。参加的没有老赌棍，没有人指定的筹码价值高过 25 美分。赌博的第一阶段，被试选择电脑屏幕上显示的成对赌注，选中后按赌桌上的按钮确定。接着，他把选中的赌注放到轮盘的布局上。由于轮盘分为 36 格，所有的获胜概率先用 12 除过。庞迪塞罗转动轮盘，投出小球，叫出号码。(出现 0 的话不算数。庞迪塞罗会重新转轮盘。)

赌博的第二阶段，由被试指定投注的价格。价格可以是正数，也可以是负数，因为一半的赌注有利于庄家，另外一半有利于玩家。(从整体上来看，庄家并不占优。) 让赌徒定出一个诚实的价格很讲技巧。我们都习惯于讨价还价，会本能地要价高、出价低，以便之后适当地调节价格。这有可能给此类实验带来严重的问题。利切坦斯泰因和斯洛维克需要被试报出一个诚心的价格 X，这样，若出价在 X 或 X 以上，他们会乐于卖出自己的赌注，要是出价低于 X，则宁肯不卖。

为此，他们采用了 BDM 机制（Becker-DeGroot-Marschak system），它其实是个很好的交易，没有听起来的那么复杂。这是一种实验室经常使用的协议。它要求卖方（给赌注，或者任何其他

无价
PRICELESS

> 东西）报出一个诚心的价格。发牌手旋转轮盘，生成随机的"投标价"。要是"投标价"比底价高，交易就会按随机选中的这个标价完成。（卖家会很高兴，因为他得到的价格比自己的最低价高。）如果投标价低于卖家的价格，就不进行交易。（卖家还是会很高兴，因为要是价格低于他报出的最低价，他并不愿意卖。）在这个过程中，最优策略是诚心地报出自己的价格。

"这个实验的结果，"利切坦斯泰因和斯洛维克报告说，"和先前的实验（大学生们以虚拟赌注或小额金钱打的小赌）惊人地相似。"做选择的时候，拉斯维加斯人首选P类赌，可总给$类赌定价更高。这一回，被试掏的可是自己的钱包。赢得最多的是83.50美元，输得最多的是82.75美元。[1] 虽然赌博是公平的，但平均起来，是玩家输钱给了庄家。这就是现实中的钱泵。

"人们自然而然地关心实验的结果能否在实验室之外的地方重复。"两位心理学家写道。在一篇谦逊低调的经典论文中，两人表述了在拉斯维加斯学到的东西："本次研究并不支持普遍的看法，即事关切身利益时，决策者能做出最优行动。"

以今之眼光看来，利切坦斯泰因和斯洛维克掀起了一场革命。我们不妨将偏好逆转实验与物理学上极为经典的迈克尔逊－莫雷实验（以下简称迈－莫实验）做个比较。迈－莫实验驳斥了19世纪物理学盛行的绝对速度，为爱因斯坦的相对论奠定了基础。我们禁不住要在物理学家的"以太"和经济学家的"效用"之间画上等号。两者都看不见、摸不着、闻不到，它们"存在"只是因为人人都假设它们必然存在。**利切坦斯泰因和斯洛维克向人们揭示，并没有什么看不见的估价左右着一切的经济决策，从而吹响了价格相对论的号角——这就是当今行为经济学的基石。**

利切坦斯泰因和斯洛维克为偏好逆转提出了一个简单的解释：锚定。给赌

---

[1] 换算成如今的币值，大概是587元人民币。

注定价时，玩家把注意力放到了奖金数额上。最可能出现或者最高的奖金数额成了一个起点或锚点。玩家们知道自己必须考虑概率或其他奖金及处罚，在锚点的基础上进行调整。这种调整需要强大的心理数学为后盾。普通人不过是图方便瞎蒙罢了，结果调整幅度往往不够，最终答案跟锚点靠得太近。这就好像苹果从苹果树上掉了下来，可掉不了多远。

要人们在赌注中进行选择，启动了一个不同的思维过程。金钱的数额关系不大，因为许多赌博都没多少获胜的指望。当然了，人都喜欢赢。故此，人们强烈地倾向于选择最可能带来愉快结果的赌注。当然了，这里，被试同样会为金钱数额和其他复杂的细节预先保留些余地。可跟之前一样，调整大多不足。

不久以后，特沃斯基和斯洛维克把这一概念归纳成了所谓的"兼容性原则"。

> **你不可不知的价格术语**
>
> 兼容性原则
> 该规则说，决策者最注意的是跟所需答案最为兼容的信息。

每当要指定价格的时候，你都会把焦点放在该问题中出现的价格或其他金钱数字上。比如判断买一辆二手车要花多少钱，相关网站上的估值和报价会吸引你的注意力。其他因素（车况、维修记录、颜色、选配件等）得到的关注则远远不够。因为后一类因素不那么容易反映在价格上。

利切坦斯泰因和斯洛维克靠转移注意力设计了一件"不可能完成的任务"。被试相信自己的选择和给出的价格经过了理性的思考，他们没上当，没说过任何有违自己本意的话。然而，事实表明，他们的估价颠三倒四。庄家最后用的一招是钱泵——"咻"的一声，你的钱没了。

可不管魔术师的戏法耍得多么天花乱坠，我们都知道：箱子里的女人没被切成两半，喷气式飞机并未凭空消失。当感觉跟物理定律发生矛盾时，理性总

049

无价
PRICELESS

会告诉你：物理定律是对的，感觉出了错。观众们看罢魔术表演，回家的时候信心满满：事情还跟从前一样，现实的牢固基础并未土崩瓦解。

对偏好逆转而言，不存在这样的自我宽慰。我想要什么，我愿意给它出多少钱，没有人比我自己更了解。当事人对自己深信不疑——偏好逆转的"幻觉"是"真实"的，是这类事情唯一可能的根本立足点。

> 指定价格，意味着建立估价，而不是深刻探讨心理，把估价挖掘出来。

魔术只是人们用来描述利切坦斯泰因和斯洛维克发现的诸多比喻之一。另一种通俗的比喻说，估价是构建产生的，而并不是揭示出来的——价格是建筑学，不是考古学。指定价格，意味着建立估价，而不是深刻探讨心理，把估价挖掘出来。

1990年，特沃斯基和理查德·泰勒发表相关论文，从美国人最常用的比喻库——棒球里找出了一个有趣的说法。它引用了三个裁判的老笑话。

第一个裁判说："我一看到犯规行为就吹了哨子。"第二个裁判说："因为它们是犯规，我才吹了哨子。"第三个裁判却表示反对："除非我吹了哨子它们才叫犯规，要不然就不算。"

类似地，我们可以描述对价值本质的三种不同看法：

第一种，价格存在就跟体温差不多，人们感知到它们，并尽可能最好地报告它们，尽管可能有些偏见（相当于"我一看到犯规就吹了哨子"）；第二种，人们直截了当地知道自己的价值和偏好——就好像他们懂得九九乘法表（相当于"因为它们是犯规，我才吹了哨子"）；第三种，价值或偏好是伴随诱发的过程构建起来的（相当于"除非我吹了哨子它们才叫犯规，要不然就不算"）。本文的观点与第三种态度最接近，它把偏好视为一个跟背景相关的、构建性的过程。

价格的相对性得到了确凿的支持。人们想要什么，愿意付多少钱，取决于问题如何措辞的微小细节。跟寓言故事里的盲人摸象差不多。摸到了象鼻子的人说大象像一条蛇，摸到了躯干的人说大象像一堵墙，摸到了象腿的人说大象像一根柱子。"每位盲人都说对了一部分。"漫画家沃尔特·凯利（Walt Kelly）笔下的一个人物说。"是啊，"他的朋友接嘴道，"但他们在整体上全错了。"

第 5 章

锚定效应：随锚点上下浮动的价格

你有过这样的经历吗？你刚买了一辆新车，突然之间你发现，高速公路上"所有人"都开着和你相同的一款车？你学到一个新名词（或者新听说一种难记的海上哺乳动物或民族舞蹈），接着却一连几天都碰到它？你在新闻里听到它，在电车里或电台里听到它，无聊时翻阅的过期《国家地理》杂志上正好有一篇讲它的文章……

这就是启动（一些莫名其妙的巧合强化了它）。在你浏览报纸，半听半看着电视，或者在高速公路上开车的时候，你会忽略周围发生的大部分事情。只有少数几件事引起了你的注意。诡异的地方在于，选择把哪种刺激传递到意识中，是一个无意识的过程。先前接触过的某东西（启动），降低了它吸引到注意的门槛，于是该东西更容易得到关注。这也就是说，其实你以前可能早就多次碰到过学会的新单词或刚买的新车了。只不过，现在你才注意到它罢了。

"启动"不仅影响着你注意到了什么，还影响着你怎么做。后一种情况中，"启动"可以用暗示的力量来实现确认。比如，沉闷的会议上，大厅里响起哈欠声，人人就都受了传染，开始打哈欠；去了苏格兰或者美国亚拉巴马州之后，你的口音突然变成了当地腔。

"说到我们每时每刻的行为，最大的问题是'接下来做什么'。"耶鲁大学心理学家约翰·巴奇（John Bargh）说。他写过大量有关启动的论文。这个问题不大可能有一个明确的、符合逻辑的答案。相反，巴奇说："我们发现，我们这些无意识的行为指导系统，整天都在不断调整有关接下来做什么的建议，还没等我们的知觉意识到，大脑就已开始考虑，并照它们去做了。"

> **你不可不知的价格术语**
>
> 锚定
> 按照目前对启动的认识，文字和其他刺激激活了相关的精神过程。一旦"开关接通"，这一认知机制就会保持一段时间的易感性，从而影响随后的思考和行动。启动在影响数值估算的时候，心理学家们就把它叫作"锚定"。

锚定效应（大部分）是这样形成的：只要我问你，最高大的红杉树是不是有200多米高，我就启动了你去思考非常高的树，你从记忆里抽出的树木样本就产生了向上的偏差。你想到了红杉、巨杉和桉树，还有隐约记得的从"发现"频道上看到过的一切超高树种。你想到了200多米高的东西以及一棵树应不应该有那么高的原因。这一连串的思考保持活跃，使你高估了红杉树的最大高度。与此同时，其他想法也在和锚点争夺注意力。最终的答案在某种程度上权衡了诸多考虑过的数值，并做了折中处理。就算你（正确地）得出结论——地球上没有什么树能有200多米高，你也无法完全无视刚刚进行过的思考。

"谎言重复3遍就成了真的。"刘易斯·卡罗尔（Lewis Carroll）在诗集《猎蛇鲨》（*The Hunting of the Snark*）中写道。想就是信——至少，在一定程度上是这样。有些决定是逻辑思考的结果。有些决定则完全是无意识产生的，比方你要不要咳嗽一类。最重要的决定介乎于这两个极端之间。

无价
PRICELESS

尽管有关价格的决定在本性上是数字的，可往往含有组合强烈的直觉成分。价格不是数学问题的答案，而是欲望的表达，或对其他人怎么做的猜测（如接受或拒绝你的出价）。你给出一个"感觉"对的价格。读者们将在本书的其余部分看到，意识知觉认为不相干、不理性或政治不正确的因素，会影响到价格数字。

在电影《非常嫌疑犯》(The Usual Suspects) 中，凯文·斯派西 (Kevin Spacey) 扮演一名骗子，他供称自己犯了罪，可内容全是他编出来的。审讯他的警察转动椅子，瞅见了背后的公告牌，这才发现他是在骗人。他意识到，斯派西故事里的每一个名字或细节，全是从贴在公告牌上的一张张备忘录里抽取的。侦探惊讶得连手里的咖啡杯都掉了。他拾起杯子的碎片，注意到杯子的制造商"小林瓷器"，跟斯派西刚才提到的律师的名字一样。

虚构的能力——打磨掉真实经历的毛刺儿编出故事，是人类的一种本性。意识营造着持久的虚构，告诉你它比实际上懂得更多，行为更符合逻辑、更崇高。我们相信这是虚构。锚定是它的一小部分。在把感觉投射到数字或金钱上时，我们捏造准确性。我们总是随手抓起环境中的数字，把它们变成估计值或价格。

这个有点儿令人不安的想法，提出了另一种极端的可能性，弗吉尼亚大学心理学家蒂莫西·威尔逊（Timothy Wilson）称之为"基本锚定效应"。

任意一天里，我们脑海中都有许多任意的数字，比如电台里播报过的温度，我们刚在电脑键盘上输入的数字，我们刚刚校对过的时钟的数字，我们读过的一本书或问卷上的页码，表面上，这些一闪而过的数字恐怕不会被用来做无关的判断。

威尔逊和同事们试图找出"背景"锚点可以微妙到何种程度。有一个实验是下面这样的。

> **价格实验**
>
> 被试们得到一份粘贴有额外小纸条的问卷。每张小纸条上写着一个介于 1928 和 1935 之间的四位数"ID 号"。实验人员要一组被试把这个数字复制到问卷上,而后就请他们估计当地电话簿上医生的人数。结果,平均的估计值是 221。
>
> 这里的关键在于,该 ID 号只是一个偶然出现的数字,对问题没有任何意义。其他小组得到了稍有不同的指示,让他们对该 ID 号码多留了点儿心。实验人员要部分被试注意 ID 号是用红色还是用蓝色写的(表面上的借口是,这将决定被试填写问卷的哪一页)。结果,这部分人给出的平均答案是 343 名医生。只是对该数字多瞟了那么一眼,估计值就提高了 55%。(所有的 ID 号都很大。从锚点的意义上来说,它们将提高估计值。)
>
> 另一个小组得到的要求是,看看 ID 号是否介于 1920 和 1940 之间(它们都属于这一范围)。与有关墨水颜色的问题不同,这要求被试把数字当成数字来看。结果,这一组被试估计电话簿上的医生人数平均为 527 名。

还有一个小组要回答两个问题。实验人员先要他们猜测电话簿上医生的人数是大于还是小于 ID 号,接着又请他们做出具体的估计。结果,这个小组的平均答案为 755 名。

到目前为止,在人们对锚点和估计值进行的明确比较中,锚定效应表现得最为强烈。锚点数字即使是相当迂回地出现在外围,也会影响答案。

之后,研究人员还询问了一些被试,对于他们的判断是否受了 ID 号的影响。绝大多数人的回答是"没有"。正如斯派西在《非常嫌疑犯》中所说,"魔鬼耍的最大把戏,是要人相信它并不存在"(引自法国诗人波德莱尔的诗作)。

无价
PRICELESS

- 旧金山的平均气温是高于还是低于 290 摄氏度？请估计旧金山的平均温度是多少？
- 披头士乐队发行过多少张打入排行榜前 10 名的唱片？是多于还是低于 100 025 张？请你估计披头士乐队到底发行了多少张排行榜前 10 名的唱片。

你肯定以为它们不可能会影响到人们对旧金山气温的猜测吧？不可能影响到对披头士热门唱片的估计吧？可惜，它们真的影响到了。被试对这些荒谬得离谱的高位锚点先入为主，给出的估计值比看到低位锚点的人要高得多。

> 人们掌握的知识以及人们信以为真的东西，会限制锚点的范围。

当然不会有人猜旧金山的气温接近 290 摄氏度。人人都应该知道它是个两位数，介乎常温和零点之间。人们掌握的知识以及人们信以为真的东西，会限制锚点的范围。如果一个地理迷早就知道非洲国家在联合国里所占比例为多少，他就能不受随机数字的左右，给出正确答案了。锚点是用来辅助猜测的工具。

威尔逊领导团队进行了一次实验，让被试估计本地电话黄页上有多少名医生。估计最准的人有奖励：可带一名朋友到某热门餐馆吃饭免单。这回的问题照样分为两个部分，而且针对不同群体给出了或高或低的锚点。威尔逊和同事们以为，有了免费大吃一顿的诱饵，被试或许能全力以赴给出最佳答案，而不是随随便便地写上个脑袋里冒出的愚蠢数字。结果，他们发现，锚定效应跟没有奖励时差不太多。

威尔逊的研究小组甚至尝试预先提醒被试，随意设定锚点有误导作用。一组被试得到的指示上说："人们脑袋里的某个数字，会影响他们对随后问题的回答……在你回答以下问题时，请千万小心，别让这种污染效应影响到你。我们希望你能得出最准确的估计。"

这个警告完全没起作用。被试的估计还是受了毫无意义的数字的影响。威尔逊的团队认为，得到提醒的被试很可能是想纠正锚点，却做不到。这就好像你提醒别人,脑袋里别想大象哦!对方诚心诚意地照着你说的做,可还是满脑子大象。

威尔逊的团队认为,由于锚定效应是无意识下不知不觉发生的,所以人们很难知道锚点数值对其估计值要造成多大的影响,故此,他们对锚定效应的感染性怀着天真的念头。

举个现实生活中锚定效应的例子:去看看百老汇和拉斯维加斯演出的门票价格。

价格实验

1999年,百老汇一位坦率的制片人在博客"谈谈百老汇"(Talk in Broadway)上说:"便宜座位根本不卖——知道他们为什么不卖吗?因为要是你把靠近舞台的座位或者包厢座位的价格定得太便宜,人们会觉得里头肯定有鬼。"

百老汇的生意主要靠游客维持。游客们选剧码的时间有限,对自己买的票值不值价没什么了解。几乎没有谁知道该如何判断哪个座位值多少钱。在评估座位价值时,游客们除了从票价上找线索就没别的法子可想("一分钱一分货"嘛)。一张票的感知价值跟其价格成正比——不管那价格到底是多少。不少人相信,看一场戏剧,花480美元买票并不亏,对制作人来说,要维持该剧目长期上演且赚到钱就得卖这个价。游客们以为,一场演出门票敢卖480美元,那一定值得看,于是径直跑去售票厅。

还有重要的一点:即使是绝不会付480美元买票的戏剧迷们,也还是会受这一价格的影响。跟这个价比起来,他们不管出多少钱都显得特别划算(毕竟,这可是同一场戏剧)。

配价指的是给剧院或音乐厅不同部分的座位分配价格。这是生意的重要一

无价 PRICELESS

环,它甚至能决定演出是座无虚席,还是冷冷清清。一位匿名制作人透露说:

> 现在,所有的前排座位和大部分包厢,我都给配最高的价。如果你这么做,你就能很快就把它们销售一空。我也可以按若干不同的价格给演出配价,最高到最低的都有,可结果呢,只有价格最高的位置卖光了,大部分便宜座位都空着。我还可以给70%到80%的座位都配上最高价。你知道,要是大部分座位都是最高价,那就算只把40%的票放到售票厅出售,我也还是能赚到更多的钱。

多年来,好莱坞露天剧场(Hollywood Bowl)的夏季音乐会最便宜的门票才1美元。露天剧场由洛杉矶县经营,1美元的票以服务公众为目的。麻烦的是,从没买过这种票的人总是暗暗以为它糟糕透顶。露天剧院很大(共有17 376个座位),1美元的票离舞台最远。但观赏体验基本上差不多。1美元的票的座位欣赏落日和城市景观效果也更好。可大部分时候,100美元的座位挤得满满当当,一票难求,1美元的票的座位却无人问津。好些音乐爱好者们错过了机会——就因为价格太低。

把个人价值翻译成可以跟别人沟通的数字,很多时候都是极为必要的。为了实现这一目的,我们的心理软件提供了锚定的功能(当然,说是程序缺陷也不错)。每当要估测一个没法计算的未知数量,我们都很容易受刚刚提及或考虑的其他数字的影响。我们意识不到这一点(为了从统计学上论证它,研究人员做了无数次实验),但它却的的确确存在。为了帮助我们做出大胆的猜测、依照直觉行事,为了帮助我们在餐巾纸上给出报价、讨价还价,为了帮助我们给餐馆和性伴侣打分,以及更概括地说,为了帮助我们在一个迷恋数字和金钱的社会里运作自如,锚定是整体心理过程的一环。锚定适用于各种各样的数字——包括前头带有金钱符号的那种。

"事实上,在所有需要判断的领域,都存在着共同的原则。"美国心理物理学家威廉·亨特(William Hunt)言之凿凿地说。在若干实验中,他让被试"按罪行违反道德的严重性"给犯罪行为打分。他给出的是如下一道难题。

058

第一部分
价格背后的心理奥秘

> **价格实验**
>
> 第一部分：先想想谋杀亲生母亲这一罪行，它是"蓄意的，找不到任何站得住脚的开脱理由"，然后，想一种恰好相当于这桩罪行的一半的坏事，把它写出来。
>
> 第二部分：再次回到谋杀亲生母亲这一罪行，现在想想"自己玩蜘蛛纸牌游戏时作弊"，最后，设计一种罪行，它的严重性恰好介于上述两种罪行的中间，把它写出来。

从罪恶量表上来看，玩纸牌时作弊几乎只能得零分。你大概会以为，第一部分的答案会跟第二部分的答案差不多。事实却不然，在14个被试中，12个人在第一部分写出的罪行，比第二部分要严重得多。

亨特的结论是，他在问题中给出的例子影响了被试的回答。在第一部分，参考框架只有谋杀亲生母亲这一个。这暗暗怂恿人联想到了其他残酷的罪行。第二部分则有两个例子，一个是重罪，另一个却不是。不会有什么人觉得在纸牌游戏里作弊会是"犯罪"。但问题本身却称之为"罪行"，这就鼓励被试把无伤大雅的小过失想成是"罪行"，从而拉低了答案里罪行的平均严重性。

亨特把这一效应称为"锚定"（这个词是另一个意思）。他区分了两种不同情况。

> **你不可不知的价格术语**
>
> 对照锚点与同化锚点
>
> 如果你比较两种刺激，出现的是对照锚点。路灯的光芒让天上的星星看起来黯淡了不少；跟在别人后头的小丑碰到了倒霉事儿，比先前好笑40%。倘若给出一种或若干种可能的反应，非要你想一个答案，出现的则是同化锚点。在人们把一种罪行说成相当于另一种罪行的一半，或是在陪审员听完律师的索赔要求后，裁定损失赔

059

无价
PRICELESS

> 偿的时候，同化锚点就来了。这两种类型的锚点起着相反的效果。使用对照锚点，人的主观感受会偏离锚点。使用同化锚点，反应则会受锚点所吸引。

赫尔森花了大量的精力，尝试理解一种经历怎样才能成为锚点，得以影响判断。他的回答是："近因、频率、强度、范围、时限，以及诸如意义、熟悉程度和自我参与等较高层次的特性。"这句话听起来挺绕的，但没你想的那么难理解。

价格实验

从近因开始。你先把3盎司的砝码举了几秒钟，再举5盎司的砝码就显得重了。可要是举这两枚砝码，中间间隔了一个小时，对照效应就消失了。你忘了前一个砝码感觉起来有多重。

频率也很重要。你一连举了好几个3盎司的砝码，于是对这一程度的重量产生了适应。要是你接着举5盎司的砝码，便会感觉重。若干个3盎司砝码产生的锚定效应，强于一个锚点产生的效应。

赫尔森最有趣的发现在于诸如意义等"高层次的特性"。他对某些被试设了个套。在实验的中途，他要求被试把一托盘砝码挪开。托盘（外加上面的砝码）比之前实验里用过的所有砝码都要重。但沉重的托盘并没有让被试接下来举的物体显得更轻。被试全神贯注于小的金属砝码，根本没注意到托盘，所以下意识地把托盘给"屏蔽"了。这说明，锚定不是肌肉的反应，而是精神上的反应。

早就有人提出，可以把锚定和调整视为偏好逆转的成因之一。在利切坦斯泰因和斯洛维克的实验里，锚点（奖金数额）至少是跟赌博价值挂钩的。特沃斯基和卡尼曼却怀疑，哪怕锚点根本不相关，锚定效应也仍会发挥作用。为了检验这一假设，他们设计了联合国实验。幸运转盘是道具，用来强调锚点数字完全是随机的，没有任何意义，可它还是照样管用。在心理学对理性提出的所有挑战当中，"锚定效应是最容易验证的，可最难以解释。"

联合国实验已成为锚定效应的经典例子。但问题在于，它到底是调整，还是（用现代的术语来说）启动。特沃斯基更喜欢认为它是实际调整。

特沃斯基的想法是这样的。让被试猜测非洲国家占联合国成员国的百分比，他们会从一个锚点值（从幸运转盘上得来的数字）开始，向上或向下进行调整。他们会一直调整，直到进入一个模糊、宽泛的疑似值区间范围。此时，他们停了下来。休止值将位于疑似区间靠近锚点的一侧。不确定性越强，疑似区间的范围越大，锚定效应越明显。

> 不确定性越强，疑似区间的范围越大，锚定效应越明显。

这就好像我请你去帮我买个汉堡，你可能碰到第一家汉堡店就停了下来，在那儿买回汉堡带给我，而不会跑遍全城去买最好吃的汉堡。

按特沃斯基的理论，人们从锚点开始做调整，停下得太早了。他们不会梳理大脑寻找"最佳"答案，而是满足于得出的第一个差不多的答案。倘若锚点本身就高，该答案也会过高；而要是锚点低，该答案也会过低。

最初，特沃斯基指示被试从幸运转盘得出的数字开始，在心底默默向上或向下调整。这一指示，具体表达了特沃斯基对实际情况的想法。现在，人们看得很清楚，根本没必要给予指示。重要的是，锚点和待估数量之间存在某种心理上的比较。这一过程会很自然地出现在偏好逆转实验当中。当锚点毫无信息意义时（随机数字或明显错误的数字），你只要随便提个问题，比如"非洲国家占联合国成员国的比例是在65%上下吧"，对比就自动弹了出来。

特沃斯基的调整论，解释不了先前给出疑似值的锚定。

无价 PRICELESS

(1) 爱因斯坦第一次访问美国，是在 1939 年之前还是之后？

(2) 爱因斯坦第一次访问美国，是在 1905 年之前还是之后？

看到前一个问题的德国学生，给出的年份晚于看到后一个问题的学生。前述两个锚点年份看起来都有道理（真正的时间是 1921 年）。照理说，倘若数字已经合乎情理了，就没必要再调整它了。

针对锚定现象，人们又提出了许多其他的解释。有人认为，锚定是合乎逻辑的，被试接受了实验者给出的"对话提示"，相当于抓住了救命稻草。除非有个合理的答案，不然，实验者不会问爱因斯坦是在 1939 年之前还是之后访问的美国。故此，给出一个靠近 1939 年的年份，不会令被试显得太笨。

锚定也可应用在法律上。早在利柏克诉麦当劳案发生前，就有人发表过相关研究，探讨锚定效应对陪审团裁定赔偿金额造成的影响。1989 年，心理学家约翰·马洛夫（John Malouff）和尼古拉·舒特（Nicola Schutte）做了一次研究。

价格实验

安排 4 组模拟陪审员，让陪审员阅读一份真实人身伤害案的材料，在该案件中，被告罪名成立。两位研究者告诉所有的 4 个小组，被告辩护律师建议赔偿 50 000 美元。4 个小组所接触的信息，唯一不同的是原告律师要求的赔偿数额。一个小组听到的是，原告律师索要 100 000 美元，这一组陪审员裁定的平均赔偿额是 90 333 美元。另一个小组得知律师索要 700 000 美元的赔偿额，他们裁定的赔偿额平均为 421 538 美元。

要是陪审员们能够裁定"正确"的赔偿额，那所有小组给出的数字应该一样。案件的事实没有变化。当然了，法律赔偿并没有标准的计算公式。于是陪审员们很容易受到他人建议的影响。把马洛夫和舒特的 4 个数据点（他们向另两组展示的索赔额是 300 000 美元和 500 000 美元）绘制成图，就可以看出它们完全是一条直线。陪审员们判定的数额虽然总是比原告律师要的低一些，但基本上是跟着要求的索赔额一路上涨。

就算是痴心妄想，也不会有几个律师觉得陪审员能任自己摆布。这个研究，再加上另一些研究，提出了以下问题：你在法庭上可以把锚点抛到多远？一个聪明的律师会提出数亿美元的庞大索赔额吗？

传统的智慧说，不行。据说有个叫"反弹"的神奇效应：高得过火的索赔额，会让原告或律师显得太贪婪，从而带来事与愿违的结果。出于报复，陪审团的裁定金额会很低。较之一开始就提出合理索赔额的做法，漫天要价是不划算的。

1996年，在利柏克诉麦当劳案频频成为新闻焦点期间，心理学家格雷切·查普曼（Gretchen Chapman）和布莱恩·伯恩斯坦（Brian Bornstein）对这种说法做了测试。

> **价格实验**
>
> 他们向伊利诺伊州80名大学生提出了一个假想案例：一名年轻姑娘说，自己因为服用避孕药患上了卵巢癌，对医疗保险提供商提出控告。参与的学生被分为4组，每一组听到的索赔额都不一样，分别为100美元、20 000美元、500万美元和10亿美元。研究人员要求模拟陪审员裁定补偿性赔偿金。所得的结果，凡是信任陪审团制度的人看了恐怕都会吃惊不小。

在500万美元的限度之前，陪审员们惊人地好说话。超低的索赔额100美元平均只得到了可怜兮兮的990美元。这可是害得原告"疼痛不断"的癌症啊！而且"医生觉得她没几个月可活了"。当索赔额增加到这个数字的20倍，到达20 000美元时，陪审员的裁定额则增至36倍多，到了36 000美元；索要500万美元时，则裁定额又是36 000美元的12倍多。

063

无价
PRICELESS

　　查普曼和伯恩斯坦的实验不能排除反弹效应，但也没有找到任何支持它的证据。相反，它发现收益递减。要求 10 亿美元（一个超级疯狂的数字），所得裁定赔偿仍比要求 500 万美元时更多。只不过多得没那么离谱罢了。

　　道听途说的证据会造成误导。律师们总记得自己要了个天价，所得却比期望值要少的时候。真的疯得够彻底、胆敢索要 10 亿美元赔偿的律师，听到裁定赔偿才区区 490 000 美元，当然会倍感失望，怪罪于反弹效应。然而，上述实验结果表明，10 亿美元的数字在 4 个受测索赔额中表现最好。

　　照理来说，陪审员应当根据病人痛苦和受难的程度做出赔偿裁定。查普曼和伯恩斯坦要陪审员们用数字给原告的痛苦程度打分。他们发现，陪审员对痛苦的估计和判定的赔偿之间没什么有意义的关联。换句话说，理应有关系的变量事实上没关系，照理说不相关的变量（原告的索赔要求）实际上却有关系。

　　两位心理学家还询问陪审员："原告的伤害是被告的产品造成的，这种情况的可能性有多大？"陪审员们报告的可能性跟他们裁定的赔偿额存在一定的关系（可能性越大，裁定赔偿额也会相应提高），但并不特别突出。因此，没有证据能证明，10 亿美元的索赔损害了原告案件的可信程度。

　　负责利柏克诉麦当劳案的里德·摩根，说自己这样的律师叫"创业家"。这类诉讼律师们专找巨额赔偿官司，迫使大公司关注产品的安全性。不太同意这套说辞的观察人士则叱责这是"把打官司当成抽彩票"。从这两个角度来看，面对法律的财富大转盘，有时律师会不愿向陪审员提出太高的赔偿额。他们觉得，提出合理的数字说不定反倒能够带来一笔意外之财，要得太多则可能引起陪审员反感。查普曼和伯恩斯坦的实验表明，事情并非如此。他们的论文题目说得很直白："要得越多，你得到的就越多。"

　　锚定研究令一些人相信，不应由陪审员直接裁定损害赔偿额。卡尼曼认为，陪审员试图用前后矛盾的金钱语言表达他们对被告行为的愤慨之情。就好像陪审员从火星来，不知道金钱在这个星球上价值几何一样。究其本质，他们是用 1 到

10 的分值来给被告的过失打分。他们通过律师寻找线索，判断它值多少地球币。

在利柏克诉麦当劳案中，摩根成功地激起了陪审员们的义愤。他连打两记重拳：麦当劳的咖啡比许多竞争对手要烫；麦当劳对利柏克受的伤害无动于衷。在审判的裁决阶段，摩根要求陪审员们罚麦当劳一两天的全球销售额：麦当劳咖啡一天的销售额大概是 135 万美元。

什么？事故的肇事者是咖啡？摩根没有过多解释为什么这一要求是合理的，或许是因为它并没有特别合理的地方。你对这个要求想得越多，就越会觉得它没道理。为什么是一两天的销售额？为什么是全球的销售额，而不仅仅是美国境内的销售额，或者新墨西哥州的销售额，甚至是利柏克那天买的那杯咖啡的售价（49 美分）？

这里，"想"就是关键。一个有效的锚点必须是存储在做决定当时的短期记忆当中的。表面上看，这是一个很大的限制。短期记忆，就是我们用来拨打陌生电话号码的那种，仅仅能持续大约 20 秒钟。这就是为什么许多人都觉得锚定效应恐怕并不适用于实验室外面的环境。陪审团可能会讨论好几天。陪审员会感到无聊，大部分时间都在做白日梦。天知道他们要接触到多少个数字。

现场研究表明，现实当中，锚定效应可以持续相当长的时间。像陪审团裁决这样重要的事情，不见得有什么做决定的关键一刻。每名陪审员都会在陪审席上多次考虑这一问题，其间间隔着不经意的分心。每当控辩双方提出新的论点，或确定新的证据，他们就会重新考虑自己的决定。成功的锚点必须足够难忘，以便每次重新斟酌决定时都能想得起。

> 成功的锚点必须足够难忘，以便每次重新斟酌决定时都能想得起。

摩根提出的索赔要求，哪怕不合情理，也足够叫人过目不忘。麦当劳一两天的咖啡销售额设定了理想的惩罚标准。它框定了人们的思考，鼓励陪审员暗暗寻思两个问题：

无价
PRICELESS

(a) 一两天的咖啡销售额公平吗?

(b) 多少天的咖啡销售额才公平?

其实,陪审员并不擅长根据罪行或问题的严重程度来设定赔偿金额。1992年,W. H. 德斯冯格斯(W. H. Desvousges)和同事主持了一次调查。

价格实验

他们告诉被试,由于炼油厂的蓄油池没盖盖子,鸟儿们掉进去溺死了。这个问题(当然是虚构出来的)可以通过在蓄油池上设置防护网来解决。他们询问被试,为了拯救小鸟,他们愿意出多少钱来架设防护网。研究人员对不同小组所说的禽鸟死亡数量不同:有的说一年2 000只,也有的说一年200 000只。结果,人们的答案跟鸟死掉的数量并不相关!不管怎么说,被试平均愿意掏腰包的钱数在80美元上下。显然,人们只记住了一点:"死了很多鸟儿。我们应该做些事。"

摩根肯定希望利柏克诉麦当劳案的陪审员们从财大气粗的麦当劳钱包里狠狠地掏出一笔钱(因为咖啡太烫打起官司的,小餐馆碰到的很少)。"一天的咖啡销售额"能充当有效的赔偿尺度,还有另一个原因。一旦陪审员在多少天上达成了一致,递增幅度也就一目了然了。

你可能想知道为什么摩根会要求"一两天的咖啡销售额"。为什么要说得这么含糊呢?当碰到三种价格(不妨把它想成是小杯咖啡、中杯咖啡和大杯咖啡的售价),自身又没有强烈偏好时,人们一般倾向于选择"中间"价格。摩根说不定估计到,被告或者没什么同情心的陪审员兴许会提出一个低得多的数字。于是,他引入了"中间"选项,给了迟疑不决的陪审员们一条轻松的出路,同时又有利于自己的客户。

利柏克诉麦当劳案的陪审团裁定 270 万美元的惩罚性赔偿，正好是摩根估计的两天咖啡销售额。不容否认，摩根的索赔请求具有令人信服的影响力。按照前面的研究，摩根唯一的失误之处，或许就是他没干脆要求麦当劳赔一两年的咖啡销售额。

第 6 章
记忆价格和前景理论：我们对价格很愚钝

电视剧《巨蟒》(Monty Python)描述过阿尔冈星球上的一个任务。

阿尔冈星是金牛座的毕宿五①，跟1972年的英国很像——只不过那儿的价格都是天文数字。剧中演员约翰·克利斯（John Cleese）说："这里一杯普通的热巧克力售价400万英镑，烧开水用的浸入式加热器售价60多亿英镑，一条内裤的价格高到了无法形容的地步……一个像这样的电热水壶新零件，价格几乎相当于美国自1770年到2000年的国民生产总值。而即便如此，也还不够买个热水壶上的小小固定环。"

过了一会儿，迈克尔·佩林（Michael Palin，该剧的另一位演员）插嘴说："旋转式割草机的附件相对便宜！在9 000万到1亿英镑之间，不过这似乎说明，阿尔冈星对那些有着大花园的家伙来说是个很好的地方。"

---

① 毕宿五（Aldebaran，意为"追随者"）即金牛座 α，是全天第14亮星。——编者注

你或许会想,其实阿尔冈星跟地球又有多大的不同呢?我们出生在太阳系的第三行星,对东西的价格没什么概念。说不定我们怎么学都学不会。我们能做的,就是从周围人身上找线索。我们假装他们神智健全,提出的价格合乎情理。

要是让笛卡尔来推断价格,他或许会说:我们唯一知道的就是相对价值。从深层意义上来说,我确实无法判断割草机的附件卖1亿英镑是不是个好价钱,但我知道它比其他价格要便宜。短短几年,靠着一些出色的实验,这种相对价值重要、绝对值没什么意义的愚蠢价格观已经得到人们的普遍接受。你可能会说,它们表明,我们都生活在阿尔冈星上。

阿雷利是另一个深入思考定价心理的杰出以色列裔美国人。他的好多研究都可以追溯到他头一次走进一家巧克力商店的经历。

> 他眼前摆着一列列美不胜收的巧克力,价格也高得令人咋舌。"我正盘算着想要哪一块,"他说,"接着就意识到两件事。一是我迅速适应了那里的价格水平。我没去想超市里的巧克力卖多少钱。另一件事是我非常容易受影响——不管商店标注了什么样的建议零售价,我都把它们当成入手的合适价格。"

阿雷利是杜克大学的行为经济学教授,他做了好多引人注目的实验,证明价格的灵活性有多大。其中一个是跟乔治·鲁温斯坦(George Loewenstein)和德拉佐·普雷莱克(Drazen Prelec)合作完成的,实验内容是无声拍卖比利时巧克力、红酒和电脑设备。

价格实验

投标的是麻省理工学院斯隆商学院的MBA考生,研究人员要他们写下自己社会安全号码的末尾两位。接着,每名投标者要说出他的心理投标价是高于还是低于这个两位数(按美元计)。最后,投标人写出自己愿意出的价格(诚实的心理保留价)。中标的人自己掏腰包出钱,拍得的东西就归他们了。

无价
PRICELESS

> 拍卖物品里有一瓶 1998 年的罗纳谷村酿红酒。例如，我的社会安全号码末尾两位数是 23，所以，我要回答的第一个问题是："这瓶酒，你愿意出的价是高于还是低于 23 美元？"第二个问题则是："你愿意出多少钱呢？"

结果显示出惊人的锚定效应。社会安全号码"低"（末尾两位数为 00～19）的投标人，对这瓶酒愿意出的价格平均为 8.64 美元。社会安全号码"高"（末尾两位数为 80～99）的人，愿意出的价格平均为 27.91 美元。不光红酒是这样，在巧克力、无线键盘鼠标和设计书的拍卖中也有类似的差异存在——全都是因为社会安全号码。大多数的情况都是碰巧有着较"高"社会安全号码的学生拍走了商品。号码较"低"的人则一无所得。至于谁是真正的赢家，以及谁是真正的倒霉蛋，你自己来判断吧！

阿雷利开辟了一个影响广泛的论题：记忆价格遮掩了人类不准确的价格判断力。假设让买东西的人猜测一台椭圆踏步机的价格，他会努力回想从前购买健身器材的价格，或是他看见广告里的椭圆机卖多少钱。他会根据产品的质量和性能做调整，得出一个差不多的数字。然而，从某种意义上来说，他跟奥斯卡·王尔德的讽刺语录里说的一样：对样样东西的价码都知道，对价值却一无所知。

> 记忆价格遮掩了人类不准确的价格判断力。

麻省理工学院斯隆商学院的拍卖，其设计目的是消除记忆价格的部分影响。他们挑选的要么是学生们不大可能购买的东西，要么就是众所周知价格波动幅度大的东西。（人们喜欢把葡萄酒和比利时巧克力当成礼物，部分原因就在于收礼的人很难猜到送礼人花了多少钱。）问题不是"你还记得它的价格吗"，而是"它对你来说值多少钱"。

拍卖结果跟史蒂文斯的量值量表实验很相像。相对比值趋于一致，绝对值却大相径庭。图 6-1 显示，平均投标额按社会安全号码的末尾两位数分为 5 个区间。

| 第一部分 |
价格背后的心理奥秘

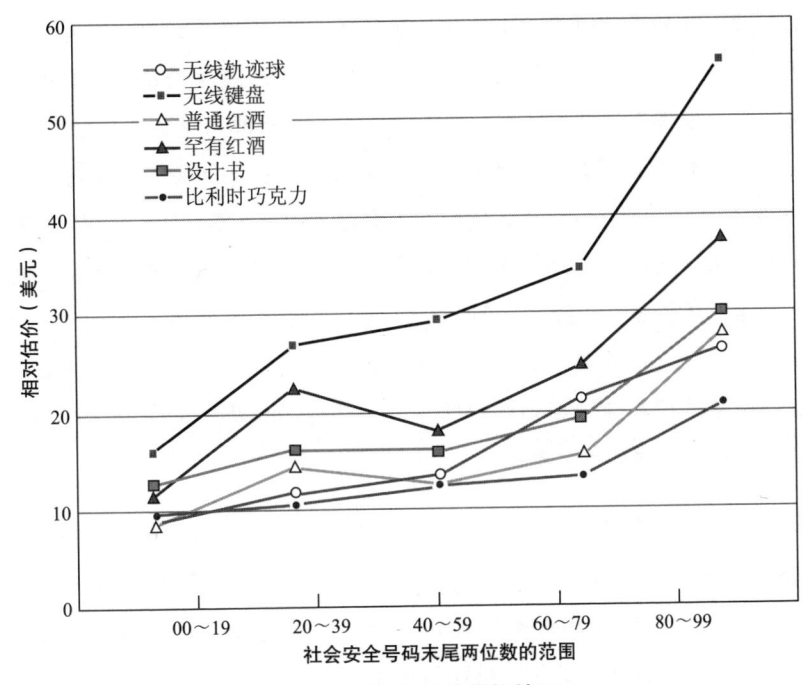

图 6-1　不同物品的投标情况

每一条线段代表不同物品的投标情况。就这个实验的目的而言，社会安全号码可以视为一个随机数。一般情况下，5 个随机小组的平均估价应该差不多。结果，所有的线段都呈上升趋势。社会安全号码末尾两位数"低"的人（左）低于号码末尾两位数"高"的人（右）。这暗示了锚定效应的存在。

在每组社会安全号码区间之内，不同物品的相对估价跟其他小组大致相当。所有小组都认为无线键盘是最值钱的东西，比利时巧克力的估价最低或差不多最低。罕有红酒的估价总是比普通红酒的更高，而且，在每个小组里，前者的价格都差不多是后者的 1.5 倍左右。

阿雷利、鲁温斯坦和普雷莱克的理论认为，被试是用后推法来建立自我一致性的。他们写道：

假设一个被试的社会安全号码末尾两位数是 25，对标示为"普通"

的红酒，他的先验（愿意支付价）范围是 5～30 美元，对"罕有"红酒则为 10～50 美元。故此，这两种红酒，以 25 美元的价格都有可能买得到，也都有可能买不到。假设被试出于某种原因说自己会按 25 美元的价格购买普通红酒。那么，倘若我们过一会儿问他，愿不愿意用 25 美元购买"罕有"红酒，他的回答肯定是"当然愿意"，因为从他的角度来看，这个特殊的"选择问题"已经解决了，方法也明摆着：既然普通红酒价值 25 美元，"罕有"红酒必然要高于 25 美元！而且，被试之后在报出对红酒的愿意支付价时，这个问题也有了足够的限制条件：价格必须符合这样的排列顺序——两者的价格都得高于 25 美元，且"罕有"红酒的价格更高。

阿雷利的研究小组将这些结果写成论文，发表在 2003 年的《经济学季刊》（*The Quarterly Journal of Economics*）上，题为《"任意连贯性"：没有稳定偏好的稳定需求曲线》("*Coherent Arbitrariness": Stable Demand Curves Without Stable Preferences*）。这篇论文还为记忆理论提供了更惊人的证据。

"我们想找一种人们没有强烈参考价格的东西，"阿雷利解释说，"他们需要一种有待标价的全新产品，这种产品是——痛苦。"

价格实验

麻省理工学院的 132 名学生通过耳机，听到了恼人的高亢声音（类似救护车警报器发出的 3 000 赫兹声音）。屏幕上的说明写着：

几分钟后，我们将在您的耳机中播放一种新的烦人声音。我们想知道你认为它有多讨厌。等你听到该声音后，我们会立刻问你是否愿意重复该体验，换取 10 美分的报酬（另一小组为 50 美分）。研究人员要被试分别为听烦人声音 10 秒、30 秒和 60 秒的选择标价。

第一部分
价格背后的心理奥秘

看到低锚点（10 美分）的人标出的价格，总是比看到高锚点（50 美分）的人标出价格的要低。所有人的价格都是按照倾听时长等比例增减的。此外，对同一被试重复试验，也不能消除初始锚点造成的影响。大多数人坚持原价，丝毫没有意识到它是由一个毫无意义的锚点提示出来的。

> **价格实验**
>
> 研究人员又列出若干小烦恼，要一些被试把这些和烦人的声音进行排序。小烦恼包括"发现自己买了一罐坏牛奶""忘了还录像带，必须付罚金""冰激凌掉地上了"及其他 7 种项目。总体而言，烦人的声音排在第二位，位于"只迟到了几秒就错过了公车"之后。

神奇之处在于，10 美分和 50 美分的价格锚点对烦人声音的排名没有任何影响，大家有着基本一致的看法。

> **价格实验**
>
> 另一组被试答应把一根手指放进老虎钳里。研究人员收紧老虎钳，直到被试开始感到疼痛。接着，研究人员将老虎钳再收紧 1 毫米，并要被试记住疼痛的程度。研究人员把手指头从老虎钳里松开以后，会提出以下问题：你愿意忍受哪一种折磨呢？是被老虎钳夹 30 秒，还是听烦人的声音 30 秒？

大多数人选择了烦人的声音。这里，锚定效应对人们倾向于烦人的声音或老虎钳同样不存在统计上的影响。锚点只影响价格。

经济学家早就阐述过，对金融事务来说，决断性和前后一致是最理想的状态。显然，这不只是学者们提出来的抽象概念，也是一般人努力想要达到的普遍

理想。我们都假装有着前后一致的理论及常识。但事实却是，我们知道的不过是相对估值。我们对比率敏感，对价格却很愚钝。

还记得阿莱及阿莱悖论吗？跟特沃斯基合作之初，卡尼曼就认定阿莱悖论是决策心理学没能解决的首要问题。要能找出一个合理的解释，必将得到莫大的奖励。为了做到这一点，他和特沃斯基开始设计"有趣的选择"。要是一个选择看起来挺有意思，他们的家人就成了实验专用"小白鼠"。有下面这样一个例子。

> **价格实验**
>
> 你是愿意稳拿 3 000 美元，还是 80% 赢取 4 000 美元的机会（以及 20% 两手空空的可能性）？
>
> 几乎人人都偏爱稳拿 3 000 块的选项，而不选择冒风险。这没什么好奇怪的。为了让事情变得更有意思，特沃斯基出了个巧妙的主意。在每一笔数额前头摆上一个"负号"，"反射"问题。这么说你会更容易懂些。
>
> 假设有人起诉你，要你赔偿 4 000 美元。你是愿意现在花 3 000 美元调解（固定的损失，−3 000 美元）呢，还是去打官司？假设你事先就知道有 80% 的可能性会输，需要全额偿付（−4 000 美元），有 20% 的机会赢，一分钱都不出（不考虑法律费用）。
>
> 要是人们对风险的态度一致，对第二个问题的回答似乎应该跟前一个相同。可大多数人并不是这么想的。绝大多数人拒绝确凿的损失，倾向于上法庭打官司搏一把。他们的思路是这样的："我可不想损失几千美元，只有打官司才有可能避免。损失 3 000 美元还是 4 000 美元，区别没那么大。"

靠着提出形形色色的此类问题，卡尼曼和特沃斯基得以从各个方向观察人们对待收益、损失和风险的态度。他们不再麻烦家里人，而是开始找学生被试进行谨慎的调查。1979 年，他们发表了文章《前景理论：风险条件下的决策分析》(*Prospect Theory: An Analysis of Decision Under Risk*)。卡尼曼说，标题里的新名词是他们故意创造的："我们觉得，要是这套理论能广为人知，有个与众不同的名字会很占优势。"

前景理论建立在若干简单、有力的概念之上。**其第一个关键概念是金钱（或一般而言的得失）的相对性**。卡尼曼和特沃斯基提出了和心理物理学相似的主张：

> 我们的感知系统，对估计绝对数量不如变化量在行……接触相同的问题，我们既可能觉得热，也可能觉得冷，这完全取决于我们先前适应的温度。

同样，人们会习惯于一定水平的财富或收入，并主要对变化做出反应。假如你指望有钱的阿姨送给你 1 000 美元的支票做结婚礼物，因为你的兄弟姐妹们都享受了这个待遇。结果，她却送给你一张价值 25 美元的蹩脚贺卡！你很容易觉得自己损失了 975 美元，而非获得了 25 美元。

按卡尼曼和特沃斯基的术语，期待中的 1 000 美元是一个基准点。这很像心理物理学上的"适应水平"。基准点被用于判断进入心理账户的某样东西属于收益还是损失。这可以造成行为上的巨大差异。

前景理论的第二个关键概念是厌恶损失。损失金钱（或任何有价值的东西）带来的伤害，远远大于获得同样东西带来的喜悦。抛硬币打赌就能看出损失厌恶来。抛出正面你输 100 元，抛出背面你赢 X 元。X 要多大，你才愿意接受这个赌？

调查显示，很少有人愿意接受 X=100 的"公平"打赌。X=110 的情况也很少有人接受，哪怕它提供了挺不错的预期收益。（接受这个价格的人往往是赌徒或经济学家。）一般人会要求 200 美元左右的奖金，来平衡 100 美元的预期损失。

不管收益还是损失都不是简单的累加。获得 20 美元意外之财的惊喜，少于获得 10 美元惊喜的两倍。这跟史蒂文斯的小谜题是一个意思，它说要差不多 40

美元才能让人感觉比 10 美元 "好两倍"。经济学家一直都知道，大规模的收益和损失不是累加的，但前景理论把这一规律扩大到了看似完全微不足道的数目上。从人们的行动来看，"财富效应"似乎也适用于小变化。

有一个通俗的比喻表达了前景理论背后的部分概念："金钱是毒品。"对大把钞票上瘾的人，会对滥用金钱达到一定的适应程度。之后，要想再次 "高"起来，他必须超过原来的基准线。要是上瘾者没能达到基准线，他就会体验到"戒药"的痛苦。戒药的痛苦远甚于 "高" 起来的愉悦。

卡尼曼观察到，损失厌恶 "延伸到了道德直觉的领域，强加损失和未能分享收益所得到的评价完全不同"。有反盗窃的法律，可没有反吝啬的法律。

> 损失厌恶 "延伸到了道德直觉的领域，强加损失和未能分享收益所得到的评价完全不同"。

前景理论的第三个关键概念是确定性效应。 卡尼曼和特沃斯基的调查肯定了阿莱的谜题，确定性和仅仅是非常高的可能性之间（举例来说，类似 100% 和 99% 的概率区别）存在着主观上的鸿沟。这一发现也可以 "反射"：非常不可能和保证不会发生之间（1% 和 0% 的概率区别）同样有着巨大的心理区别。

一方面是收益和损失，另一方面是可能和不可能，这其间涉及行为的 4 个领域。我们可以用一幅简单的四格图来概括它（如图 6-2 所示）。前景理论的四重模式不仅解释了阿莱悖论，还解释了为什么大赌徒会买保险这一类的怪事。

以阿莱的第一道谜题为例。你可以（a）稳得 100 万美元；或者（b）参与一场很诱人的冒险，你有 1% 的可能性两手空空地离场。不管怎么做，你几乎肯定可以获得 100 万美元甚至更多。换句话说，你处在一个很好的位置上，从诸多可能的收益中做出选择。此时，你处在图 6-2 中左上角的单元格。

这一格的特点是 "行为厌恶风险"。你可能觉得 100 万美元伸手可得——只要选择（a）就行了。要是你选择（b）却输了，你会把肠子都悔青的。这样一来，（b）的风险完全无法叫人接受。

阿莱的第二道谜题是，选择有 11% 的机会赢 100 万美元，还是选择有 10% 的机会赢 250 万美元。这仍然属于收益，唯一的重要区别是获胜的可能性大大降低了。你会告诉自己，别太兴奋——你恐怕不会赢。这就改变了心理，触发了冒险意愿，如图 6-2 右上角的单元格所示。你愿意赌一把拿更高的奖金，1% 的概率区别似乎并不那么重要了。

	可能发生的事件	不大可能发生的事件
收益	行为厌恶风险（"一鸟在手胜过双鸟在林"——投资债券，不投股票；接受一个过得去的报价，而不是待价而沽，等待更好的出价）	行为追求风险（"不入虎穴，焉得虎子"——购买彩票；想加入职业球员大联盟）
损失	行为追求风险（"孤注一掷"——赌博时压下双倍的赌注，要么输双倍，要么翻盘；设局骗人，受害者已经投下了太多赌本，退出的话会一无所有，索性跟到底）	行为厌恶风险（"先求稳妥好过事后后悔"——购买保险；使用安全带；不吃生鱼片，以免沾染寄生虫）

图 6-2 收益和损失，可能和不可能所涉及的 4 个领域

从收益翻个面到损失，行为的类型也随之改变。要是很可能遭受损失，鲁莽的赌博变得可以接受了（如图 6-2 左下单元格）。赛马日快结束时，赌徒们愿意"继续花钱打水漂"，希望借此挽回损失。而要是存在概率较小的损失可能性（如图 6-2 右下单元格），人们愿意买保险来对抗损失。

金融顾问告诉客户，在做金钱决定时要考虑风险承受能力。麻烦的是，行为的这 4 个领域存在于我们所有人身上。在这个环境中厌恶风险的人，换个环境就成了冒进家。只要换个基准点就行了。

投资者认为债券"安全"，股票则有风险，尽管它能提供更高的平均回报率。由于两种投资都承诺能带来收益，许多投资者厌恶风险（如图 6-2 左上单元格），在投资组合中选择债券。但还有其他的看待方式。要是你把通货膨胀和税收因素考虑在内，债券的实际收益可能是 0，甚至是负数。"把钱买成债券，你保准

077

会损失购买力！"对指望卖股票出去的人，这可是一个非常拿得出手的论点！

房地产泡沫破裂的时候，卖家们还记得当初市场高峰时自己可以大捞一笔的。这成了基准点，按当前市价卖出房子就变成了"损失"（如图6-2左下单元格），而不是接受一个合理的当前市场提供的产品。要卖家们调整基准点以适应新的现实，可能要用好几年的时间。这一期间，交易成交的很少。

卡尼曼说，他相信厌恶损失的概念是自己和特沃斯基对决定论做出的最大贡献。对这一点的基本认识其实已经存在好长一段时间了。埃德蒙·伯克（Edmund Burke）在1757年的《关于我们崇高与美观念之根源的哲学探讨》（*A Philosophical Enquiry into the Origin of Our Ideas on the Sublime and Beautiful*）一书中写道："痛苦的观念总比那些触及愉悦部分的观念要强大得多，我很满意。"卡尼曼和特沃斯基的贡献，在于实现了科学的缜密性，并将这一概念覆盖到了前所未有的广大范围。哈佛大学的马克斯·巴泽曼（Max Bazerman）说："前景理论的要点不难用文字说明，但（他们）增加了数学，提高了接受度，这很重要。"特沃斯基自学了数学，为前景理论做了完整的数学处理，以便让它获得经济学家的严肃对待。

他们在《计量经济学》杂志上发表了这一理论，该杂志差不多是所有经济学期刊里难度最大的。经济学家一贯回避解释人类的不合理性，就好像鸭子把头埋在水里一样。他们甚至只用一个词来表示自己的不屑一顾——"心理学"。言下之意是，心理学并不是什么很严肃或重要的课题。"前景理论"做了大量工作来改变这种心态。有人估计，截至1998年，它已经成了《计量经济学》刊载的文章中被引用次数最多的一篇。

2009年，由于金融风暴带来的冲击，德国亿万富翁阿道夫·默克尔（Adolf Merckle）撞火车自杀。但他的净资产仍有10亿美元之巨。

传统的经济理论涉及的是财富的绝对状态。10亿美元就是10亿美元，你应该高兴才对。人类的现实是，失去一半财产的亿万富翁会感到穷困潦倒，走投无路，中了5 000美元的彩票得主却会兴高采烈。一切无非对比罢了。

为什么损失带来的痛苦甚于收益带来的愉悦，这仍是一个尚未得到解决的问题。为什么牌面对我们不利呢？卡尼曼和特沃斯基的论文发表之后的岁月里，进化学解释冒出了头，日益流行开来。"人类不是为了快乐而演进的，而是为了生存和繁殖。"科林·卡默勒（Colin Camerer）、鲁温斯坦和普雷莱克写道。请想象寒冬里有一只快要饿死的动物。出去寻找食物有风险，因为这会让自己暴露在天敌之下。可待在洞里，表面上看起来安全，最终结果却是慢慢饿死。故此，动物赌上一把，出去找食物是合理的。夏天，这只动物有着丰富的食物来源，它的策略也会相应改变。它应该不会冒丢掉性命的风险去寻找它不需要的浆果。

> 人类不是为了快乐而演进的，而是为了生存和繁殖。

把"食物"换成"金钱"或其他任何的收益，你就得到了前景理论。从我们的行动来看，打扑克输掉500块就像是一个生死攸关的问题。卡默勒认为，损失厌恶是一种不理智的恐惧形式，就跟恐高症患者从高楼层的窗户望出去差不多。

卡默勒写道："人们最害怕的许多损失并没有生命危险，但对过度适应传输恐惧信号的情绪系统来说，这不具说服力。把损失厌恶想成是恐惧，也意味着存在这样的可能性：诱发的情绪可以摆布买卖价格。"

第7章 最后通牒博弈：讨价还价中的心理状态

五金店的雪铲卖15美元一把。一场暴风雪之后的早晨，店家把价格提高到了20美元。82%的被试说这不公平。"供需原则"不是涨价的借口。

某商店的卷心菜娃娃一个月前就卖光了。圣诞节前一个星期，有人在商店储藏室里发现唯一一个剩余的娃娃。商店经理知道，好多客户都想买这个玩具。他们通过商店的广播系统宣布，这个玩具将通过拍卖售出，出价最高者得。74%的公众认为这种做法不公平。

某足球队正为一场大赛出售门票，座位有限。球队有三个选择：拍卖门票；随机抽选球迷，允许其买票；排队，按先到先得的原则出售门票。绝大多数被试认为排队的办法最公平。在大多数人眼里，拍卖是最不公平的。

某社区"美味红"苹果严重短缺，没有一家杂货店或超市的货架上有这种苹果，但其他种类的苹果多得是。一家商店以常规批发成本收到了一批"美味红"苹果，并按比通常零售价高25%的价格出售。这个问题赤裸裸地点出了"价格欺骗"的奇怪禁忌。25%的价格涨幅，低于产品一般的季节性波动。孩子们不会因为缺了"美味红"苹果就饿肚子——他们还可以吃"澳洲青"苹果。然而，仍有63%的人认为"美味红"提价的做法不公平。

公众的态度足够现实，他们明白，有时价格不得不涨。成本提高了，商店将它转嫁给消费者，没问题；公司亏损了，削减员工的工资，没问题；但利用市场力量占便宜（比如，在短缺的时候提高现有存货的价格），这不可以。公平的关键原则似乎是"别通过对我敲竹杠来提高你的利润"。

• **如果这样说：**

某公司赚取的利润十分微薄。它所在的社区，正经历经济衰退，虽然尚未通货膨胀，但失业人口庞大。许多人都急于去该公司工作。公司决定今年减薪7%。62%的人认为这不公平。

• **如果这样说：**

该社区失业人口众多，通货膨胀率达12%……该公司决定今年只提薪5%。78%的人说可以接受。

但事实上，在上述两个版本中，工人所得的结果几乎是一样的。其他商品价格提高12%，却只加薪5%，这跟购买力减少7%没什么两样。

由此得出一个结论：通货膨胀是滑头老板最好的朋友。同样的原则也适用于奖金。大多数人的判断，一家陷入困境的公司可以不发10%的例行奖金，但减薪10%就不妥。（碰到不稳定的市场行情时，华尔街上的东家们一贯利用这一点。）

卡尼曼、尼齐（Knetch）和泰勒写道：

按照传统的经济分析，商品的额外需求理所当然地是供货商涨价的机会，市场上也确实存在这样的涨价。在这种观点看来，市场上充斥着以逐利为目的进行的价格调整，自然得就像是水总往低处流一样——它是无关道德的。普通公众却无法秉持这种漠然的立场……人认为是公平的行为，跟人期待市场上存在的行为，两者之间的区别其实很小。

无价 PRICELESS

令人惊讶的地方在于，公平的民间原则大多是为个人利益服务的。不管政治立场偏向如何，哲学家们总觉得有必要保持逻辑上的一贯性。公众不存在这样的自我约束。压倒多数的公众拒绝自由放任资本主义的财产观和自由企业观，但同样也拒绝工人权利或公共利益等前后一致的概念。公众充分表现出了安·兰德（Ayn Rand）[①]笔下的自私态度：它判断自由市场不公平，因为自由市场很可能做出不利于他们私利的事情来。

想象一下，在末日后的未来，美国文化除了几部法拉利兄弟（Farrelly Brothers）[②]拍的电影，什么也没留下来。早期的罗马文学基本上就遭遇了这一幕：什么都没了，除了古罗马喜剧作家普劳图斯的低俗闹剧。多亏了它的意外留存，我们看到西方世界对讨价还价最早的描述竟然挺滑稽。它出现在普劳图斯《绳子》（The Rope）一剧的关键场景。一个名叫格里普斯的奴隶，在海里无意发现了一箱金子，想靠它买回自由。格里普斯在路上碰到了特拉察里奥，后者认出金子是某大皮条客的财产，觉得这是勒索的好机会。

特拉察里奥：好吧，好吧，听着。我看到一个强盗在抢东西，我认识他抢劫的那人，我走过去，给他开了个价，"我认识你抢劫的那人，"我说，"你给我一半，我就当不知道这事儿。"他不听我的。好啦，我问你，要一半够不够公平？

格里普斯：你还该多要点儿呢！要是他不给你，我觉得你应该去告诉失主。

特拉察里奥：谢谢，我会的。说到这儿，你跑出来了。

格里普斯：什么意思？

特拉察里奥：你手里有口箱子。我知道它属于谁。我认识他好长时间了。

用现代术语来说，这就是"最后通牒博弈"。一个人（格里普斯）手里有些

[①] 20世纪美国知名作家、思想家。——编者注
[②] 美国导演，多拍爱情轻喜剧。

战利品，另一个人（特拉察里奥）有办法把它给弄没了。这是否让后者获得了分享权呢？在普劳图斯的故事里，这一点毫无疑问。特拉察里奥威胁道，除非把金子分他一半，不然，就去告诉合法所有者。这样的话，两个人都什么也得不到。格里普斯怒道："你能分到的只有麻烦，我保证。"他发誓，一定要让特拉察里奥落个竹篮打水一场空。

为了比喻人类处境的荒诞性，普劳图斯发现，他只需要两个演员，外加一连串的最后通牒就够了。按格里普斯的说法，箱子落在了渔网里，自己用一根绳子把它捞了起来（这出剧目的名字便打这里来）。观众们一定也看出两名奴隶的言语滑稽戏逐渐激化成了针锋相对的角力。永恒的信息蕴含于此："讨价还价"不过是文雅一点儿的勒索，逻辑和最终结果没什么关系。

卡尼曼、尼齐和泰勒在芝加哥大学的学术会议上公布了他们关于公正的研究。他们的谈话刊登在 1986 年的《商业周刊》上，文章里涉及的邪恶小实验，就是如今众所周知的最后通牒博弈。

你得到 10 美元可以分给陌生人，你来提议如何分配这笔钱——比如"我 6 美元，对方 4 美元"。关键是，由对方决定是接受你的分配方案，还是拒绝。只要他接受，钱就完全照你说的分。可要是他拒绝，你也得不到一分钱。正如博弈的名称所示，你要么接受，要么走人，没有任何还价的余地。

你不承担任何"公平"的义务。只要你觉得自己有办法搞定对方，你要求独吞 10 美元也没问题。当然，你会想停在某个点之前，免得合作伙伴感到过分"不公平"，彻底否决这笔交易。

在往下读之前，你可以想一想自己会怎么玩这个游戏。

首先，假装你是负责分钱的人（下称"提议者"或"分配者"）。你会把 10 美元奖金里的多少分给一个完全陌生的人呢？（你将永远不会知道这个人的身份，他也不知道你是谁。）请把这个数字写下来。

无价
PRICELESS

我把 10 美元分出去 ____ 美元

接下来，你是对方那个人，"响应者"。既然你一个人在玩，有必要确定一下你将如何响应可能碰到的每一个提议。这些提议说不定跨度颇大，0 美元到 10 美元都有可能。为简单起见，提议者大多提的金额都是整数。圈出你愿意接受的最小数额（凡等于或大于该数的提议你都愿意接受，低于此数的则拒绝）。

我愿接受
$0 $1 $2 $3 $4 $5 $6 $7 $8 $9 $10

对一个追求最大化的理性人，最后通牒博弈简直不费脑子。响应者绝不应该拒绝"白来的钱"。再少他都应该接受，而不是行使否决权。反过来，理性的提议者应该料到这一点，并提出一个象征性的微小数额，信心满满地等着对方接受。

实际情况并非如此。泰勒在康奈尔大学让学生进行这个游戏时发现，提议者最常见的分配方案是"公平"地对半分。他还发现，分得太吝啬，响应者宁肯拒绝。平均来说，响应者愿意接受 3 美元，而拒绝 2 美元。

这是怎么回事不难理解。提议者有足够的情商，知道得给响应者合适的份额，好让他们满意。所有人都想得到对半分是"公平"的。这就使得对半分成了常例，康奈尔大学的大多数学生也正是这么做的。

问题在于，无论是生活还是最后通牒博弈，都不一定公平。两名被试有着不同的选择，也有着不同的权力。除非响应者不爽得想割了自己的喉咙，否则提议者有权利也有动机在平分的基础上稍微多给自己留些。为什么不建议四六分、三七分……甚至是一九分呢？

你看得出来这会走向何方。对任何响应者来说，总有一个限度会让他火冒三丈，行使否决权。贪婪而谨慎的提议者会希望尽量靠近这个限度而又不超过它。那么这个限度到底在哪儿

> 无论是生活还是最后通牒博弈，都不一定公平。

呢？这就是最后通牒博弈所要提出的问题。

你很容易从自己的生活里辨识出最后通牒博弈的回声。提出无理要求的人会成功，因为其他人只不过是叹了口气，就纵容他们行事了——除非到了某个限度。最后通牒博弈探讨了一种并非不合理的焦虑：公平交易能让我们在这世上走多远？为了弄清这一点，它创建了一个模糊的道德空间。提议者并没有做什么理应得到10美元的事。响应者也没有做任何有权获得分享的事。博弈剥离了所有传统的社会道德、法律、财富权利，把任何社会都要面对的不平等问题赤裸裸地摊在了桌面上。

从某种意义来说，最后通牒博弈就是史蒂文斯"黑就是白"课堂示范的货币版本。金钱的价值取决于背景和对比。什么也没做就得到100美元，你感觉如何？大概感觉很不错。在一笔1 000美元的意外之财里，你只分到了100美元，你的"伙伴"单方面决定自己留下900美元，你又会感觉如何？肯定不怎么好。和900美元比起来，100美元渺小到了侮辱人的地步，尽管换个背景看它还是挺不错的一笔小财富。对比引发了情绪，情绪影响了行动。总会有人利用优势，因为他们觉得自己能蒙混过去，其他人却发现，自己唯一的筹码就是玉石俱焚的否决权。在这一意义上，我们所有人都在参与最后通牒博弈。

其实，1977—1978年，德国博弈理论家维尔纳·居特（Werner Güth）和同事罗尔夫·施密特伯格（Rolf Schmittberger）、贝思德·施瓦茨（Bernd Schwarze）就首次尝试了最后通牒博弈实验。

居特说，他丝毫无意证明人类行为跟经济学家的假设不是一回事。"那不过是痛打落水狗、再踏上三脚罢了。"他想做的是，设计"最简单的双人版最后通牒博弈"，看看真正的人会怎么玩它。

> 金钱的价值取决于背景和对比。

他想出了两种博弈，称其一为"复杂博弈"，其二为"简单博弈"。

无价
PRICELESS

价格实验

在前一种博弈中，被试要把一些黑白色的筹码分成两摞，让另一名被试为自己挑选一摞。复杂的地方是，对前一名被试来说，每一枚筹码值 2 马克[①]；可对后一名被试来说，白色的筹码仅仅值 1 马克。科隆大学的学生们不怎么擅长找出最佳分配方案。

故此，居特又尝试了"简单博弈"，亦即现在说的"最后通牒博弈"。第一次实验时，42 名经济系学生两两配对。在每一对学生中，一人负责分配 4～10 马克不等的现金奖励。分配提议转达给他的合作伙伴，这个人只有两种选择：答应或拒绝。最常见的提议是五五分配，21 名提议者中有 7 人这样做。据居特说，经济学家们听到这样的研究结果，最爱说的是："这些科隆大学的学生难道是蠢货吗？"

由于大部分提议者的分配方案都很接近对半分，所以居特率领的德国小组没有太多机会观察响应者面对不公平分配的反应。后来卡尼曼、尼齐和泰勒对响应者更感兴趣。"我们对公平的所有问题都跟这个有关，'你认为那伙，那个有权力的家伙，做得公平吗？'"卡尼曼解释说，"身为心理学家，我喜欢这么想：人们渴望公平。但泰勒是个经济学家，他知道得把响应者当成关键。"

故此，他们折磨响应者，非要他们说出愿意接受什么样的提议。这牵涉到一系列的"是"或"否"问题。（"如果对方提议给你 0.50 美元，你接受还是拒绝？"）这种方法叫作最后通牒博弈的询问完整策略，现已得到广泛使用。实际上，它揭示了响应者的保留价格。

结果跟半个地球之外的居特类似。平分是最普遍的提议，分配数额平均为 4.50 美元上下。对低于 2.30 美元的提议，响应者宁肯拒绝。响应者行使否决权，

[①] 德国旧货币单位。1 马克≈4.19 元人民币。——编者注

是该博弈对经济理论提出的最大挑战。"那是不满，是不顾一切也要惩罚的意愿，就这么回事。"卡尼曼解释说。

被试行使否决权，意味着他抛开了"白拿钱"的逻辑，基于情绪做出了经济决定。违背经济理论行事的并非只是一两名被试，几乎人人都会这么做。"事情真正怪的地方在于，"卡尼曼说，"这套理论屹立了几百年，没人挑战它，直到有人说：'嘿，看那，国王没穿衣服！'反面例子微不足道。"

> 金钱本身并不统治世界，简单的博弈也可能会非常复杂。

"最后通牒博弈是终极实验吗？"2007年，尤拉姆·哈勒维（Yoram Halevy）和迈克尔·彼得斯（Michael Peters）在论文的标题中发问。他们半开玩笑地指出，这一博弈已经成了一门学术产业。据称，最后通牒博弈是当今重复次数最频繁的人类实验之一。教授常把它布置给心理学和经济学的研究生，训练他们招募被试，签署同意书，完成卡方检验。但它盛行多年的主要原因还在于，人们相信该博弈揭露了价格和讨价还价中的诸多心理状态。

博弈意味着什么，为什么我们应该重视它呢？正如居特现在的看法，该博弈蕴含着两条信息：金钱本身并不统治世界，简单的博弈也可能会非常复杂。卡尼曼把这一博弈视为确立如下观点的里程碑：**哪怕是极为简单的经济决定，心理状态都是关键**。"必须来点特别的东西，才能让经济学家们注意，"他解释说，"最后通牒博弈有这样的效果。"

经济学家需要关注的原因之一是，它跟价格设置存在明显的相似之处。10美元可以代表销售的潜在利润（"盈余"）。分钱的人是"卖家"，响应者是潜在的"买家"。卖家可以选择自己保留所有的利润（定一个高价），或是把所有的利润都拱手让给买家（"按成本卖"），又或是和买家分享利润。买家来决定是接受这一价格，还是因为它太高而拒绝。这个博弈还可以看成是谈判准模型。

莱缪尔·博尔韦尔（Lemuel Boulware）是20世纪50年代通用电气的劳资谈判代表，名声恶劣得很，因为他一贯把工资方案往桌上一扔，之后便拒绝让步。谈判不是通用电气的政策。博尔韦尔出的价，

无价
PRICELESS

一般是经过大量研究才选出来的。该方案显然是工会领袖能够接受的底线——哪怕是咬牙切齿才接受的。博尔韦尔（以及许多试图效仿他的劳资谈判代表）其实相当于最后通牒博弈中的策略性提议者一角。

现实生活中更常见的一来一回地讨价还价，则可以视为一系列的最后通牒博弈。买卖房子的出价就采用了最后通牒的结构：这个报价，必须在星期二下午6点前接受，否则它就作废。除非你接受最新的报价，不然对方说不定会退出。

讨价还价往往是社会认可的礼貌性仪式。我降低我的报价，你把你的出价往上抬一抬。我们在中间的某个地方达成一致。有时，假装的"最后通牒"也属于仪式的一部分。"这是我最后的出价了，你要么接受，要么就算了。我反正是不能再让步了……说真的，我走了……"双方恐怕都知道情况没那么严重。

谈判的关键是如何应对强硬的交易者提出过分倾斜的要求。最后通牒博弈以最浓缩的形式，展现了谈判的真正难点。不管参与谈判的是一个还是多个强硬的交易者，真正关键的一刻总会出现，所有假动作、虚张声势和预留的讨价还价余地都扔到了一边，只留下一道最后通牒。那时，你会怎么做呢——忍气吞声地受利用，还是把钱留在桌上走人？

价格实验

纽约州州长纳尔森·洛克菲勒（Nelson Rockefeller）在第五大道上有一处绝佳的公寓，能够尽览中央公园的景色。可他也碰到了一个问题。在房子的西边，市政府做了公共住房项目的规划，要修建一幢摩天大楼。这样的话，大楼就把洛克菲勒欣赏日落美景的视线给挡住了。住房项目的发起人是米德·埃斯波西托（Meade Esposito），民主党的幕后大老板。洛克菲勒邀请埃斯波西托来自己的公寓，绅士般地讨论这个问题。"要是你停建那幢大楼，"洛克菲勒说，"我就把那幅毕加索画作给你。"

他指了指墙上挂的那幅现代主义油画。埃斯波西托答应尽力

> 而为。摩天大楼没能修起来，洛克菲勒也履行了自己的诺言。埃斯波西托得到了毕加索的画作，洛克菲勒得到了一个余生里一讲再讲的好故事。之后的岁月里，洛克菲勒总是充满感情地回忆那次"馈赠"的每一个细节，并在结束时揭开谜底："那只是一幅复制品，印刷的！"

谈判可不是一幅漂亮的图片。大部分时候，熟练的谈判者就是最能误导价值的人。驱动价格心理的公平，并不像表面上显得那么"公平"。（本着新闻公平的原则，我必须补充说明，不是只有洛克菲勒是坏人。埃斯波西托或许不怎么懂艺术，但他很清楚交易的艺术。1987年，他因散布谣言影响交易，被罚50万美元，获缓刑2年。）

最后通牒实验的一些早期评论提到了利他主义。提议者并不为难响应者。从统计上来看，他们通常会开出比对方底线稍微高一点的条件，以便让响应者答应交易（尽管是咬牙切齿地答应的）。故此，该博弈展现了人高贵慷慨的内在本性。在某些专题报道里，你依然能看到这类解释。说来悲哀，这美好的概念，几乎被后来的研究撕了个粉碎。交易者其实并不如旁人想的那么在乎公平。

卡尼曼、尼齐和泰勒在其探讨博弈的第一篇文章里就着手研究利他问题。他们设计了现在所说的"独裁者博弈"。

> **价格实验**
>
> 他们给康奈尔大学心理学系的学生每人20美元，让学生们分给未知的陌生人（被试）。钱怎么分配，全听提议者（"独裁者"）指派，被试完全没有发言权。
>
> 在第一轮实验中，"独裁者"按规定只有两种选择。他们可以贪心地自己留18美元（把2美元给被试），或是公平地对半分。76%的人者选择了对半分。

卡尼曼的研究小组认为这似乎是含糊地"抗拒不公平"的结果。"独裁者"避免不公平。利他主义可以算是一个解释,但并不是唯一的解释。

研究人员在另一博弈"利他惩罚"中进一步探索这种抵抗态度。他们又安排了一轮"独裁者"博弈,并给新的被试如下选择:

(a) 他们可以与上一轮"独裁者"博弈实验中的一位被试平均分享12美元。但那位被试前一轮是个"贪婪"的"独裁者"(给自己留了18美元,只给了搭档2美元);

(b) 他们可以与"独裁者"博弈中一位不同的被试均分10美元。这名被试是"公平"的(选择了对半分)。

绝大多数人选了(b)。他们宁愿自己少得1美元,来"惩罚"一个对自己没有做过任何错事的人,全因为知道那人是个"不公平"的被试。

到目前为止,上述结果听起来还挺让人欣慰的。"独裁者"大多是公平的,不公平的人遭了报应。可惜康奈尔大学的原始"独裁者"博弈有其限制。它只有两个可选项,一种做法是平分,另一种做法则极度贪婪(独吞奖金的90%)。如此的贪婪,看得顺眼的人不多。自那以后,其他研究人员重新做了实验,允许"独裁者"拥有更多的分配方式。这些实验大多发现,"独裁者"并没那么慷慨。要是可以自由地进行分派,他们平均分给弱势的搭档30%左右。大约1/5的"独裁者"一毛钱都不给。

伊丽莎白·霍夫曼(Elizabeth Hoffman)和她亚利桑那大学的同事们做了一轮权威性的独裁者博弈实验。霍夫曼怀疑,"独裁者"表现慷慨只是因为知道有人在看。实验者往往是被试的老师,过几个月,老师可会给学生打分咧!难道为了几美元,就值得让教师知道你是个贪婪的混账东西吗?

故此,霍夫曼的研究小组煞费苦心地想办法,保证没人会知道被试具体会如何行动。

> **价格实验**
>
> 研究人员交给每名"独裁者"一个白信封,并让他们到房间后面去。那儿有个纸箱子,"独裁者"把信封在箱子里打开,免得有人偷窥。
>
> 大多数信封里装着10张一美元的钞票,以及10张裁成一美元大小的空白纸条。"独裁者"可以任意拿走若干张钞票,把信封里剩下的东西留给搭档。此时,他需拿走相应张数的空白纸条,好让信封里只留下10张纸(钞票加纸条的总数)。做完之后,他把信封交给监督人(此人不是被试,他无法从信封的重量或感觉上推断任何事情)。监督人带着信封去另一个房间,交给"独裁者"的搭档。
>
> 上述设计最关键的地方是,所有被试事先都知道,有些信封一开始就没装钞票,只有20张纸条。得到这种信封的倒霉蛋必须抽走10张纸条,把另外10张留给搭档。这样一来,哪怕是搭档一分钱没分到,也无法断定自己被故意"独裁"了。
>
> 基于这样的条件,约有60%的"独裁者"自己独吞了10张钞票,只在信封里留下了空白纸条。

没什么好吃惊的(美国国税局的查税员们绝不会吃惊)。"贪婪"和"慷慨"这类概念总是依赖于参照框架的。就在这一刻,你便有机会跟一家声誉卓著的慈善机构,比如"无国界医生",分享你钱包里的钱。你真的应该捐点儿钱……但要是你把钱全自己留着,那也再明智不过了。没人会知道你钻了空子,什么也没捐。

对霍夫曼实验做个悲观的阐释:它表明人是何等伪善。要是没人看(当然,也只有在没人看的时候),被试几乎全像经济学家们假设的那么自私。卡默勒和泰勒则提出了另一种解释:最后通牒博弈和独裁者博弈的结果跟利他主义的关

系不大，但跟态度很有关系。公平竞争的社会规范没那么容易摆脱。就算"伪善"，也不一定是坏事。有时，不管你最初怀着什么样的心机和目的，单单是假装做个更好的人，你最终都会真的表现为一个更好的人。

最后通牒博弈演变成了所谓的"ur-experiment"，相当于科学里的即兴弹奏，本身可以进行无尽的取样和混合。它在全球各种文化里被人们实践过：儿童做过，自闭症患者做过，高智商人士做过，雄性激素超高的男性也做过，有些被试还注射过一种提高对陌生人信任感的激素；甚至，黑猩猩也做过，它们要分配10枚葡萄干的奖励。该博弈持久的魅力来自行为将如何随背景变化或不变。实验设计的经济选择就像一支上好了油的风向标，总能敏感地察觉影响我们的微妙压力。这些压力，我们平常很难注意得到。

许多简单的变量极大地影响着人的行为。霍夫曼在亚利桑那大学的小组做了一连串的尝试，只要被试答对一道小小的智力问答，就能赢得当"提议者"的权利。提议者的慷慨度由此降低。他们显然觉得自己的特权地位是应得的，所以有权趾高气扬。而且，响应者似乎也答应。要是提议者的地位是当事人光明正大赢回来的，响应者就愿意从提议者那儿少拿点。大多数提议者建议给3美元或4美元，从来没有人拒绝这样的出价。

伊丽莎白·霍夫曼的小组还尝试把该博弈设置成零售交易的样子。提议者叫成"卖家"，响应者是"买家"，买家决定是否接受卖家的价格。买卖双方都收到一份表单，说明各种价格能带给他们怎样的好处。相应的报酬跟标准最后通牒游戏一样。

对理性行为者来说，这应该不存在什么区别，但区别可大了。卖家变得更贪婪了，一般只给买家分派3~4美元。然而，后者大多都会买。显然，被试认为，卖家有权设定价格。在人们的判断里，较之标准模式中的不公平分派，高价格不怎么值得惩罚。

霍夫曼实验最有趣的一点发现是，提议者和响应者的反应基本上是同步的。

面对博弈的新改款，提议者能立刻感觉出自己应该给多还是给少，响应者亦随之调整自己的期待。此时，双方并未进行沟通。

在最后通牒博弈中，经济学家普利什·塔尔沃克（Presh Talwalkar）挖苦说："我的以色列博弈论教授自豪地指出，以色列是世界上少有的几个开出低报价并得到接受的地方。"

> **价格实验**
>
> 确认"以色列神话"的是 1991 年在匹兹堡、卢布尔雅那、耶路撒冷和东京进行的一次比较行为研究。以色列提议者最常见的分派比例是四六分，美国人则为五五分。其实区别真的不算大，真的（等会儿我们就能看到）。但它禁不住叫人联想到以色列人果然是神选出来的，够理性——要不然，就是像《威尼斯商人》中的夏洛克那样的奸商。四城研究的一位合作者——希伯来大学的什穆埃尔·扎米尔（Shmuel Zamir）回忆说，来找他的有个年轻的以色列人"明显气呼呼的"。他抱怨说："我没有赚到一毛钱，全因为对方的玩家们是蠢蛋！你怎么能够拒绝一笔白白得来的钱，却宁肯选择零呢？他们根本没明白这游戏！您应当停止实验，给他们做做解释。"

在人类学家看来，上述 4 个城市都是一种同质化全球文化的一部分罢了。等到博伊德的研究生乔·海因里希（Joe Heinrich）对来自秘鲁东部的马奇根加（Matsigenka）人做了最后通牒博弈之后，故事变得更有趣了。

"他回来之后问我，你能不能来看看我的数据？"卡默勒回忆道，"于是我去了加利福尼亚大学洛杉矶分校，乔说，'我想我是哪里弄错了，因为他们开了许多低价，而且都被接受了。只有一个拒绝的，但那更加可疑，因为我有个说西班牙语的助手，他还能说当地方言，那

家伙有点儿吓唬人地对被试说,我想你不该接受这样的东西。所以,他们其实都算是接受了。'"

海因里希的发现极具讽刺意味。最终,在秘鲁的内陆地区,他发现有人完全像传统经济学家假设的那样做事。可这些人完全没什么经济可言。

他们发现,凡有市场经济的地方,均可见到欧洲或北美洲大学生表现出的那种行为。它不要求工业化。肯尼亚的奥勒莫(Orma)人靠贩牛为生。他们的平均出价是44%,与西方文化持平。不管非洲牛贩子和美国股票交易员有多大区别,两种文化都会奖励做成最好买卖的成员。这就意味着要给出一个足够公平、能被接受的价格,并在看到敲竹杠的时候明白过来。

而在相对孤立的小范围文化中,博弈行为有着很大不同。相邻文化(也就是说这些民族在基因上有可能很接近)中的博弈也会存在极大的区别。**这证明,最后通牒博弈是一种文化上的 X 射线(卡默勒这么说),它是理解社会如何对待经济不平等的一种方式。**

许多非市场文化建立在精心构建的社会合作守则之上。对印度尼西亚拉马莱拉(Lamalera)捕鲸人和巴拉圭东部的阿切猎手来说,他们最尊重打猎中贡献最大、分肉最慷慨的成员。这些人在玩最后通牒博弈时"超公平"。提议者会把50%以上的奖金分给响应者。

巴布亚新几内亚的奥族人和格努族人也是"超公平"的,对50%以上的分派提议,响应者一般会拒绝。在这两种文化中,礼品和好意都是附加了条件的。它们带来了回报的义务,而大多数人宁肯不承受这种负担。"给太多的钱,并不是极为慷慨,反而是一种吝啬。""亚当·斯密有句名言,'我们的晚餐,不是出自屠户、酿酒师或面包师的恩惠,而是出于他们自身利益的需要。'"这就引出了一种说法:倘若人们只顾着自己,市场会兴旺发达。本次研究透露出的信息是:人们从事大量交易的文化似乎具备公平分享的准则;而在成员不怎么从事交易的文化里,准则是给你多少你就拿多少,此外,我不指望你给我任何东西,所以哪怕是一点点也能让我满意。

最接近智人的物种不是传说中的经济人，而是类人猿黑猩猩。2007 年，莱比锡马克思·普朗克考古人类学研究所的基思·詹森（Keith Jensen）、约瑟·考尔（Josep Call）和迈克尔·托马塞洛（Michael Tomasello）在研究中发现，黑猩猩比人类更自私（也就是更"理性"）。他们设计了一个巧妙的实验。

> **价格实验**
>
> 　　相邻的两个笼子里关着两只猩猩，它们面前摆着一个小柜子，柜子里有两格抽屉。每格抽屉里装着两盘葡萄干，每只猩猩都可分得一盘。负责提议的猩猩要选择一格抽屉，扯动一条绳子，把它拉到响应猩猩可以拿到的范围。响应猩猩要用一根伸出的棒子，把抽屉里的盘子勾到自己能拿到的地方。这样，两只猩猩都可以吃到各自盘子里的葡萄干。
>
> 　　在典型的设置里，一格抽屉的两盘葡萄干是对半均分的。另一格抽屉里提议猩猩的盘子里装着 8 枚葡萄干，响应猩猩的盘子里只有 2 枚。

75% 的概率，提议黑猩猩会选择贪婪的分法。而它们卑微的合作伙伴，95% 的概率都会纵容了事。它们接受了 2 枚葡萄干，而不是惩罚提议者。"这样看来，"基思·詹森的小组总结说，"……跟人类血缘关系最近的动物是按照传统经济学家的自私模型行事的，它们跟人类不同，并不像人类那样对公平敏感。"

第 8 章
一掷千金：丰厚的奖金是否影响判断

1996 年以后，主流经济学家甚至商人，大多都接受了行为决策理论。基本上，柯恩、吉仁泽等人提出的各种反对意见，锐减到了几乎看不见的程度。近年来，廉价奖品成了一个更迫切的关注点。

在美国，最后通牒游戏通常只提供 10 美元的奖金，都不够在曼哈顿买张电影票。然而，进行此类研究的心理学家和行为经济学家却相信它们的结果跟实验室以外广阔天地里的结果差不多。这样看的话，最后通牒博弈的响应者（事实上，也就意味着我们所有人）都应当特别在乎自己的份额跟提议者相比起来怎样，而对绝对的金额相对迟钝。

那么，来设想一个 1 000 万美元的博弈吧！

> **价格实验**
>
> 提议者自己保留 900 万美元，只分给你区区 100 万美元。你会放弃自己的这 100 万美元，让他尝尝价值 900 万美元、永生都难以忘记的苦头吗？

| 第一部分 |
价格背后的心理奥秘

> 大概不会。有鉴于此，提议者恐怕会给自己保留一个更大的比例……

针对 100 万数量级的最后通牒博弈会有怎样的不同，研究者们已经做了大量的思考工作。部分经济学家认为，在奖金背后添上若干个零的话，人们的理性就会占上风。

伊丽莎白·霍夫曼、凯文·麦凯布（Kevin McCabe）和弗农·史密斯（Vernon Smith）听厌了这类说法。批评他们的经济学家甚至根本不必想到 100 万美元。有些人说，100 美元的博弈就能面目全非。人们当然会拒绝一两美元，可没人会拒绝白白到手的 10 美元或者 20 美元。

霍夫曼和同事们凑钱进行了一些 100 美元的最后通牒博弈。这就是说，至少得筹措 5 000 美元，才能多做几次博弈，让所得结果具有统计学意义。从这些在亚利桑那大学完成的实验来看，不管是 100 美元的博弈，还是 10 美元的博弈，在行为上它们并没有什么显著的差异。

实验里出现了这样一段小插曲。一个提议者在自己的开价单上笔迹潦草地给响应者留言（这么做是不合规矩的）："别太贪多，这 35 美元，你挣得恐怕最轻松了。"这名提议者把自己的 100 美元三七开，只分出去"区区"30 美元，另外 5 美元是所有被试都有的。响应者拒绝了这 30 美元，并在留言后面加上了自己的话："贪婪正把这个国家带往地狱。你跟它一样，活该跟它一块儿下地狱。"

2002 年，荷兰播出了一套名为《追逐百万》的电视游戏节目，一炮而红，从毛里求斯到美国的 60 多个国家都制作了本地版。美国版叫《一掷千金》（Deal or No Deal）。节目呈现的困境跟决策理论学家们研究的东西差不多，只是金钱数目要大得多，而且还全部兑现。2008 年，蒂里·波斯特（Thierry Post）、马蒂·冯·登·阿森姆（Martijn van den Assem）、吉多·巴尔图森（Guido Baltussen）

097

无价
PRICELESS

和泰勒指出，《一掷千金》这个节目"设计上不像是电视节目，倒更像是一出经济学实验"。

除了长腿的漂亮女模特，《一掷千金》里根本没有什么娱乐性的东西，而只有经济学实验。

价格实验

《一掷千金》里有 26 名女模特，每人拿着一个公文包，里头装着金额未知、数量不等的现金（1 美分到 100 万美元）。参赛者先从 26 个公文包里挑选一个——"拥有"所选包里的一切。但主持人豪伊·曼德尔（Howie Mandel）并不立刻揭晓奖金，反而玩起了延时版的猫鼠游戏。他从参赛者没有挑中的公文包里随便选一个露底给观众看。通过如此这般逐一排除，参赛者选中的公文包里有什么也就间接地暴露了出来。所有的奖金金额都贴在一块记分牌上，参赛者和观众们都看得到，每排除掉一个金额，板子上也相应将其划去。

接着，一位"银行家"向参赛者提出一笔交易。"银行家"从俯瞰舞台的漆黑办公室里打来电话，提议以某个价格买下参赛者手里的公文包。玩家必须选择是接受银行家的报价，还是拒绝（留着公文包，继续参加游戏，承受一切可能的结果）。银行家最开始的出价总是很低。倘若参赛者拒绝，主持人又打开更多的公文包，参赛者对公文包里到底有什么、没有什么也就更加心里有数了。银行家进一步开出价格。最终，等舞台上只剩最后两个公文包没打开的时候，参赛者还应当拒绝银行家的出价吗？银行家报上最终出价。如果参赛者拒绝了，他的公文包便当场打开，不管里头有什么，都归他所有。

所有公文包都不曾打开的时候,《一掷千金》中的 26 个包里,平均奖金为 131 477.54 美元。随着公文包的打开,这一平均数字开始变化。比如,一个没选中的公文包里装着 100 万美元,这对参赛者来说是个坏消息,他的前景相应黯淡下来。

节目唯一不透明的环节是银行家计算自己出价的方法。在开始的若干轮,他的出价只占预期数值的很小一部分,你要是接受那才叫疯了呢!可等游戏进行下去,出价相较于期待值就显得越来越慷慨了。最终出价几乎等于期待值(美国版),甚至略微偏上(其他国家的版本)。

波斯特和同事们找来了该节目的荷兰版、德国版和美国版好几年的录像带。他们辛苦地分析了这三个国家 151 名参赛者所做的每一个选择。举个例子:弗兰克是荷兰版节目里最倒霉的一名选手。一眨眼的工夫,弗兰克就拒绝了银行家高达 75 000 欧元的出价,这相当于他一整年的收入。弗兰克最终只得到了 10 欧元,勉强够买上一瓶烈酒。

就在弗兰克打开公文包之前,场上只剩下两笔奖金:10 欧元和 10 000 欧元。银行家开出了高于弗兰克公文包的预期价值,比美国版节目里的出价要优厚一些。老妈、会计师,或者任何拿固定薪水的财务顾问都会告诉弗兰克:接受吧!可他偏不,他打定主意要拿到那 10 000 欧元。

任何假设选择都仅仅取决于最终财富水平的理论,解释不了这种行为。任何目睹了整个事件的人都明白可怜的弗兰克是怎么走上这一步的。他只是在跟先前落在自己头上的所有坏运气对着干罢了。和其他所有选手一样,弗兰克一开始是满怀希望,有着很高基准点的。荷兰版节目的最高奖金是 500 万欧元,比美国版节目多得多。弗兰克眼睁睁地看着三项最大笔的奖金在头两轮里就出局了两个。从这以后,他就觉得自己是个失败者。他没把银行家的报价看成是意外之财,而当成了损失(相较于他期待中的财富)。这令他愿意冒险碰碰运气。

1979 年的展望理论论文探讨的困境和弗兰克并无不同。卡尼曼和特沃斯基报告了这一选择。

> **价格实验**
>
> 除了你自己拥有的东西以外，你已经得到了1 000镑。现在，有人要你做出选择：是有50%的机会再多赢1 000镑，还是选择所谓的500镑"银行家出价"。卡尼曼和特沃斯基称，84%的被试说："选后一个，成交。"较之赌博，他们更倾向于有把握的事情。然后，他们改写了问题，测试另一组的被试。你已经得到了2 000镑，但你必须在以下两种情况中做出选择：要么选50%的机会损失1 000镑，要么选"银行家出价"，100%地损失500镑。此时，69%的被试说，不干，还是赌运气吧！较之确定的损失，他们宁愿赌一把。

单从你离开时能带走多少钱这一点来看，前后两个版本的问题是等价的。后一种提法只是一开始就给你加上了额外1 000镑，然后再从中减去一部分，得出跟前一种提法里完全相等的结果。第二个问题的措辞则怂恿你把最初的2 000镑看成是基准点。接着，它又把选项框定成"损失"，鼓励你冒险。

弗兰克一连串的坏运气起到了相同的作用。银行家的最终出价被记入了亏损栏——虽说换一种更喜庆的背景，弗兰克会把它看成是一笔横财。这令他宁愿奋力一搏：要么翻本儿，要么输光。

波斯特的团队比较了预期效用模型和前景理论预测《一掷千金》参赛者们决策的成绩。他们发现，预期效用的正确率为76%，前景理论的为85%。当涉及庞大数额的时候，前景理论对行为的预测击败了效用理论。

《一掷千金》里的选择当然是在一时冲动下做出的。然而，波斯特和同事们猜想，节目里所作的决定，跟选择抵押贷款或退休投资组合时做出的决定一样是经过谨慎考虑的。就跟调动庞大资金的人一样，《一掷千金》的参赛者们会向亲密的家人和朋友寻求建议。大部分参赛者都是节目的铁杆粉丝，说不定在报名出场之前他们就早早规划过自己的策略。(好多人都觉得抵押贷款和投资枯燥无味,没到最后关头,他们根本不会去想。决定往后推了又推,最后才终于一时冲动地拿定主意。)

研究人员还在鹿特丹伊拉斯姆斯大学复制了两次《一掷千金》节目的家庭版。

> **价格实验**
>
> 他们"尽可能地在教室里"复制了该节目,找来主持人(一位受欢迎的讲师)和现场观众,更好地"制造参赛者在电视演播室里必然会碰到的那种压力感"。他们尽可能地原样照搬电视节目的脚本,使用相同的银行家报价,随机选择打开哪个公文包。这样的形式方便他们对比学生和电视参赛者的行为。不同的地方在于奖金的多少。在一个版本里,奖金是荷兰电视台里的万分之一,另一个是千分之一。后者意味着最高奖金是 5 000 欧元,平均能赢的金额是 400 欧元左右。这在所有的行为经济学实验里算得上是出手最阔绰的了。

如果把金钱看成一个量值量表,你大概能料到行为会一样——果然如此。参与奖金低的博弈实验的学生,跟参与奖金高 10 倍的电视参赛者做起事来一个样。两个小组的行为都类似电视参赛者,哪怕奖金多上 1 000 甚至 10 000 倍。参赛者判断银行家的出价是否"公平"都跟他过往的遭遇有着极大的关系。像弗兰克那样多次失望的被试,接受一个好价格的可能性较低。卡尼曼和特沃斯基曾写道:"忍受不了损失的人,很可能会接受先前接受不了的赌博。"这真像是在说《一掷千金》啊!

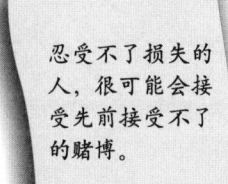

> 忍受不了损失的人,很可能会接受先前接受不了的赌博。

第二部分

魔术般的价格骗局

- 为什么重达72盎司的牛排会免费?
- 为什么同样一瓶啤酒,小卖部和旗舰店售价相同,而小卖部却被顾客认为是敲竹杠?
- 为什么一双800元的鞋子旁要摆一双1 200元的鞋子?

第 9 章
免费的72盎司牛排

　　美国历史最悠久的一出盛大闹剧，每天都在得克萨斯州的阿马里洛市（Amarillo）上演。就在刚下 40 号公路的地方，立着一块巨大的广告牌，上面写着：免费的 72 盎司牛排。这是"大得州牛排牧场"餐厅的招牌菜，内容包括色拉、基围虾、烤土豆、肉卷、黄油和一块超大牛肉。餐厅的要求是：你必须在一个小时里把所有东西全都吃完。要不然，你得掏 72 美元埋单。

　　在如今这个好打官司的时代，这样一笔交易当然会有些详细的规定条款。顾客必须预先支付 72 美元，吃完以后店方全额退还。第五条规则："你不用吃肥厚的脂肪，但是否属于肥厚的脂肪则由我们判断。"任何第三者均不得碰触食物（难道是为了预防他们暗中偷了烤土豆吗）？此外，就餐者必须签署一份弃权书，声明所有健康风险由自己承担。点 72 盎司大牛排的人，其实成了进行餐厅例行表演的人：他们必须坐在特殊的舞台上，当着所有人的面吃，且吃饭期间不得离开桌子。还有，再提醒一句：要是有人吃吐了，就算自己还想继续吃下去，也没资格了。店方提供呕吐专用桶。

　　自 1960 年（当时的价格是 9.95 美元）以来，约有 6 万个食客参与过这个挑

无价 PRICELESS

战。餐厅报告说，有 8 500 人全部吃完，整体成功率达到 14%。勇于尝试的妇女并不多，但登台的妇女，50% 都成功了。点 72 盎司牛排大餐的人大概觉得，不管怎么说，这都是笔划算的交易。每盎司牛肉才 1 美元，而且，跟那种"能吃多少吃多少"式的促销活动不一样，顾客可以把吃剩下的部分打包带回家。表面上看，你好像没啥损失，但好好想想：你在阿马里洛吃了一顿 72 美元的晚餐啊！

"免费"的 72 盎司牛排大餐，是民间智慧和专业定价的共同产物。1960 年，大得州牛排牧场餐厅的老板鲍勃·李（Bob Lee）独自想出了这个点子，那时可根本没什么点餐顾问。他的促销手法料中了如今学术界和营销专业人士都信奉的几条原则。最重要的一点是，72 盎司牛排是一个锚点。一来到大得州牛排牧场餐厅，你必然会反反复复地听人提到、自己看到"吃 72 盎司牛排"的事儿。虽然绝大多数顾客不会点这道菜，可它巧妙地提高了就餐者对自己食量的估计，也提高了他们的支付意愿。在这方面，卡尼曼做的一个锚定实验值得一提。他和凯伦·雅可维茨（Karen Jacowitz）提问道：

(a) 普通美国人每年吃下的肉食，是多于还是少于 50 磅[①]？
(b) 普通美国人每年吃多少磅肉？

答案的中间值为 100 磅。他们又问另一组被试：

普通美国人每年吃下的肉食是多于还是少于 1 000 磅？

结果，这组被试的估计中间值成了 500 磅。

大得州牛排牧场餐厅的促销，其实就是一个简单的非线性定价的例子。

> **你不可不知的价格术语**
>
> "非线性"定价
> 指价格（或单位重量的价格）不是一条直线，而是随着消费量的变化而变化的。

[①] 1 磅 ≈ 0.45 千克。——编者注

72盎司牛排售价72美元，可要是你吃完所有的东西，价格就直线下降为0。

这类定价手法施出了一记魔法咒语。它是价格顾问们最常用的一种手法，从话费账单到飞机票，样样东西上都有它的身影。大得州牛排牧场餐厅里饥肠辘辘的顾客并不知道自己是将要付出72美元，还是一分钱都不必出。这种不确定性大大削减了72美元的真实性。判断这类交易还有另一种方法：按每盎司的价格来看。在图9-1中，每盎司的价格曲线是一条一开始剧烈下斜的曲线，它慢慢靠近1美元，最终降到零。点了72盎司牛排的就餐者，要是只能吃下1盎司，就得付每盎司72美元的离谱价格。可要是有人能吃下2磅（32盎司）肉，那他就只需出每盎司2.25美元；几乎把整块牛排都吃完的人，所付则仅为每盎司1美元多一点点。这相当合理嘛！顾客的脑袋里想的全是进行一笔划算的交易，而实际上，那个划算的价格需要他撑爆肚子才换得来。

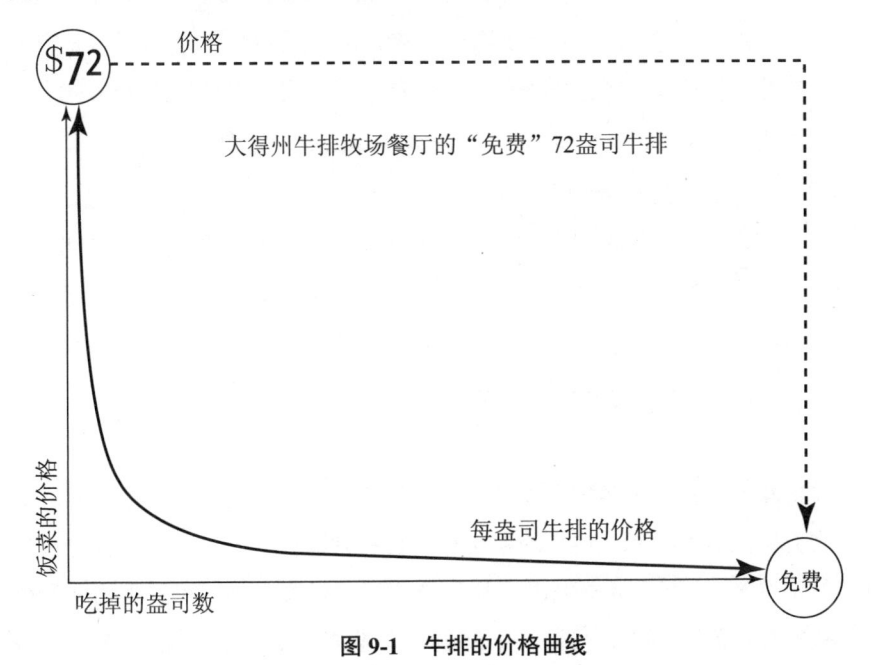

图9-1　牛排的价格曲线

赫尔曼·西蒙（Hermann Simon）是个怪人，买相机时，要是人家给他35%的折扣，他会烦躁不安（最近这一次就是这样）。他本来正高高兴兴地买相机，

无价 PRICELESS

可销售人员坚持要给他打 6.5 折，这违背了西蒙的核心经营理念。他写过一篇论文，名字便明明白白地说道："务必充分利用（消费者的）支付意愿。"

这种命令式的语句，再搭上西蒙的日耳曼口音，第一次碰到难免会叫人大吃一惊。然而，西蒙"支付意愿"的魅力却极具传染性。过去二十多年里，他一直躲在定价这一专门职业的背后。20 世纪 80 年代初，西蒙是比勒费尔德大学的企业管理和市场营销学教授，偶尔向企业提供咨询服务，只不过，他的建议往往没人理会。定价心理学逐渐成为热门话题有多方面原因。另外，卡尼曼和特沃斯基研究工作掀起的波澜层层向外蔓延，点燃了营销商和零售商的兴趣。来看看特沃斯基和卡尼曼在 1981 年发表的一个调查问题吧。

价格实验

假设你打算用 125 美元买件夹克，用 15 美元买台计算器。计算器销售员告诉你，你想买的那种型号在该商号的另一家分店 10 美元就能买到，但你得开车 20 分钟过去。你会去那家分店吗？

大多数被试表示他们会去。

另一组随机选择的被试听到的则是问题的另一个版本：夹克仅售 15 美元，计算器要 125 美元。另一家店里的同款计算器卖 120 美元。值得到那家店去一趟吗？

这次，大多数人说"没必要"。

零售商绞尽脑汁想要搞懂寻常百姓为何宁愿在这儿出高价，也不愿意费点儿功夫去别处买便宜货。这样的结果相当具有挑衅性（假设这一调查也适用于真正的消费者），而且完全超出了标准经济学的理解范畴。在问题的两个版本中，买家都打算花 140 美元整，开 20 分钟车也都能省下 5 美元。"为什么我们愿意为了买个小件东西开车穿过城区省点儿钱，换成贵重东西反倒不肯了呢？"泰勒说道，"显然，这里有心理物理学的作用。对 15 美元的东西来说，省下 5 美元显得挺多；而对 125 美元的东西来说，5 美元算不了什么。"

|第二部分|
魔术般的价格骗局

过去 10 年来，心理学家和行为经济学家对自己工作的实践意义甚为乐观。泰勒设想，不久的将来，会有"选择工程师"利用这门科学帮助人们做出更能准确反映其内在价值观的决定——这里的内在价值观，是推定价格及偏好这个勇敢新世界的内在价值观。泰勒从前的一个学生，森德希尔·穆拉伊纳丹（Sendhil Mullainathan）曾提到用决策理论帮助第三世界国家打破贫困的恶性循环。"我们这里说的是，一种技术正从行为经济学中显现出来，"卡尼曼说，"它不光是一件抽象的东西。你可以用它做事情。我们才刚刚起步。"

同样是这 10 年，该学科还衍生出另一种平行的、不那么理想主义的概念：靠它赚钱。一些学者，包括泰勒和特沃斯基在内，在营销杂志上大量发表文章，帮商人们打通任督二脉。围绕古老的营销技巧，比如价格以数字"9"结尾、回扣、折扣、类似"免费"牛排大餐的噱头，人们产生了新的科学好奇心，想知道它们到底管不管用，如果管用的话，又是怎么运作的。成立于 1984 年的专业定价协会（Professional Pricing Society）开始联合《财富》1 000 强公司的商人们来交流想法。

西蒙虽然沉浸在行为学家的工作当中，却对它能否应用在商业世界有些怀疑。科学性的结果简单而抽象，这是它的价值所在。前景理论的论文就是一个例子。《科学美国人》杂志（Scientific American）的读者们喜欢它，因为它是一个能解释一切的简单概念。它本身对公司帮不上什么忙，因为公司面对的是复杂的细节性问题，对具体的解决办法更感兴趣。

> 科学性的结果简单而抽象，这是它的价值所在。

技术上的发展成了关键。1974 年 6 月 26 日，俄亥俄州特洛伊市的马什超市（Marsh Supermarket）扫描了一包黄箭口香糖的条形码。这可是收银台扫描的第一件消费产品。IBM 设计的产品扫描的条形码至此大功告成。这之后的几年，扫描器迅速推广至大西洋两岸。它们带来了满坑满谷的信息。人人都觉得这些数据应该有用，可没一个人知道该怎么用。

无价
PRICELESS

西蒙的一个博士研究生，埃克哈德·库彻（Eckhard Kucher），写了一篇有关扫描数据的论文。库彻和西蒙意识到，数据能在价格心理学和现实实践当中架起一座桥梁。他们让分析家反向进行决策"实验"，观察消费者面对涨价、推销或打折会做出什么样的反应。跟传统经济学的数据一样，扫描数据捕捉到了个别和整体的行为影响，而对公司和消费者来说，其结果又足够具体。库彻建议开办一家咨询事务所，为企业如何微调价格当顾问。西蒙本来就在考虑这方面的事情，于是立刻就同意了。1985年初，两人的事务所开张了。

西蒙和库彻认为，一家公司对成本能想的招数并不多，但通常有定价的自由。两人发现，没有几个商人明确知道自己的主顾愿意付什么样的价格，或是价格对利润有什么样的影响。这是扫描数据能帮忙解决的事情之一。

自20世纪80年代以来，价格咨询业蓬勃发展。软件是工具箱里的一个重要组成部分。超市、百货公司或网上零售商有那么多的价格，只有软件才能对其一一进行管理。按瑞沃尼斯（Revionics）公司CEO托德·P. 米肖（Todd P. Michaud）的说法，定价软件如今已经发展到了第四代。客户公司输入扫描数据，便会为每一条码的产品得到利润最优化的价格，此外还有画得整整齐齐的图表，解释为什么价格应当调得高些或低些。"其实，零售定价软件现在已经能够自我教学了。"米肖夸口道。

当然，不光软件如此。价格也变得比以往任何时候都更具创造性。西蒙把他的顾问们看成是"价格结构"的建筑师。这些账单方案（想想你的手机费用套餐）以这样那样的方式，详细说明了大得州牛排牧场餐厅非线性定价的花招。它们怂恿消费者对低价开展荒谬的追求，让他们付出超乎本意的价钱。为什么这套把戏能够管用，决策心理学可以给出解释——可要是有人苦恼于它的伦理后果，倒没什么可说的。许多人觉得，顾客是上了当，所以才买下了多于自己真正需要的肉或通话时长。新的心理学反驳说，"顾客想要什么"并不是一种特别明确的东西。它是在现场构建的，许多在意识思维看来无关紧要的细节都可以对其产生影响。毫无疑问，价格顾问的工作，就是设计有利于自己客户的环境。

第二部分
魔术般的价格骗局

SKP公司的座右铭为:"价格是一道危险的杠杆。"价格上的细微变化,能给利润率带来或好或坏的巨大差异。西蒙估计,优化一家公司的价格,一般能把利润率提高两个百分点,比如,从5%提高到7%。米肖的说法同西蒙的差不多,他认为典型的增幅是1~4个百分点。由于初始的利润空间小,增加一两个百分点能极大地提高利润。能给绩效带来如此明显效果的干涉措施并不多。在数以百计的公司看来,这样的宣传说辞简直无法抗拒。

> "价格是一道危险的杠杆。"价格上的细微变化,能给利润率带来或好或坏的巨大差异。

PRICELESS
第10章

价格吸引的诱饵

  说到对任意连贯性最狡诈的应用，去收银台看看便知道了，那就是超市发的"打折积分卡"（也叫"忠诚卡"，以下简称积分卡）。使用这种卡的消费者，是自己把自己当成了吝啬鬼。一想到错过了便宜5毛钱买条毛巾的好机会，他们简直要抓狂。所以，一站到收银台跟前，他们便摸索着掏出积分卡来。这些人，就是能为了节省5块钱开车穿过整座城市的顾客。

  积分卡的数据能告诉市场，对价格最敏感的顾客最定期地购买哪些品牌和物品。按超市咨询事务所"威拉德·毕晓普"的吉姆·赫特尔（Jim Hertel）的说法，

> 呈逆时针方向逛完商店的顾客掏腰包时会更豪爽些，平均而言，比顺时针逛商店的顾客多花2美元。

连锁店一般会安排500多样最频繁出售的商品，给它们特殊对待。超市知道，可乐、牛肉或者咖啡一涨价，顾客就能注意到。所以，它们总是尽可能地找最不容易受人注意的商品提价。细叶芹或者其他顾客购买不频繁的东西，比如甜面酱、石榴、奶酪、鲜榨橙汁等提了价，几乎没人会有意见。"靠这些东西，有机会赚点儿利润。"赫特尔解释说。这是因为顾客记不得上回买它的时候付了多少钱，或是对这些东西的成本

没有准确的概念。

在确定什么能调动消费者支付意愿的道路上，超市顾问们尚未搬动的石头不多了。最近的一项调查其结果耐人寻味：呈逆时针方向逛完商店的顾客掏腰包时会更豪爽些，平均而言，比顺时针逛商店的顾客多花 2 美元。

这一发现，是购物车运动研究提出来的。索伦森公司（Sorensen Associates）的赫伯·索伦森（Herb Sorensen）在手推车上安装了 RFID 电子标签，它们每隔 5 秒就发射一道无线电波。这叫"路径跟踪"（Path Tracker）技术，通过它，传感器能三角定位到每一辆手推车的位置，绘出它的运动状态，统计推车人以什么价格买了什么东西。没人清楚为什么逆时针运动的购物者买得更多。Envirosell 公司的 CEO 帕可·安德希尔（Paco Underhill）提到一种挺热门的推测：北美人把购物车看成是"汽车"，要靠公路右侧行驶。"要想让我注意到你，"安德希尔说，"最好到我右边去。"根据这一理论，要是货架或墙壁在右边，习惯用右手的人（占了大多数）便更容易冲动购物。索伦森的研究结果已经得到广泛采用，超市把主要入口设在店面的右边，鼓励消费者沿逆时针方向购物。

泰勒最著名的思想实验跟杂货店有关。

价格实验

热天的午后，你躺在海滩上，迫切地想来上一瓶冰镇啤酒。一位朋友主动说，他愿意到附近唯一能买到啤酒的小杂货店去弄点儿来。他提醒你，那儿的啤酒可能挺贵，所以他问你愿意付多少钱。只有店里的价格不超出你的限额，他才会买。如果超过了，他就空手回来。

20 世纪 80 年代初，泰勒向企业高管们提出这个谜题，人们报出的保留价格平均是 1.50 美元。他又把同一个故事讲给另一组听众，只不过把卖啤酒的地方换成了豪华度假酒店下设的酒吧。这组受众报出的平均价格是 2.65 美元。

无价
PRICELESS

故事的两个版本都明确指出，朋友买的是你最爱的啤酒品牌。不管在哪儿买，它都是同一种产品。酒店的氛围与此无关，因为啤酒是买回来在沙滩上喝的。然而，高管们愿为豪华饭店的啤酒出 2.65 美元的价格，但对小杂货店卖的同种啤酒却不愿出这个价儿。酒店附设的酒吧要价 2.65 美元，人们觉得那是个公平的价格，小杂货店要这个价，就成了敲竹杠。

泰勒建议小杂货店"投资一些表面上看似多余的豪华设施，或是增设一间酒吧"，他认为这将提高人们对啤酒恰当价格的心理预期，进而带来更多的销量。泰勒给小杂货店的另一项建议是，卖超大容量的啤酒，不是通常的 12 盎司装，而是 16 盎司装。因为消费者记得一罐 12 盎司装啤酒卖多少钱，却恐怕不知道 16 盎司装的啤酒该卖多少钱（他们可以算一算，但大多数人不会这么做）。此外，大容量装啤酒要比小罐装更容易带来额外利润。

泰勒的这两个想法都可以在如今的超市行业中看到。像全食市场（Whole Foods Markets）这样的高档超市，就充分利用了大部分"多余的豪华设施"。这样一来，他们得以开出在其他情况下顾客接受不了的高价格。每一家"全食市场"的分店都有一个引人注意的特色生产部。"这些土豆有多小呢？"曼哈顿时代华纳中心分店摆卖的俄罗斯手指土豆旁竖着告示牌，上面和气地这样提问道。显然，比你的小指头还小巧可爱——你还好意思比较价格吗？

诸如开市客和山姆会员制仓储式超市出售按千克卖的蓝奶酪沙拉酱、32 卷一包的卫生纸。你以为你批量买进很划算——有时的确如此，可另一些时候，这笔交易并没你想得那么划算。好多消费者都不知道 6 磅重的菠萝块成本应该是多少。

"有机"和"绿色"的标签让高低档超市都大赚了一笔。不管这些术语到底是什么意思，它们都别有用意：偏高的价格不再显得像是在宰客了。

再来一个有关啤酒的问题。

114

> **价格实验**
>
> 老乔到货架上选啤酒。有一种高级啤酒，售价2.60美元，另一种是廉价品牌，只卖1.80美元。高级啤酒更"好"（不管它指的是哪方面）。品酒的行家们给高档品牌的质量打了70分（百分制），廉价品牌则只有50分。老乔应该买哪种啤酒呢？
>
> 杜克大学商学院的教授乔尔·休伯（Joel Huber），还有他的研究生克里斯托弗·普多（Christopher Puto），向一群商学院的学生提出了这道难题。学生们首选高档啤酒，选择高级啤酒和廉价啤酒的人数比是2∶1。
>
> 另一组学生则可从三种啤酒中做选择，除了前述的两种，还有另一种超低价的劣质啤酒，售价1.60美元，品质得分也最低，40分。
>
> 没有任何一个学生想要买这种超低价啤酒。即便如此，它仍然影响了人们的选择。选择先前那种廉价啤酒的学生比例从33%增加到了47%。超低价啤酒的存在让廉价啤酒变得名正言顺了。
>
> 还有一组被试，他们面对的三种选择是最初的廉价啤酒和高级啤酒以及一种超一流啤酒。和不少高档货一样，这种超一流啤酒要贵得多（3.40美元），但质量只稍微好一点点（75分）。
>
> 10%的学生表示，他们会选超一流啤酒。令人吃惊的是，其余90%的学生全选了高级啤酒。这下没人想要买廉价啤酒了。

这简直就像牵线木偶被绳子拉着走嘛！休伯和普多发现，只需增加一种很少有人会选的第三个选项，他们就能摆布学生的选择。

选择一种美国产啤酒应该是件挺简单的事情。好多"味道盲测"（指测试味道的人事先不知道喝的是什么品牌的饮料）都说，贪杯客们分不出百威、米勒或者银子弹啤酒的味道。由于面向大众的各种啤酒味道都差不多，所以你只需

在价格和质量之间做个权衡就可以了（当然了，你必须好好考虑一下"质量"是不是市场营销制造出来的幻觉）。

如图 10-1 所示，理想中的啤酒应该既便宜又质量好，落在图的左上角。用不着我说你也知道，价格和质量之间往往有着关联（尽管不那么紧密）。这就是说，各种品牌大多是落在一条从左下角到右上角的斜线上。

休伯和普多发现，为了提高廉价品牌 A 的市场份额，你只需提供一种更便宜的选项 C。C 成了"诱饵"，它本身可能不会得到太多市场份额，但它会产生一种吸引效应，把消费者的选择转移到原先的廉价品牌 A 上。类似地，增加一种高价诱饵 D，会把消费者的眼光往上拉，扩大高档品牌 B 的市场份额。

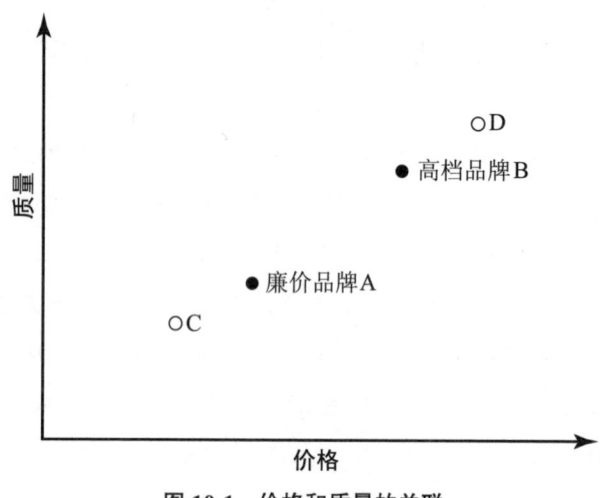

图 10-1　价格和质量的关联

等被试做好了选择以后，休伯和普多问他们为什么要那样选。答案听起来也不无道理。选择三者间中等价位选项的人说，他们这样决定"比较安全"，是一个"折中"的选择。最便宜的啤酒说不定非常难喝，最贵的那种则有敲竹杠的嫌疑，中档的啤酒应该没啥问题。

休伯和普多的论文发表在 1983 年的《消费者研究期刊》（*The Journal of Consumer Research*）上，如今已是当代市场营销的奠基之作。然而，他们评论说，企业其实早就对这些概念有着直观上的认识。20世纪60年代，安海斯－布希（Anheuser-Busch）公司在全美范围内积极推广它旗下的超高档啤酒米狮龙（Michelob），百威却借力登上了销量第一的位置。要是啤酒消费者们真的知道他们想要什么、该出多少钱，那米狮龙肯定会冲击百威的市场。可结果，百威和米狮龙的总销量却都增加了。休伯和普多认为，米狮龙让百威显得"不那么极端，不那么昂贵，又不那么精英"。一部分百威的买家改喝了更高档的米狮龙，但平常买更便宜品牌啤酒的人却有不少换成了百威，两者扯平了。换句话说，米狮龙的广告让一些米勒啤酒的买家改喝百威了。总体而言，安海斯－布希突围成功。

吸引效应的使用方式很灵活。1961年，宝洁公司推出了纸尿裤品牌帮宝适。最初，帮宝适是跟传统的布质尿布竞争。那时的人们觉得纸尿裤更方便，但也太贵。1978年，宝洁公司推出了另一种高价的一次性尿布露肤（Luvs）。它不光占据了高档纸尿裤的市场，还带来了一种对比，让购买布质尿布的家长们相信：帮宝适并不是那么奢侈的东西。到20世纪90年代中期，时代已经变了。家长们早就改用一次性纸尿裤了，只有少数环保分子还坚持用布质尿布。宝洁公司决定，这一回该借助低档产品的诱饵了。从1994年开始，它把露肤重新定位成一个廉价品牌。

PRICELESS
第11章
普拉达的"托儿"

普拉达门市经理们的嘴皮子上经常挂着"锚点"这个心理物理学术语。在奢侈品行业，它指的是一种价格高得令人咋舌的东西，展示它的主要目的是摆布消费者。锚点本身也供出售——但要是没人买它，没关系，它摆在那儿就是用来作对比的。跟它一比，其他所有东西就都显得负担得起了。"这种手法最早可以追溯到17世纪，"帕可·安德希尔说，"你卖一样东西给国王，但朝廷上的每一个人都必须另有一件稍微差些的配套货。橱窗里有500美元的皮包，你选件新T恤走总不算过分吧？"

> 锚点本身也供出售——但要是没人买它，没关系，它摆在那儿就是用来作对比的。

如今，这一手法或许会用在5位数的手袋和7位数的手表上。置身自20世纪30年代以来最严峻的经济衰退时期，美国知名时装品牌拉尔夫·劳伦（Ralph Lauren）却叫卖起了14 000美元的鳄鱼皮手袋。爱马仕有一种售价33万美元的手表，如果你有100万美元整，则可以买到宇舶（Hublot）的"黑色鱼子酱创世纪"表，上面密密麻麻地镶嵌了322颗黑色钻石，让你看不到一点儿金属底盘（被钻石遮住的金属是

18K 白金）。谁会花 100 万美元买只手表呢？这正是你该好好关心的问题。接下来的问题则是，你愿意花多少钱买一只非常好的手表呢？这非常类似锚定实验里提出的问题，说不定也会有着同样的结果。

锚点的价格就像史蒂文斯实验里的耀眼白色光环。跟它一比，购物狂们相中的东西就显得像是便宜货了。高价格还能起到跟"托儿"一样的作用。它们叫顾客相信，肯定有人会掏出那么多钱（要不然干吗把它们摆出来呢）。这不一定是正确的结论。宇舶只生产了一只 100 万美元的手表（并小心地把它标成是"特殊订单"）。爱马仕只生产了两只 33 万美元的表，而超贵的手袋一般连旗舰店里也只有一个。尽管这类东西的供需市场是彻头彻尾的幻觉，在《罗博报告》（Robb Report）和名人街拍的推波助澜下，它们却显得极其逼真。有人拍下了伊娃·朗格丽亚（Eva Longoria）[①]背着亮蓝色蟒蛇皮米兰达教练包的照片！当然了，她到底有没有出过这笔钱跟这里的论点没有任何关系。

就算是在经济最好的时候，奢侈品商店也不过是面子工程，是用来叫物质主义者们相信，这个世界是比实际上更为富裕、更爱挥霍的。感官逻辑（Sensory Logic）的营销顾问丹·希尔（Dan Hill）说，**成功的商店利用高价物品来创造"混合着愤怒与幸福的复杂感受"**。中产阶层消费者感到愤怒，因为他们买不起店里陈列的、穿在名人身上的东西，但他们又因为买了其他东西而下意识地高兴起来。

> 不卖的东西可以影响正在卖的东西。

行为定价理论的重要见解之一是，不卖的东西可以影响正在卖的东西。特沃斯基喜欢讲下面这个故事。

价格实验

在以所售产品质量好、价格高而出名的威廉姆斯－索诺玛（Williams-Sonoma）厨具连锁店，有一种神奇的烤面包机，售价

[①] 美国演员，曾出演美国电视剧《绝望主妇》。——译者注

无价
PRICELESS

> 279 美元。他们后来新增的一种稍微大些的型号，售价 429 美元。猜猜后来怎么样？
>
> 429 美元的型号滞销得一塌糊涂。顾客又不是开寄宿学校的，要一台更大的面包机来干吗？可 279 美元的型号销量差不多翻了一倍。

显然，有人早就对威廉姆斯－索诺玛厨具连锁店卖的高质量面包机念念不忘了。只可惜价格叫他们望而却步。279 美元看起来有点贵。可等店里新增了 429 美元的型号，279 美元的机器就不再那么像奢侈品了。人们可以给自己找理由说：这是一台有用的机器，429 美元型号能做的事情它全能做，而且它的价格还更便宜。新增了另一个价格的产品，尽管几乎没人会选它，它却提高了消费者愿意为面包机支付的价格。

按特沃斯基的判断，威廉姆斯－索诺玛厨具连锁店并不是预先安排好这么做的。打那时起，零售商对价格的对比效应就渐渐开窍了。1992 年，特沃斯基和伊塔玛·西蒙森（Itamar Simonson）发表论文，扩展了休伯和普多的研究成果，指出了操纵性零售的两大原则。

第一条原则：避免极端。他们通过调查（对象包括照相机、钢笔、微波炉、轮胎、电脑和擦手纸）发现，在消费者不确定的时候，他们会避免购买价格最贵或者最便宜、质量最好或最差、型号最大或最小的物品。大多数人倾向于走中庸之道。故此，要想卖出 800 美元的鞋子，方法就是在它旁边摆双 1 200 美元的鞋子。

> 西蒙森和特沃斯基写道，就感知和判断领域而言，对比效应无处不在，同样的圆圈，如果周围围的是小圈，它会显得大一些；而要是周围围的是大圈，它又会显得小一些。同样道理，同一种产品，倘若有吸引力较为逊色的产品映衬，它会显得更迷人；而在吸引力更强的

产品映衬下，它则会显得没什么特色。我们建议，对比效应不光要用在大小或吸引力等单一的属性上，还要用在各种特性的权衡上。

由此，他们提出了第二条原则：**权衡对比**。走进一家批发店，店里会摆有数十种手袋，按任何人的标准，这些货色都不是什么最高水准的精品。一种比较实用，一种更为时尚，另一种颜色则要有趣些，还有一种打6折。厌恶损失的消费者，对如此复杂多样的选择感到不舒服，她担心自己选了甲又后悔没选乙……

权衡对比原则认为，倘若甲物明显比较差的乙物要好，消费者会倾向于购买甲——哪怕还有许多其他选项，哪怕根本没办法判断甲是不是所有选项中最好的。光是甲比乙好这个事实就是一个卖点，它承载着远比理性更大的分量。很明显，购物者想选择一个（对自己、对朋友、对仔细盘查她信用卡账单的配偶来说）合乎情理的东西，缓解自己的焦虑。他可以告诉自己，买甲物是因为它比乙物要好得多。

权衡对比在奢侈品贸易中尤其重要，各品牌都有只卖自家商品的旗舰店。此外，拥有强势品牌的零售商在价格上有很大的灵活性。一个只买周仰杰（Jimmy Choo）高跟鞋的购物者，对其他品牌卖什么根本不在乎。西蒙-库彻事务所的顾问们发现，他们老是责备客户把价格定得太低。"奢侈品的价格和任何成本都没有直接的关系，"SKP公司的一份市况报告干巴巴地宣告，"**奢侈品定价的艺术，就是要量化产品对消费者的价值，不考虑成本、竞争对手或市场价。**"

蔻驰对自己的每家旗舰店只分配一两个超昂贵的手袋。它们陈列得漂漂亮亮，并用一种端庄、好认的大号字体标示其价格。这些手袋蔻驰卖不了许多，但就算一个都卖不出去，它说不定也挺高兴。

要让权衡对比发挥作用，一个选项就必须"差劲"。

举个例子，蔻驰旗舰店有一种7 000美元的鳄鱼皮包，还有一种样

121

无价
PRICELESS

子很相似的包，只不过是鸵鸟皮的，卖2 000美元。大多数消费者很难猜出哪种是7 000美元的，哪种又是2 000美元的，甚至还有人觉得鸵鸟皮的比鳄鱼皮的更高级。

要让权衡对比发挥作用，一个选项就必须"差劲"。因为几乎所有人，甚至是蔻驰的客户也在乎价格，所以，一种价格似乎高得没道理的东西，在价格这个尺度上，无疑成了一个"差劲"的选项。7 000美元的包让样子类似的2 000美元的包更受人欢迎了（它便宜这么多，而且是出自同一个设计师的品牌）。于是，2 000美元的鸵鸟皮手袋销量提高了——若非如此，消费者说不定会觉得它价格太贵、太过分而放弃购买它。

时尚界的现实情况完全吻合西蒙森和特沃斯基的两条原则。真正的时尚总是那么昂贵、不舒服，叫人吃惊又离谱。只有少数拥有精挑细选的无瑕身材和足够充裕的钱包的人才穿得起它。其他人买些更舒服、价格更合理的东西就满足了。这几样近乎遥不可及的东西可以操纵绝大多数的消费者。

普拉达最为推崇环境的营造。它找著名建筑师雷姆·库哈斯（Rem Koolhaas）设计自己位于纽约苏荷区的门店，费用是每平方英尺1 700美元，房租另付，也是1 700美元。它绝不会用一楼的空间来放置几乎卖不出去的东西，除非别有内情。权衡对比属于这门买卖的一部分成本，跟广告、橱窗展示或者"建筑师"设计一个样。要是有什么东西跟高价的锚点商品类似，售价又不超过前者的1/10（这可不常见），买不起高价锚点的人，总可以买副300美元的太阳镜试试。再不然，110美元的手机挂件也行啊！英国的普拉达网站会提示你去哪儿捡便宜（至少是在网上）。它会提供10款女鞋、23款手袋和54样"礼物"——类似钥匙串、手链和高尔夫球钉架等小玩意儿。一串手链卖60英镑，利润率何其惊人啊！

PRICELESS

第12章
菜单标价心理战

"**丹**尼尔·布吕得（Daniel Boulud）开过一家餐厅，香菇加神户牛肉的汉堡卖100美元，"餐厅顾问布莱顿·奥德尔（Brandon O'Dell）说，"兴许每个星期只会有人点一回100美元的汉堡，但要点不是靠卖这种汉堡狠狠地赚钱，而是为了让菜单上的其他东西显得比较便宜。有人看见菜单上一个汉堡就卖100美元，再看到50美元一份的牛排，就会觉得选后者占便宜了。"

经济衰退降临之前，曼哈顿的菜单贵得离谱，布吕得便是开创这股潮流的"功臣"。

2001年，布吕得的DB现代小酒馆（DB Bistro Moderne）便出售起28美元的汉堡（内夹红烧排骨和鹅肝）了，那时候这个价儿真是叫人瞠目结舌。它吸引了媒体的大量关注，一时间仿效者众。布吕得又提高了赌注，改卖一种夹着20块黑蘑菇（时令菜）的汉堡，售价150美元。随后，仿效者之一，华尔街汉堡专柜（Wall Street Burger Shoppe）卖起了夹25块香菇和神户牛肉的汉堡，售价175美元一个。

无价
PRICELESS

  酒店餐厅接受了这套理念,毕竟,从理论上说,凡在曼哈顿住得起酒店的人,都有钱可烧。在美丽殿(Le Parker Meridien)酒店的诺玛餐厅,菜单上出现了1 000美元的鱼子酱和龙虾煎蛋卷;威斯汀酒店拿出了1 000美元的香菇和枸杞子。把这些东西列在菜单上,餐厅花不了多少成本。如果哪天真有人点,大厨可就中头彩了。但1 000美元的百吉饼主要是向客户施魔法的,好叫他们无意当中花更多的钱,效果奇佳。

  "像红辣椒(Chili)和苹果蜂(Applebee)这样的地方,都把这做成一门学问了,"从前是餐馆老板,后来转职为菜单顾问的吉姆·劳布(Jim Laube)说,"到这些地方,留心看看他们是怎么给想要卖的东西争取关注的。听我说的错不了,他们对想卖什么产品再清楚不过了。"

  时时乐(Sizzler)、猫头鹰(Hooters)、星期五(TGI Fridays)和橄榄花园(Olive Garden)等美国连锁餐厅都表示:不管烹饪技法何等高明,他们靠的都是一套前沿的菜单科学。菜单心理设计的目标是把顾客的注意力引导到盈利(也就是"标价过高")的项目上。按餐饮行业的传统,菜单上的项目分成明星、问题、耕马和瘦狗。明星指的是受人欢迎的高利润项目,换言之,这种东西,顾客愿意付出比制作成本高得多的价格买它。问题产品的利润高,但不受欢迎;耕马则相反,受人欢迎但无利可图。瘦狗既不受欢迎,又赚不上钱。顾问们想办法把问题变成明星,怂恿顾客远离耕马,叫所有的顾客都相信菜单上的价格比表面上看起来更合理。

  "包围"就是一种常见的伎俩。把像牛排这样的昂贵项目分成两种分量。顾客看不出小份菜品到底少了多少,但没关系。他认为小份菜品的价格更有吸引力,因为它花费得少。其实,餐馆方面本来就想卖出小份牛排,所谓的"低价"也正是他们想要开的价。如果菜单上有三种这样的东西,真的很能提高利润呢!

> **你不可不知的价格术语**
>
> "捆绑"
> 指按照看似便宜的价格同时销售若干项目的做法。

124

|第二部分|
魔术般的价格骗局

快餐里的"套餐"和"份饭"就属此类。人人都晓得,捆绑销售是要诱使你选购额外的东西。汉堡加薯条和苏打水的套餐,价格只比单点汉堡加苏打水贵几分钱,而你还能得到薯条。价格顾问泰普·卡尔玛(Tepper Kalmar)说:"给第三个项目打个小小的折扣,总毛利就上去了。"

有效捆绑还有另一个原因,它混淆了视线。因为有了份饭的价格,所以就餐者花 13 美元买两枚扇贝(这是泰勒在旧金山的"扎格特就餐指南"上找出的例子)也不觉得愤怒了。你没法儿肯定成本到底是多少以及它是不是太贵了。

等回头客对常见套餐的价格日渐熟悉后,捆绑效应也随之减退。出于这个原因,连锁餐厅的菜单总是不停地在变。新的主菜冒出来,旧的要么改名,要么消失。套餐可以变成超大型。想买扭扭薯条?你没法买到跟上回完全一样的东西,自然也没法准确地比较价格了。

要是所有这些招数都不奏效,卡尔玛便要餐馆利用"机会"涨价。这应用的是公平研究的发现:凡涨价,卖家都该把责任归咎到其他因素上。卡尔玛建议,若有必要,餐馆应张贴告示,解释说是能源成本或是粮食成本(诸如此类的原因)逼得他们被迫"暂时"涨价,转移额外成本。

操纵性菜单设计往往还要借助排版的力量。图 12-1 是联合广场咖啡厅的菜单,图 12-2 是法国餐厅 Pastis 的菜单样例,两家都是纽约的热门就餐地点。按菜单顾问的想法,Pastis 把所有错误犯了个遍,而联合广场咖啡厅却像个三好生,样样都对。依奥德尔的说法,菜单上最常见的错误,就是像 Pastis 那样,把价格印在同一列上。"菜单成了价目表。顾客们的眼睛便顺着价格一路往下,挑选最便宜的项目,而不是先选择他们想要的,而后再判断它是否值得。"

Pastis 的菜单上还用了省略号。**省略号的目的是叫用餐者把视线从菜品转到价格上。**他们自然那么做了。可餐厅并不该这么想,因为就餐者照价格点菜,餐馆就赚不了钱了。为了把价格敏感度降到最低点,西雅图顾问格雷格·拉普(Gregg Rapp)告诉客户,把省略号、美元符号、小数点和分位数全部去掉。联合广场咖啡厅如法炮制。它的菜单采用中央对齐方式,这样价格栏就没法整整

125

无价
PRICELESS

齐齐地排成一列。倒不是说顾客没法核对价格了,只不过,大多数人会跟着看得到的微妙线索走。菜单上的线索说:"请注意食物,别看重价格。"

Main Courses

Pan-Roasted Cod with Aromatic Vegetables, Blood Orange-Lobster Broth and Black Olive Oil   30

Grilled Wild Striped Bass, Gigante Beans, Roasted Onions and Romesco Sauce   31

Seared Sea Scallops, Brussels Sprout-Bacon *Farrotto* and Black Trumpet Mushrooms   31

Pan-Roasted Giannone Chicken, Anson Mills Polenta, Root Vegetables & Swiss Chard Pesto   27

Crispy Duck Confit, Fingerling Potatoes, Cipollini, Bitter Greens & Huckleberry *Marmellata*   29

Grilled Lamb Chops *Scotta Dita*, Potato-Gruyère Gratin and Wilted *Insalata Tricolore*   35

Grilled Smoked Cedar River Shell Steak, Vin Cotto-Glazed Grilled Radicchio and Whipped Potatoes   35

Winter Vegetables – Fennel *Parmigiano*, Grilled Radicchio, Lentil Farrotto, Fried Polenta and Pesto Root Vegetables   26

图 12-1　联合广场咖啡厅的菜单

图 12-2　法国餐厅 Pastis 的菜单

图 12-3 是纽约巴萨泽餐厅最新菜单上的一页。尽管有太多的价格排成了一列,可巴萨泽餐厅还是采用了菜单心理学里的一些复杂技巧。

|第二部分|
魔术般的价格骗局

图 12-3　纽约巴萨泽餐厅的菜单

典型的就餐者打开菜单，最先看到的是右手页的上部。巴萨泽餐厅没在这儿抢机会：它在右上方放了一幅图片——另一种抓眼球的方式。从那里，人们的视线大多会向下移动到右手页的中央部分。菜单顾问利用这部分最佳菜单空间列出高利润项目和价格锚点。本例中，价格锚点是巴萨泽餐厅的海鲜拼盘，售价 110 美元。心理物理学的研究称，在刺激的邻近区域对比效应最为强烈。普通人对它是否适用于菜单上的价格还有点儿拿不准，可顾问们却认为它能行。他们建议把高利润的项目紧紧地挨着高价锚点。110 美元这个价格的真正用意是，吸引顾客在冲动之下点它左边 65 美元的豪华大拼盘，或是它下面价格更"温柔"的各类海鲜。

127

无价
PRICELESS

在菜品周围围上方框能吸引注意力，通常来说，也能吸引顾客点它。基围虾 15 美元很奢侈吗？跟隔壁页的 110 美元狂欢比起来它算个啥？带花边的方框更好。底部的奶酪恐怕属于利润颇高的问题产品。

文字说明和照片也能带动盈利项目的销售。食物照片是最有力的刺激，可同时也是菜单上的一种特大禁忌。红辣椒和苹果蜂这两家连锁餐厅大量使用照片，所以，对其他任何心怀美食壮志的餐厅而言，用照片就意味着死定了。连红龙虾连锁店（Red Lobster chain）后来在做形象升级时，也觉得有必要把照片从菜单里拿掉。巴萨泽餐厅的菜单印着美味的海鲜拼盘插画，这个档次的餐厅最多也只能做到这一步了，它是用来给两种最昂贵的菜品吸引注意力的。

拉普认为，自己的任务并不是从菜单上除掉不赚钱的主菜。"我们不想把它从菜单上取消，因为这么做可能会失去顾客。"他解释说。其实，只要把上述建议反过来用，就能把菜品"最小化"——取消方框或文案，把它放到菜单最不起眼的地方。巴萨泽餐厅对它的汉堡和神秘的招牌鳕鱼用上了这一招，前者小得叫你容易把它看漏，后者则全然未加任何评注。

PRICELESS
第13章
超级碗门票的价格

每年，美国职业橄榄球大联盟都会以"票面价值"卖出500对超级碗门票。如今它大概是每张票400美元（一对800美元），对门外汉来说，这蛮便宜的。在出售二手票的网站上，超级碗的门票值2 000到6 000美元呢！

想得到一张票面价值门票的机会微之又微，你必须突出重围才行。申请者必须把申请函打印出来，并在每年2月1日至6月1日，以挂号信等方式邮寄到美国职业橄榄球大联盟的纽约办事处。纽约办事处的工作人员会在10月进行随机抽选。近年来，差不多每年都有36 000名球迷申请购票，也就是说，抽中的机会大概是1/70。有些摇奖彩票的中奖率都比这高。为什么美国职业橄榄球大联盟要搞这套把戏呢？按美国职业橄榄球大联盟公共关系副总裁格雷格·艾洛（Greg Aiello）的话来说，抽选的目的是确定一个"公平、合理的价格"。

这话听起来虚伪透了，但其实还好。美国职业橄榄球大联盟的门票抽选制度完全吻合公平研究所得出的结论：在人们心里，抽选和排队要比高到没边的

无价
PRICELESS

市场价更公平。按那样的市场价，就只有富人才买得起超级碗的门票了。SKP公司的一份报告发现，体育赛事的门票"几乎是尖叫着扑向非线性定价结构"，也就是说，对相同的门票，不同的人付不同的几个价格。

普林斯顿大学的经济学家艾伦·克鲁格（Alan Krueger）给2001年第35届超级碗的门票打了分，并设法对球迷搞了一次快速调查。他发现了一件令人吃惊的事：接受调查的球迷里竟有40%是免费拿到票的，只有20%的人掏了比门票票面价更多的钱。

这怎么可能呢？美国职业橄榄球大联盟说，超级碗75%的门票被分发给了参加联赛的各支球队，其中的大部分更是给了打比赛的两支队伍。这些球队可以按自认合适的方法处理门票。大多数球队会举行门票抽选，一般是为了不让它们又落到拿季票看比赛的球迷手里。另外25%的门票由美国职业橄榄球大联盟自己分派。大部分给了贵宾、媒体和慈善机构。这么慷慨，美国职业橄榄球大联盟给得起，因为它60%的收入来自电视台的授权转播费。

克鲁格最值得注意的发现是，几乎没人愿意按市场价购买或出售超级碗门票。卡伦·麦克利恩（Karen McClearn）持有巴尔的摩乌鸦队的季票，她告诉克鲁格，她跟丈夫能来看比赛是因为他们抽中了门票，付了一个远比市场价要低的数儿。克鲁格问她愿不愿意按每张票4 000美元的价格把票卖了。"没门儿！"麦克利恩说。后来，乌鸦队跟巨人队比赛，以17∶0的分数领先，她干脆说："哪怕每张票5 000美元也不卖。"

克鲁格后来又对按票面价（当时是325美元）买了票的球迷做了一次更正式的调查，他问球迷愿不愿意把票以3 000美元的价格卖掉。93%的人说不愿意。门票显然比这个数更值钱。就算要他们在3 000美元和门票之间选，他们也会选择门票。克鲁格又要球迷们想象，要是把按票面值买到的票弄丢了，他们会花3 000美元去买吗？球迷们一致说不。这样说来，门票并不值市场价了。在某种感觉上，超级碗的门票是无价的，单一尺度的估价方式根本没办法解释球迷对克鲁格问题的回答。

第二部分 魔术般的价格骗局

对于如何向过分热情的球迷分配过分稀缺的门票，美国职业橄榄球大联盟很有经验。把它跟 2007 年全程免费的汉娜·蒙塔纳（Hannah Montana）巡演比比看吧！

价格实验

在巡演途经的 55 个演出点，疯狂的家长们都在拼抢演唱会的门票。在每一个城市，定价在 25～65 美元间的门票，通过官方渠道几分钟就卖个精光。其中很大一部分落到业余或专业的"黄牛"（票贩子）手里。价格翻 10 倍的情况比比皆是。麦莉·赛勒斯（Miley Cyrus）歌迷俱乐部甚至提起了诉讼，说官方告诉他们凭每年 29.95 美元的会员资格就能拿到门票，结果俱乐部会员根本没得到票。

网上一张海报拿此事打趣道："妈咪，给我票，要不我就一辈子不喘气了！"广播电台拿门票当比赛的奖品。一位妇女在短文比赛里赢到了门票，她在文中说自己女儿的父亲在伊拉克被路边炸弹给炸死了，当然，那可怜的男人并没遇到这么一回事。

从涨价幅度来看，票贩子在整体上挣得应该比赛勒斯多。可一张票到底值多少呢？没得到票的父母们说 eBay 上的价格太高了；得到票的幸运家庭说它是无价之宝。

倒卖门票的家伙们冒险打破了公平原则。2009 年布鲁斯·斯普林斯汀（Bruce Springsteen）巡演期间，票务网站 Ticketmaster 居然把歌迷们重新转到了二手票网站 TicketsNow，这家网站又刚好是 Ticketmaster 的全资子公司。"卖完了"的门票转眼就出现在了 Ticketmaster 上——售价高达 1 600 美元。一名歌迷说，票刚开始卖的时候，她就从两台电脑上登录了 Ticketmaster，结果立刻被定位到"黄牛票"网站。斯普林斯汀勃然大怒，逼得 Ticketmaster 的发言人公开道歉。

无价
PRICELESS

美国新泽西州的总检察官答应进行彻底调查。其实这有点儿不合常理——票价太高（高于歌迷的支付意愿）竟然比错过演出更能激怒歌迷。

这种矛盾并不仅仅体现在娱乐活动的门票上。想想酒店下设的迷你酒吧。那儿的好吃的琳琅满目，可价格真是疯子才愿意给。倘若价格是单一向度的，你根本就不会光顾这种迷你酒吧。问题在于，有时你一个人走在陌生的城市，忙活完一天又累又饿，还有什么比一大块巧克力饼干更美妙呢？这样一块饼干，在迷你酒吧里卖8美元，还得上税。你大概会进行一番激烈的心理斗争。一来，不管那饼干卖多少钱，你都想来上一块；二来，一块饼干卖8美元，真该有法律来管一管。

聪明的朋友会说，买了那该死的饼干吧！要是你太过节俭，对想要又买得起的东西都出不了手，那就叫吝啬啦！可连平素里乱花钱的浪荡子也不见得会采纳这一建议。买卖总该按道理来啊！

泰勒用"交易效用"的概念来解释这一点。当消费者认为物品的真实价值高于其销售价格时，购买它会带来正交易效用。换用通俗的语言来说，这是一个便宜货，人人都喜欢便宜货。可要是物品的感知价值低于价格，人们就觉得卖方是在敲竹杠，交易效用为负。泰勒的论点是，购买决策不光取决于价格与愿望的传统权衡，还取决于交易效用。

交易效用会造成两种我们很熟悉的后果。有时，消费者觉得买卖划算，会一时冲动买下完全没用的垃圾。在这种心理的驱使下，电视购物节目、厂家直销、亏本甩卖、免税商店欣欣向荣。硬币翻个面儿，则是迷你酒吧和超级碗门票面临的困境。有时，消费者会克制自己，不去购买想要而又买得起的东西，因为内心的声音告诉他们，那是"敲竹杠"。而且，他们还会对自己压根儿不埋单的价格抱怨个不停。你可以说自由市场就是这样——那是空洞的逻辑，而这是热辣辣的情绪。

按泰勒的模型看，消费者有两种意识。最近有证据显示，

> 购买决策不光取决于价格与愿望的传统权衡，还取决于交易效用。

真实情况就是这样。有人对最后通牒博弈做了一些独创性的大脑扫描研究。

响应者要面对类似超级碗、迷你吧困境中的低出价。假设提议者的出价是10美元里只分给响应者1美元。一方面，即便1美元也是白捡的。我们一生下来就接受过教育，只要是钱，牢牢抓住准没错。另一方面，10美元里只能分到1美元，这样的待遇太不公正。对大多数西方人来说，交易不公的想法会胜过白捡钱的想法，他们会对这样的分配方案说不。

2003年，艾伦·桑菲（Alan Sanfey）和同事们做了一个实验。实验者用磁共振成像扫描进行最后通牒博弈的被试头部。扫描图像揭示，公平的出价（五五分或四六分）激活的大脑部位，有别于极不公平的出价（一九分或二八分）激活的大脑部位。不公平的出价激活了脑岛皮质（痛苦和恶臭也能激活这一区域）和背外侧前额皮质（这一区域跟规划及决策有关）。这似乎表明，人一方面发自内心地拒绝低出价，一方面又想留下白得的金钱，两者产生了冲突。正如一篇调查文章评论此项研究时所说，"不公平出价激活了脑岛，说明'我痛恨有人这么对我'一类的口头表白并非夸张的比喻，而是事实——他们是真的觉得那很讨厌。"

PRICELESS
第14章

电视购物全是套装且还有赠品

1978年，广告人阿瑟·希夫（Arthur Schiff）接了一档没啥指望的工作：为美国俄亥俄州弗里蒙特（Fremont）生产的廉价刀具设计电视商业广告。希夫为产品取了个亚洲化的名字"金厨"，写了一段两分钟的现场广告词，它成了以后电视购物节目的通用模板。照希夫的想象，你不光是卖产品，还"免费"搭配售卖一大堆额外的东西。

"你会为这样一把刀具出多少钱？"金厨广告的播音员问，"在回答之前，请先听听：它送一把配套的叉子，锋利无比，能帮你把切菜变成享受。别急，还有很多其他的……"接下来，播音员抛出一套六合一厨房工具，一套牛排用刀，还有一把独特的螺旋形切片刀。

"广告播到最后，"金厨的合伙人之一，埃德·范伦蒂（Ed Valenti）说，"你都搞不清自己得到了哪些东西，可你知道，它花不了几个钱。"

金厨刀具原价9.95美元——外加其他各种免费的东西，另外广告还列举了从电视上买东西的各种不确定性。范伦蒂甚至说，是金厨的订购热线最先创造了"打订购电话免费"的说法。到沃伦·巴菲特的伯克希尔－哈撒韦公司于1984年收购它的时候，金厨公布的销售额已达5 000万美元。

电视购物节目的风格有点儿像歌舞伎表演。成功的电视购物节目总是最能打动消费者的心。毕竟不管产品有多么不同，人性始终大同小异。电视购物行业的重心，就是泰勒所谓的"别把所有圣诞礼物包在一个盒子里"原则。1985年，泰勒在《营销科学》（*Marketing Science*）期刊上发表论文《心理账户和消费者选择》，对消费者如何判断东西值不值得买、该在什么价格上买提出了一个独创的观点。

泰勒把前景理论应用到典型的交易上，一方付出一个价格（损失）以获取某种有价值的东西（收益）。收益和损失都呈现出报酬递减的趋势。3万块奖金挺好，但它并不比1万块的奖金好上三倍。故此，较之一次获得3万块奖金，分别获得三次1万块奖金带来的喜悦更多。得到三次奖金，你会高兴三次。**意外之财的实际金额并不像你想的那么重要，得到的次数才更能影响你的情绪。**

泰勒在康奈尔大学的学生们身上试验了这一原则。他问学生：

A先生分别赢了两次彩票，一次50美元，一次25美元，B先生只赢了一次，但金额是75美元。谁更高兴一些呢？

大多数人觉得A先生更高兴，因为他赢了两次。基于这一点，泰勒推断：营销工作者与其宣传产品本身有多么美妙，倒不如把产品分散开来，一个特性一个特性地进行宣传，或是捆绑销售若干产品。电视购物节目20世纪80年代就这么做了，如今还在这么做。在电视购物节目里，你唯一买不到的一件东西，就是单纯地只买一件东西。

"买一件Snuggie[①]，免费赠送价值19.95美元的阅读台灯，邮费7.95美元；买两套，邮费全免。"Snuggie的推销词说。可要是你只想要一件Snuggie呢？对不起，这样不行。

[①] 一个可穿戴的宽松毛毯。——编者注

无价
PRICELESS

有一种在电视上打广告的黏合剂,最小的起订量差不多是三瓶半,推销词说:"通常,一瓶强力胶卖 19.99 美元,外加 8.95 美元的手续费。可要是你今天就订购,我们会送您三大瓶强力胶。而且,您还会收到一份旅行套装作为特殊奖励。现在订购一套强力胶,让我们为您省钱到家!"

形状就像一发炮弹的魔弹搅拌机把泰勒提出的规则用得淋漓尽致。

"您将得到哪些东西呢?高扭矩的基座、十字形和一字形的刀片、大号和小号的子弹杯……"他们喋喋不休地列出了 21 种零配件,仿佛每一件都是单独而又有用的产品。此外还附送"4 个大号宴会马克杯,加上舒适的杯套,把您的魔弹搅拌机变成终极宴会利器……魔弹搅拌机'10 秒速成菜谱'和'特惠项目'——魔弹搅拌机配盖子……魔弹搅拌机……"接着,就在你以为它们是单独销售的时候,广告又说:"用买一套魔弹搅拌机的价格,获得两套完整的 21 件'魔弹'套装!只要您现在就下订单,我们还将送您 30 天的减肥燃脂特效保健品!"

显然,和广告词那噼里啪啦的节奏比起来,这些玩意儿的价值根本没那么高。每一个功能、每一样免费赠品或是三合一套装,都是一轮新的享乐冲击。魔弹搅拌机的"每一发炮弹"打出来,都激得消费者的支付意愿噌噌上涨,直到价格(不管价格具体是多少)看上去恰到好处。

第15章 移动电话资费套餐的秘密

价格变得越来越烦人了。2007年，苹果的iPhone问世，消费者对电话账单的长度感到震惊。匹兹堡的博主贾斯汀·伊萨瑞克（Justine Ezarik）8月的电话账单是拿盒子寄来的——有整整300页。贾斯汀干脆给它拍了一段视频，上传至视频平台YouTube，成了大热门。她的iPhone一连上互联网，电话公司就要对传输数据计费，可使用数据又是免费的。也就是说，这份罗列了上千个项目的账单说的只不过是：您的数据使用费是0.00美元。

在过去的一代，我们大多数人逐渐接受了这样的看法：我们的电话消费、有线电视费、上网费、机票、租车费、酒店费；医疗保险费、汽车保险费、人寿保险费，健康俱乐部和乡村俱乐部会费，信用卡消费和抵押贷款等，是我们永远没法完全搞懂的。运算法则取代了价格。要是你能得到一个简简单单的价格，那可就贵了。

电话账单那么复杂，SKP公司至少要承担一部分责任

> 价格只是一个数字罢了。价格下降，销售量就上涨，必定有一个价格X能令利润最大化。

无价
PRICELESS

（说是荣誉归它也行）。他们负责给沃达丰、德国电信、瑞士电信等公司提供定价咨询。如今纷繁复杂的电话账单，是以前景理论为基础演化出来的一套精妙哲学。按普通商学院的说法，价格只是一个数字罢了。价格下降，销售量就上涨，必定有一个价格 X 能令利润最大化。故此对于解得 X，SKP 公司的顾问所受的训练则是，要从价格结构的角度去想。孤零零的一个价格不行，要有一整套的公式（"收费方案"），说明每一项消费行为的费用是多少。

消费者通常都会选择这一公式。表面看来，价格结构很慷慨："如果你的通话时间较长，这里有一种不限时套餐。"选项更多，意味着可以自由选择，常识告诉我们这是一件好事。其实，消费者既是刀俎，也是鱼肉。由于偏好是根据罗列的选择来构建的，所以额外的选项也意味着受人操纵。较之没有选项的情况，提供额外的计费方案可能让消费者愿意支付更高的价格，或是买得更多，甚或两者皆然。

> 定价的关键就是管理消费者有限的注意力。

"最优化"的价格一般指的是更复杂的价格。赫尔曼·西蒙提到了德国铁路采用过的一套成功的宣传手法。他们引入了铁路卡，一种价值 400 欧元的打折卡——有了这种卡，消费者全年买火车票都能打半价。打折卡本身并不值钱。你不能用铁路卡本身来乘车出行。

这张卡值 400 欧元吗？全看情况。唯一可以确定的是，经常出行的旅客可以节省很多钱。"铁路卡每年有 300 多万个用户，这一手段大获成功，"赫尔曼·西蒙说，"但只有少数消费者知道跟正常票价相比的盈亏平衡点在哪儿。"

不知道盈亏平衡点在哪儿，正成为后现代的一种现实环境。SKP 公司的一份公告说，定价的关键就是管理消费者有限的注意力。公司需要回答如下几个问题：

> 在消费者眼中，哪些定价因素最为重要？在消费者查看报价单时，他的眼睛会往哪儿看？他们是更注意一次性收费、月租费，还是每次下载的价格、硬件补贴，或者其他什么因素呢？

| 第二部分 |
魔术般的价格骗局

要为消费者看重的要素定个具有吸引力的价格，好把他们拉拢过来，至于消费者不怎么看重的东西，则可以维持较高的、没什么吸引力的价格水平。移动电话的定价要素实在是花样繁多：有一次性的开户费、月租费、每分钟的通话费（繁忙时段、非繁忙时段、周末时段），还有结算周期。这样一种复杂的定价挑战，又能给消费者留下什么样的自由度呢？

心理定价中最有力的一种工具是统一费率偏爱。消费者喜欢统一的费率，哪怕他们会出更多的钱。

2009年非营利组织效用消费者行动网络（Utility Consumers' Action Network，简称UCAN）在一份研究报告中声称，圣地亚哥地区的手机用户每分钟通话费平均为3.02美元。这个价格，是用计费总价除以通话的总分钟数得到的。每分钟的通话费这么高，是因为有许多消费者尽管打不了那么多电话，也还是选了统一费率的套餐。

泰勒解释说，这是前景理论带来的结果。电视购物节目把产品切成许多小奖品，相对的，你也应该把所有的损失打包成一大堆。票价90元并不见得比票价30元糟糕三倍，但一次性地出90元却比三天里每天都花30元感觉要好。

由于所有产品的费用都是一种损失，所以把费用弄成统一的会显得没那么痛苦。每个结算周期只支付一次，其他的就不用管了，所有人几乎都倾向于这种选择。"免费"食物是度假游轮的一大卖点，尽管有点儿莫名其妙。度假者知道自己的船票是包含了食物价格的，而且并不便宜，但他们还是感觉它们是免费的。偏爱统一费率，还有助于界定美国中产阶层。美国人喜欢有自己的房子和车子，讨厌租房或搭乘公共交通工具。其实，倒不见得是自己有车比租车更便宜，只不过是租用车的成本更明显。很多美国的城市居民发现，把SUV卖了，去哪儿都打车反倒更便宜。但一想到打车去超市要花15美元，就难免觉得不合理。没有人会喜欢盯着出租车的计价器噌噌地跑。

不少人认为，视频租赁服务商奈飞公司（Netflix）大获成功在很大程度上是

139

无价
PRICELESS

定价的结果。它以邮寄的方式提供影碟租赁服务，月租费多种多样，在 4.99 美元到 47.99 美元不等。除了最便宜的月租套餐，其他收费方式都允许无限制地租用。要是奈飞公司按次收费，那它就免不了要和传统音像店拼价格。理性的消费者在考虑是否选用奈飞公司服务的时候，必须估计自己每个月会看多少部电影。可学术研究却表明，消费者总是倾向于极大地高估自己对各项服务的使用程度。出于这一倾向，奈飞公司的顾客们大多希望改变自家的收视习惯。有了"免费"的 DVD，以及退还时便捷的收方付邮费制度，人人都会看更多的电影——至少会以为自己会这样。电影爱好者可能会得出结论：不管价格到底是多少，奈飞公司的定价都合理。消费者的支付意愿如此模糊，以至于奈飞公司的价格波动范围非常大，传统音像店却不是这样。赫尔曼·西蒙还有一个例子：

价格实验

某家连锁电影院为消费者提供免费会员卡。该卡记录顾客的访问次数。每个月第一次来看电影，收取一个价；第二次来，收一个较低的价；第三次来，价格更低。这样的定价十分巧妙，它鼓励消费者靠看更多次电影来"省钱"。但顾客根本没省钱。有了上述收费安排之后，电影票销售量增加了 22%，平均票价上涨了 11%，该电影院的利润增长了 37%。

赫尔曼·西蒙说，这样的进步，靠单向度的涨价或降价是办不到的，只有靠经过精心研究的全新定价结构才能做到。

按如今价格顾问的说法，他们的目标是设计出一种价格结构，提炼出每个顾客的最低支付意愿。消费者欲望的柔软线条是什么样儿，定价方案就比照着它裁剪成什么样儿。

PRICELESS
第 16 章

折扣券的秘密

  折扣券根本没有意义嘛！与其在买东西之后再打折，何不一开始就给个较低的价格呢？这个问题注重实际的消费者问了好多年了。企业和大多数其他人却对此置若罔闻。较之以往，现在市场上的折扣太多了。大约 1/3 的电脑设备可以打折，20% 的液晶电视和数码相机也一样。乘坐你最喜欢的航线，获得免费机票和升级成头等舱的贵宾；使用信用卡，可得现金返还或是航空公司的飞行里程数；汽车有"经销商奖励"；一些房地产开发商甚至向买家提供免费汽车。想在收银台来个折上折，不需要你有多么精明的头脑：使用制造商的优惠券，再掏出积分卡打个折，之后用信用卡埋单，就可以享受几个百分点的提成返还。

  早在 20 世纪初，折扣券就是大热门了。1896 年，托马斯·斯佩里（Thomas Sperry）和谢利·哈钦森（Shelly Hutchinson）创办了一家公司，发行 S&H 绿色酬宾赠物券。这家公司把赠物券卖给商场和加油站，后者在销售自家产品时免费赠送它。消费者把这些赠物券积攒起来，贴在"免费"的册子里，再拿这些册子兑换商品。这就创造了被后人委婉地称为"忠诚度"的东西。消费者不想

无价
PRICELESS

换别家商场,因为他们想积攒更多的赠物券,好换回一台烤面包机或者体重秤。赠物券在20世纪60年代大行其道,斯佩里和哈钦森的公司印刷的赠物券比美国邮局发行的邮票都多了整整两倍,价值约8.25亿美元。该公司还经营"兑换中心",这是一家迷你百货商店,这家店不收现金,只收赠物券。这桩买卖在70年代走入低迷期,进入80年代,又被诸如常飞里程数、超市积分卡等当代打折方案所取代。斯佩里和哈钦森创办的公司仍在运营网上购物的"绿色点数",不过,在如今轰轰烈烈的打折浪潮里,它已经风光不再了。

斯佩里和哈钦森留给当今打折喜爱者的一样东西就是"赠物券综合征"。把赠物券贴在本子上要花好多功夫。美国人有满满几抽屉的赠物券,却从来没时间去兑换。没兑换的赠物券就是S&H公司的纯利润。

两家彼此独立的公司,年轻美国(Young America)和帕拉果(Parago)经手全美大部分的折扣券兑付。在消费圈里,它们的名声也就稍微比"狗咬狗"的促销员好一些。顾问宝拉·罗森布鲁姆(Paula Rosenblum)告诉《商业周刊》:"这个游戏太明显不过了,只要折扣券不是100%的兑现,那就是白捡钱。"

> **你不可不知的价格术语**
>
> "损耗"和"延误"
>
> 折扣券行当里的术语,前者指消费者从来没把打折券寄出去,后者指返还折扣的支票寄还了,但不知道为什么消费者没去兑换。两者都是提高利润的强力发电机。

从理论上讲,折扣券没兑换,处理机构就无法从中得利。但它们的客户却能。"TCA兑换服务"的处理机构吹嘘说自家发出的兑现支票少,实际兑现的支票比例更是极低——10美元的折扣券,兑现率不到10%。"如果你使用其他服务公司,兑现费至少要上涨20%。"TCA的宣传小册子上说。(TCA把客户清单卖给了帕拉果,而帕拉果又推翻了上述说法。)

按行业惯例,兑换折扣券要有商店的收据和流通价格。要把包装盒上的条

142

形码剪下来（这样一来，该商品就无法退换了），还得完完全全、一丝不差地填完申请表格。稍有疏漏，兑换机构就会做"进一步研究"，要你填更多的表格和文件，并把你的情况转入"特别小组"。有人开脱说，这是为了预防欺诈，可它也令不少消费者打消了兑现折扣券的念头。该行业提高"延误"率的手法之一是，用没有任何标记的信封邮寄支票，把自己打扮成垃圾邮件的样子。猜猜看，这些支票最后到哪儿去了？不消说，当然是被消费者扔进了垃圾堆。

听起来挺滑稽，可折扣券始终是一笔大生意。最近的一项估计显示：

  商家每年大约要提供4亿美元的折扣券，面值为60亿美元。只要从这个数上稍微砍几个百分点下来，那就是九位数了。据说，有40%的折扣券从来没被人收集。

这大概能够解释公司何以这么热衷提供打折券项目。但还有一个更棘手的问题：为什么消费者对折扣券那么着迷呢？实验和实践都证明，折扣券抛出了一道魔咒。人们更倾向于用200美元买一台打印机，得到25美元的折扣券；而不是直接买标价175美元的同款打印机。

泰勒解释说，折扣券就像是一种心理物理学上的套利。首先，200美元好像比175美元高得并不多。但打了折和没打折，在心理上的差异可就大了。大多数人喜欢打折。泰勒把它叫作**"一线希望"**原则。他用以下问题做了演示：

  A先生的车在停车场给人弄坏了。他要花200美元修车。汽车受损的同一天，他在办公室同仁发起的足球博彩中赢了25美元。

  B先生的车在停车场给人弄坏了。他要花175美元修车。请问，谁更郁闷一些呢？

绝大多数的康奈尔大学学生认为B先生更郁闷。尽管经济上他并没有比A先生多出钱，可他错过了25美元的天降横财。

用常识来解读折扣券，有一句俗话说对了：**天下没有免费的午餐**。每种提

无价
PRICELESS

供折扣券的产品，都会因为要打折而卖得更贵一些。这不会对销售造成影响。由于消费者对价格充其量只有个模糊的概念，所以他们会从标价里寻找线索，以为200美元的打印机比175美元的那种要好——哪怕前者唯一的额外"功能"就是能打折。

PRICELESS
第17章

浮云般的定价依据

　　花上大概 2 400 美元，任何一个经营加油站的人都能买到一台甚为荒唐的机器。不，何止荒唐，说它是史上最厚颜无耻的诈骗也不过分。这台机器一头卖"空气"，另一头卖"真空"。

　　一家制造商的网站上说，真空抽气机"寿命长，维修费低，能为您带来更多利润"。空气和真空的价格显然跟该机器的摊销成本没多大关系，反倒跟心理学息息相关。我们为空气掏腰包，因为我们逐渐接受了你得为它埋单的概念，不管它的价格是个什么样。这种糊里糊涂的消费态度让营销人员如登天堂。

　　我们其实早就以各种各样的方式为空气掏了腰包。就拿电池来说，你买的是电池的寿命：你可以用满电的数码相机拍多少张照片；你多久就得给烟雾报警器换电池，手电筒能坚持多长时间直至没电。可电池包装上哪儿也找不到相关的说明。你只能看到电压的标注，而电压这种度量标准只是意在限制电池的用途。这就好像你去加油，油泵上只告诉你汽油的等级是多少，却不说明你加了多少升油。

无价
PRICELESS

要是各种品牌的电池寿命都一样，那倒也无所谓，可惜不然。2008年的《消费者报告》测试了13种一次性5号电池在数码相机里的寿命。最好的电池能拍637张照片，最差的只能拍95张。一些电池比另一些含有的电解液更多，可消费者只能靠猜来选择。

图17-1列出了12种测试电池的比较情况（作者把《消费者报告》(*Consumer Reports*) 测试的一种锂电池给省略了，它比普通电池贵得多，寿命约为后者的4倍）。电池（单位是"对"，也就是两枚）的价格列在底部的横轴上，而它们照的照片数则列在左边的纵轴上。要是出什么钱就买什么质量的东西，那么黑点应该呈直线排列，从左下方斜到右上方。可这些黑点的排列毫无规则，乱七八糟。平均来看，所有受测电池差不多能拍150张照片，但这跟价格不挂钩。最便宜的电池（超市里卖的一种自用品牌"柯克兰"）寿命最长。

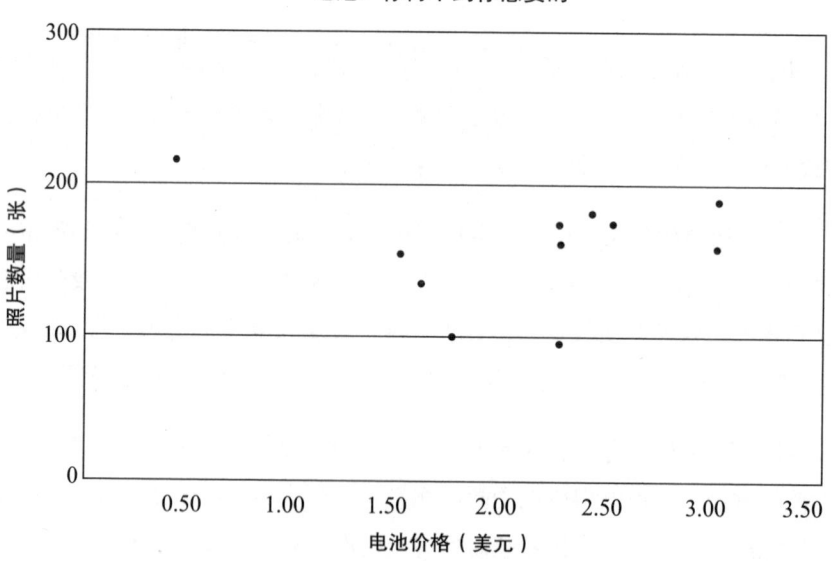

电池：你得不到你想要的

图17-1　12种测试电池的比较情况

这下可好：整整一货架的电池摆在你眼前，你却记不得《消费者报告》里的结论了。该怎么选呢？我对自己说，虽说没法判断电池的寿命，但我们总可以判断价格吧！我倾向于购买最便宜的电池，可我也超喜欢有折扣。看到金霸王电池或劲量电池的价格几乎降到了我通常买的廉价货的水平，我会买它，就像普通的美国人所做的那样，总觉得自己该买在电视上打了广告的真正品牌。我为这种做法找借口说，劲量电池的那些广告肯定有点儿道理，而且我给的价钱并不比那些没名气的牌子多。可劲量和金霸王的管理者们正希望我这么想。

电池并不是唯一一种你难以判断质量高下的产品。顾名思义，洗衣液多少都得"掺水"。你知道自己买了多少水，却不知道自己买了多少肥皂浆。近来，制造商们已经开始说自家品牌的洗衣液是两倍浓缩的了。可他们不说是相对于什么浓缩的。

香水、酒吧里的酒精饮料以及所有装在喷雾压缩罐子里的东西都是这样。对不经常购买的耐用消费品，情况几乎也一样糟糕。消费者很难知道一台冰箱、热水器或者传真机的性能如何、能用多久。我们一辈子只买得了几次，每一次去选购，它们的品牌、型号和功能都会变得面目全非。倘若消费者有责任心，愿意为节能家电支付高价，那他更会头大如斗。2008 年，美国消费电子产品协会（Consumer Electronics Association）公布的调查数据显示，89% 的消费者有意在选择下一台电视机时考虑节能问题——同时超过半数的人承认自己搞不清楚节能标签的意思。

目前正在进行的最大骗局大概要算手机短信了。手机短信所谓的市场价格，跟带宽或其他任何技术层面的东西都没有关系。它是由多少消费者（或消费者的家人）入了圈套愿意给它付费决定的。

短信是一个非常小的带宽包。它仅限于 160 个字母，每个字母需要一个字节。跟它相比，多媒体信息服务（彩信）或电子邮件可以插入图片，占用几兆字节。SKP 公司调查发现，消费者认为彩信的价值是文字短信的 3.5 倍。可按数据来衡量，普通彩信要比文字短信大 100 万倍。

对照单点菜付费的手机用户来说，传输数据的零售价在 1 兆字节 1 美元左右。按这个费率，要是一条短信含 10 个字母，对应的价格应该

无价
PRICELESS

是 0.001 美分才对，再来个四舍五入，那就只有 0 美分。

其实，0.001 美分这个数都极度夸大了一条文字短信的真实成本。和电子邮件、互联网及语音数据不同，文字短信是附加在手机网络上的。它们占用的是原本供网络维护的受控频道，这个频道如果不拿来发短信的话，就根本没别的用处。

由于消费者对文字短信的成本根本没有概念，所以他们只好从电话公司找线索。短信业务计划大获成功。从 2005 年至 2008 年，美国承运商的短信价格翻了一倍，从 10 美分涨到了 20 美分。这期间，短信通信量增加了大约 10 倍。

PRICELESS
第18章

你真的相信便宜和更便宜吗

"**廉**价"的英文单词在越途网（CheapTickets）网站的主页上出现了45次。我可以亲自证明越途网商标的催眠魔力。我真的相信他们的票价更便宜吗？不……呃……说不清。

航空公司是率先倡导区别定价的——基于不同的支付意愿，对不同的消费者收取不同的价格。在美国航空公司担任过CEO的罗伯特·克兰德尔（Robert Crandal）曾说："要是某条航线上我有2 000名旅客和400种价格，那我显然还少了1 600种价格。"互联网能让消费者快速、便捷地进行价格比较，本来事情应该变得容易。可它并没有起到这个作用，越途网就是个很好的例子。它的网站不显示美国西南航空公司或捷蓝航空公司等廉价航线的票价。由于这些航空公司素来有着票价最低的名声，越途网的承诺就成了空头支票：你得到了最低的票价，可它来自最昂贵的航班。

也难怪不少人会直接上美国西南航空公司或捷蓝航空公司的网站。我刚才核对了从洛杉矶到菲尼克斯一线的票价，这是美国西南航空公司最繁忙的一条航线。美国西南航空公司网站上最低的往返票是98美元另加税费。在越途网上，英国和美国的航空公司也为同一行程提供了相同的票价，98美元另加税费。

无价
PRICELESS

廉价承运商的收费确实更便宜，可惜它们也有不便宜的时候。有时，它们的价格比普通航空公司的最低票价要高得多。这些更贵的飞机票是廉价承运商赚钱的关键。讽刺的地方就在这儿，由于美国西南航空公司和捷蓝航空公司建立起了票价最低的好名声，所以它们能够收取更高的费用。便宜是相对的，它取决于环境。这是美国西南航空公司和捷蓝航空公司不在主流旅行网站上的一个重要原因：它们宁愿顾客们不做比较。

其实，所有的航空公司都是这么想的。这是一门有趣的生意：大多数旅客会根据价格和时段任意选择一趟航班。（想想看，酒店行业要是也像这样会是怎样一番情形：旅客只按如家连锁酒店的价格付钱，多一个子儿也不肯出。）机票的价格敏感性令航空公司采用了分拆的做法：托运行李收钱，充气枕头收钱，餐食收钱，咖啡收钱，电话预订收钱，纸质机票收钱，选择座位收钱，还有其他所有惯例是免费的设施，只要你用就都收钱。"三四年前，航空公司厌倦了自己的机票像菜市场卖的大白菜一样收费，所以它们设计了一套策略，好让自己的价格不那么透明。"美国机票比价网站 FareCompare 的 CEO 里克·西恩尼（Rick Seaney）说。率先搞分拆的承运商是欧洲的航空公司。在美国，到 2008 年 5 月，航空公司报复性地开始对首件托运行李收取 15 美元的费用。愤怒的旅客立即咬牙切齿地说再也不飞去美国了。可他们的决心没能坚持太久。随着其他航空公司也开始加收托运行李费，并为从前免费的设施收费，这种决心马上土崩瓦解了。

消费者把分拆服务看成不相干的琐碎小事，以为这部分费用是净利润。实际上并非如此，至少竞争航线上不是这么回事。分拆的真正目的和捆绑销售一样——是让人难于比较价格。附加费用差异很大：一家航空公司托运行李最便宜，另一家则提供划算的充气枕头和软性饮料，还有一家允许你免费打电话预订机票。要比较一趟行程的真实价格，现在的收费项目太多，却又没有方便的电子表格（有些网站能帮上点儿忙）。但大多数旅客的做法正中航空公司的下怀：他们把杂费抛到一边，单纯根据某种东西来做出选择——我说的"某种东西"是什么都可以，反正不是最低的价格。

> 分拆的真正目的和捆绑销售一样——是让人难于比较价格。

PRICELESS
第 19 章

神奇数字 9

"**我**来告诉你什么叫广告的辉煌,"罗杰·斯特林(Roger Sterling)在电视剧《广告狂人》(*Mad Men*)里说道,"0.99 美元。"调查声称,大约 30%～65% 的零售价格都是以数字 9 结尾的。不管在什么数量级,它都站得住脚。有时,9 的单位是千或者万,有时它代表分,而在汽油上,它指的是厘。苹果公司的史蒂夫·乔布斯坚持 iPod 下载歌曲的价格是 0.99 美元(视频下载则为 1.99 美元),被誉为天才。2009 年,苹果公司发了慈悲,歌曲下载新增了 0.69 美元和 1.29 美元这两种价格。

这一现象的典范,是九毛九杂货店①。20 世纪 60 年代,大卫·戈尔德(David Gold)在洛杉矶开了一家酒品店,想清空店里那些走货速度太慢的低价红酒。他贴了一张横幅,上面写着:"红酒世界。你的选择:0.99 美元。"这招超管用,只要是 0.99 美元的东西,顾客们便照单全收。

有趣的是,红酒以前的标价在 0.79 美元到 1.49 美元不等。"原价 0.79 美元的,标成 0.99 美元后卖得更好;原价 0.89 美元的,标成 0.99 美元后卖得更好;当然

---

① 类似国内的一元店。——译者注

无价
PRICELESS

了，原价 1.49 美元的，标成 0.99 美元也卖得更好。"戈尔德说。九毛九效应如此惊人，戈尔德禁不住开玩笑说，真该开一家商店，里头所有的商品全卖这个价儿。

笑话成了现实，1982 年，戈尔德开了第一家九毛九商店。该商店目前约有 277 家分店，受它的鼓舞，从东海岸到西海岸，起着类似名字的商店雨后春笋般地冒了出来。要是有人没看店标就走进一家典型的九毛九商店，那他保准会犯嘀咕。店里陈列着方便面、长筒袜、扑克牌、洗涤剂、万圣节道具服、女性卫生用品、金属丝和软糖。样样东西都没什么联系，而且样样东西都不怎么靠谱。

2008 年，《纽约时报》上有一篇文章调查了纽约地区九毛九杂货店的繁荣状况（没有一家是戈尔德九毛九商店的分店）。哈勒姆区（Harlem）最繁忙的商业地带弗雷德里克·道格拉斯大道上有"新富塔九毛九商店"，还有竞争对手"巴布九毛八折扣店"。9 的魔力大大方方地四处洋溢。招牌上承诺商品只卖 0.99 美元或 0.98 美元，或是各种以 9 结尾的价格。布鲁克林的迪特玛斯大道上开着大把的"五毛九、七毛九、九毛九"和"六毛九、八毛九及九毛九"商店。

> 一个比整数稍低的价格，叫作"魔力价格"。

在为数众多的仿效者里，规则难以辨别，而且随时都在变。"0.99 美元的承诺越来越像是空头支票了，"《纽约时报》得出结论，"这些商店堕落成了下诱饵的骗子，靠招牌把顾客引诱过来，实际上却是为了卖那些更贵的东西。真正摆在 0.99 美元货架上的只有廉价的发夹、闪光贴纸和一小卷粗糙得更适合打磨家具的厕纸。"

通货膨胀不断冲击着这种商业模式，这早就不是什么秘密。1982 年卖 0.99 美元的东西，现在得卖约 2 美元。对正宗的九毛九商店而言，2008 年是它的转折点。经过多年的变通，比如只卖半打鸡蛋、牛奶盒子越缩越小，它终于撑不下去了，把最高价格提到了 99.99 美元。对总裁杰夫·戈尔德（Jeff Gold）来说，做出这样的无奈之举，简直就像是家里有人过世了那么难过。"99 是神奇的数

152

字——如今我们驶离了它的轨道，对谁来说都绝对不轻松，"他说，"做出这样的改变，我心里很难过。"

一个比整数稍低的价格，叫作"魔力价格"。这通常意味着价格以 9 或者 99 结尾，但 98 和 95 同样被看成是魔力价格。没人知道这种做法始于何时、何地，为什么会出现。有种理论提到了英国硬币。直到南北战争，美国的分币都很稀少，美国国内流通着英国先令和英国便士。纽约的商店经常标示两种价格：英国货币价和美国货币价。把先令转换成美国的分币，往往会弄出一个奇数来。于是，以奇数结尾的价格就这么跟英国进口货拉上了关系，当时的美国人觉得英国货比美国货要好些。精明的商家便把国产货的价格也标成奇数，好让人觉得它沾染了些英国味儿。

一个稍微可信一点儿的故事扯上了收银机。

价格实验

1879 年，酒吧记账员詹姆斯·瑞提（James Ritty）发明了第一台收银机。瑞提知道，要拿酒吧的酒品库存核对现金收入几乎是不可能的，他对自家酒吧柜台上的员工也不那么信得过。所以，他设计了一种机器，要员工输入价格才能打开钱匣子。员工这么做的时候，会有铃铛声响起，提醒老板。在午餐时段，老板应该能听到源源不断的铃铛声，要是什么时候耳边清静下来，他便很有必要去查一查。瑞提设计的机器还能记录输入的金额，拿记录核对现金也相对简单。梅西百货是采用收银机的第一家大型商店。由于梅西百货的价格多是整数的"元"，所以他们开始采用奇数价，强迫员工输入价格，打开抽屉找零钱。实际上，如图 19-1 所示，梅西百货刊登在《纽约时报》上的广告打从 19 世纪 90 年代就出现"魔力价格"了，广告上显示的价格有一大半都是以 9 结尾的。

图 19-1　1890 年 11 月 2 日梅西百货的一则广告

不管是英国硬币还是收银机，都解释不了神奇数字9。1先令价值0.125美元，所以只能带来类似0.125美元、0.25美元、0.375美元一类的价格。它们都不是以9结尾的。至于说收银机的解释，只要一个价格不是偶数元，就都需要找零。

不管到底是怎么开始的，总之魔力价格得到了广泛的应用，不只在美国，不只是营销专业人士，也不只是对便宜的东西。在eBay上，以9结尾的价格无所不包，二手转让的三卧室殖民风格自住房，标价是59.9万美元。除了房地产，我碰到的最昂贵的魔力价格是罗迪欧大道路易威登专卖店里的镶钻手表：14.9万美元。他们是真的以为这会比15万美元整更好卖吗？这只手表是墙壁展示柜里最昂贵、最显眼的东西。奇怪的是，路易威登稍微便宜些的手表，却并未标以魔力价格——有一只表标价是7 540美元。

除了价格以9结尾（加上0），还可以在9的右边加上非0的数字，比如19.7万美元、3.95美元。对餐厅顾问布莱顿·奥德尔来说，后一种价格是他最讨厌的东西。"他们完全可以定成3.99美元，"他说，"这两者对消费者来说几乎没有区别，可那是4美分呢！"在餐饮业，一份订单多4美分，加起来可就颇为可观了。

快餐行业把魔力价格看得就跟自己的亲生骨肉一般，甚至把它们当成进行自嘲性营销活动的道具。2008年，塔可贝尔（Taco Bell）总裁格雷格·克里德（Greg Creed）致信歌手50美分[①]，要他把名字改成"八毛九"或"九毛九"，以便给该连锁店的低价搞搞公关。乐手的回应是提起诉讼，为这些毫无魅力的数字索赔400万美元——于是，双方都获得了大把的免费曝光。

魔力价格开辟了心理定价这一研究领域。1936年，哥伦比亚大学的伊莱·金兹伯格（Eli Ginzberg）对他所谓的"惯常价格"发表了一份笔记，篇幅只有一页纸。"多年来，我国引用的零售价格总是比十进制单位少那么一两美分——比如0.49美元、0.79美元、0.98美元、1.49美元、1.98美元，可惜这是个编出来

[①] 50 Cent，美国黑人说唱乐手。——编者注

的故事。"金兹伯格报告了在一家大型零售商处进行的非正式实验。该公司的好奇心颇强,它把产品目录印了多个版本,有些使用按 9 结尾的惯常价格,有些则采用相对应的整数价。

据金兹伯格所说,结果"很有趣,但也叫人困惑"。有些产品以魔力价格卖得更好,有些却卖得更糟了。他简短的文章并未提供统计细节。"主管销售的副总裁大胆猜测,收益把损失扯平了。他完全清楚地意识到,重复实验或许能带来更确定的结论。可因为事关金钱,哪怕是大胆的商人,也会克制住自己的实验热情。"他说。

近半个世纪以来,许多知情人士认为,魔力价格只是个无伤大雅的迷信罢了,没什么坏处(自然也没什么作用),但这拦不住零售商使用它们。到了 20 世纪 80 年代,卡尼曼和特沃斯基的革命又把心理定价的热情给点了起来。1987 年至 2004 年发表的 8 篇论文报告显示,较之相邻的整数价,魔力价格平均提高了 24% 的销售量。

别对这个数据太当真。销量增长的百分比差异可大了,有些几近于无,有些却高达 80%。以芝加哥大学的埃里克·安德森(Eric Anderson)和麻省理工学院的邓肯·西梅斯特(Duncan Simester)所做的实验为例。他们找到一家邮购公司,把产品目录印刷出多个版本。该公司销售价格适中的女装,通常使用以 9 结束的整数价。两人选中了一个 39 美元的东西进行测试。在实验版本的产品目录(如表 19-1 所示)中,同一产品的标价分别是 34 美元和 44 美元。依照公司的邮件列表,这些目录寄送到了随机抽选的规模相当的地区。

表 19-1　产品目录

价格(美元)	卖出数量(个)
34	16
39	21
44	17

魔力价格 39 美元的销售量比其他两种价格的都多。最重要的一点发现是,

为 39 美元埋单的人比为 34 美元埋单的人多。魔力价格带来了更大的销售量，单笔交易的利润也更高。

这正吻合资产负债表上的数据。2002 年，《福布斯》杂志得出结论，九毛九商店的毛利润达到了惊人的 40%，比沃尔玛高两倍。平均而言，该连锁店卖 0.99 美元的东西，成本仅在 0.60 美元上下。

举个典型的手法：大卫·戈尔德把内衣品牌"水果织布机"（Fruit of the Loom）公司拍卖的 70 万包《星球大战前传：幽灵威胁》（Star Wars: The Phantom Menace）主题内衣统统买下，等到下一集《星球大战前传：克隆人的进攻》（Star Wars: Attack of the Clones）电影上映时再卖掉。不明内情的购物者或许会想，怎么这内衣的主题是前一集"幽灵威胁"，而不是现在正播的"克隆人进攻"呢？但 0.99 美元的价格让所有的疑惑都烟消云散了。

> 数量级（不是数字本身）影响着估计和决定。

魔力价格为什么能发挥作用呢？因为购物者肯定是顺着整数看下来，省去零头，注意力总是集中在第一个重要数字上。比如 29.99 美元这样的价格，在心理上被归入了 20 多美元的范畴，而 30.00 美元（或以上）的价格，则被看成是 30 多美元的东西。20 多美元比 30 多美元似乎低得多。

营销和心理学界对这一解释争论得很激烈。魔力价格其实提出了一些有关意识如何运作的有趣问题。在数量级这条无尽的高速公路上，数字不过是随意标注出里程而已。大脑对数量的含义有深刻的理解吗？又或者，它只是以肤浅的方式处理数字？大量心理研究暗示，人，哪怕是小孩子，都对数量级有着相当不错的认识。他们完全明白 29 只比 30 小一点点。锚定实验还表明，数量级（不是数字本身）影响着估计和决定。

可单单是精神上的四舍五入，还无法解释安德森和西梅斯特得出的结果。要是购物者只注意第一个数字，照理说，34 美元和 39 美元都应当被理解成 30 多美元。这两个价位的销售量会大致相当。可实际情况却是买家更倾向于买 39

无价
PRICELESS

美元这一更高的价格上的东西。9 的确是一个神奇的数字。

另一种理论认为，魔力价格传递出"价格已经打过折了"的信息。以前，有个小镇上的加油站 1 加仑①汽油卖 20 美分。不久，街对面开了个新加油站，把价格减了 1 美分：每加仑 19 美分。头一家加油站为了报复，又减了 1 美分：18 美分。对很久以前价格战的文化记忆，或许能让我们把 19 这样的数字跟竞争定价联系起来，把类似 20 这样的整数跟垄断和高价联系起来。

> 对精明的购物者来说，魔力价格包含了信息。

毫无疑问，诸如此类的事情现在都有。哈勒姆的"九毛八折扣店"起这个名字，就是为了抄"九毛九商店"的底，但它很快就迎来了一家叫"九毛七商店"的竞争。

对精明的购物者来说，魔力价格包含了信息。洞悉餐馆或酒店意图（有时还要加上质量）的一个好办法，就是看它的价格是以整数结尾，还是以".99"或".95"结尾。诺斯通百货商店就声称自己不使用魔力价格，还做了解释。大意是说："我们不是沃尔玛，顾客来这儿图的就是质量好，理应为此掏腰包。"这或许可以解释为什么有时魔力价格不管用。价格顾问弗兰克·卢比为一家汽车制造商提供服务，这家厂商原想把旗下的一款车定价为 19 999 美元。卢比的研究发现，要是价格在 2 万美元以上的话，这车会卖得一样好。大概是因为买车的顾客们不愿意觉得自己在买一辆"廉价"车吧。一些零售商，比如艾迪·鲍尔（Eddie Bauer）和 J. 克鲁（J. Crew），只在残次品的价格上使用".99"的结尾。开市客用".97"的价格示意某商品打折或滞销。对知道这套代码的人而言，魔力价格就像是吹响了集结号，更不必说还有下意识回应一类的规律。当然，这方面的事情，店方可不希望消费者搞得太清楚。

在安德森和西梅斯特的实验里，外套标价 34 美元或 44 美元，销量并没有显著差异。这进一步证明，买家没有强大的内在价值感。刺激销量的，是 39 美元这个价。**有人提出假设，从心理比较上看，魔力价格显得比整数价格要便宜。**

---

① 1加仑≈3.78升。——编者注

邮购公司有个习惯，把正在销售的品目列出新老价格："原价 X，现价 Y。"研究人员要它们重新印刷一些商品目录，不在销售价里提示打折信息。如你所料，他们发现，销售价加上前后对比时，销售量更高。这也就是说，要是产品目录不显示，买家就不知道 Y 是打折价。

对比标注的售价比魔力价格更能有力地带动销量。请看图 19-2 中两种价格标示方法。采用左边标示方法的商品，消费者购买它的可能性会更大，哪怕右边是个魔力价格。

原价 $48

$40　　　　$39

大减价

图 19-2　消费者倾向选择的价格

安德森和西梅斯特把上述两种手法结合到了一起，采用了对比标示的魔力价，比如"原价 48 美元，现价 39 美元"。这发挥出了最强的效果。只不过，效果好得也并不太多，只比单列售价高出了一点点。这或许意味着，销售价格和魔力价格利用的是同一种心理原理。魔力价格本身似乎就在暗示一种并不存在的折扣，这么说吧，它像是用哑剧的形式来表现一堵玻璃墙，以无形再现无形。价格的受众对虚拟折扣和实际折扣做出了同样的反应。

以下事实支持了这种解释：**对商品目录以前没刊登过的新产品，魔力价格的效果更大**。顾客对新产品的价值概念最弱，于是更多地依赖价格线索。

喜欢打折货（我是说，真正打了折的商品）没什么可奇怪的。可标价 19.99 美元就意味着它是从 20.00 美元减下来的吗？就算标价 19.99 美元的东西真是从 20.00 美元减价下来的，0.99 美元也只比 1 美元少了 1 美分，打了 1% 的折扣（如图 19-3 所示）。

159

无价
PRICELESS

$$99¢ = 99¢$$

原价 $1.00

大减价

图 19-3　打折价

以理性标准来看，这太微不足道了，不足以给行为造成很大的影响。然而，这符合消费者选择和权衡对比研究。在有许多难以评估的选项时，人的注意力是漂浮不定的。它会寻找易于对比的项目。要是有的选项明显比另一种更优越（哪怕差异很小），那它就能轻易地吸引到关注。想象中的整数价格成了".99"价格的陪衬，给它洒上了一轮莫名其妙的诱人光辉。

PRICELESS
第 20 章
分不清的免费和低价

终极折扣是"免费"——就像"免费赠品"一样。"零价格"是营销工作者的宠儿,它能触发一些独特的心理。阿雷利、尼娜·马扎(Nina Mazar)和克里斯蒂娜·尚姆潘尼尔(Kristina Shampanier)做过一次实验:

价格实验

他们设了一个小摊,供应好时巧克力和瑞士莲巧克力。就算你不是巧克力迷,也该知道好时巧克力是一般的货色,瑞士莲巧克力则要好一些。他们对好时巧克力索价 1 美分一块,瑞士莲巧克力则为 1.5 美分一块。大大的标牌上写着:每位顾客仅限一块。

在所有购买者中,73% 的人选了瑞士莲巧克力。虽说这有点儿对不住好时巧克力,但也没什么好奇怪的。接着,他们把两种巧克力的价格都减了 1 美分。瑞士莲巧克力卖 1.4 美分,好时巧克力则免费(每位顾客仍仅限一块)。此举立刻扭转了人们的偏好。69% 的顾客选择了免费的好时巧克力,只有 31% 的人买了瑞士莲巧克力。

无价
PRICELESS

阿雷利和同伴们卖的瑞士莲巧克力，价格只相当于批发价的一半。为了获取一颗自己不怎么喜欢、说不定只值1美分的免费糖果，大多数顾客放弃了对半的折扣。

阿雷利认为，这主要是确定性效应造成的。只要是买东西，买家都要承受后悔的风险。我买的巧克力味道不像想的那么好；说不定从别处买更便宜些；它热量太高，我正在节食……免费的东西却不然。你没法后悔把钱花在了免费的东西上，因为你根本就没花钱。由于高估了确定性，我们也就高估了免费的东西。

据说，心理物理学的量值量表包含着有意义的0。在声音响度的量表上，宁静的"声音"应该是0。可实践起来，事情没那么简单。把真正的沉默和勉强能听得到的声音区分开来，可是一项蛮难的挑战。人们往往会基于暗示性力量说自己经历过（或未经历）某事，并捏造一致性。

价格量表大体上也一样。消费者根本识别不出来真正的没价值。在低价值物品当中，有一片颇大的混乱地带，说不清什么东西值得出钱，什么东西不值得。2006年，阿雷利、鲁温斯坦和普雷莱克发表论文《汤姆·索亚和价值构建》（*Tom Sawyer and the Construction of Value*，这篇文章如今已经很有名），对此进行了证明。

文章的标题暗指美国文学中的经典偏好逆转案例。马克·吐温笔下的骗子兼英雄汤姆·索亚，受命完成粉刷围栏的讨厌活计。汤姆更希望让别人来做。为达到这一目的，他假装享受这份工作，弄得朋友也想一起来找些乐子。他们恳求汤姆让自己来帮忙，至少刷上几刷子。汤姆先是拒绝，最终让了步，条件是，朋友们得付钱给他，获得粉刷围栏的特权。马克·吐温想要讽刺的是，生活里没有绝对的东西，要是有人另外编一套，那他就是像汤姆一样的大骗子。

在2006年进行的一次"汤姆·索亚"实验中，研究人员试图吸引学营销的学生去听阿雷利的校园诗歌朗诵会（朗诵惠特曼的《草叶集》）。

162

价格实验

他们问第一组学生，愿不愿意出 2 美元去听阿雷利朗诵。同学们非常坚定地回答说："不干。"只有不到 3% 的学生说愿意出钱去。

等收集完所有人的回答后，研究人员告诉学生们，其实阿雷利的朗诵会不要钱，问他们愿不愿意收到通知时间和地点的电子邮件。这下，35% 的人说"愿意"，他们希望收到通知。

他们向第二组学生提了一个不同的问题：如果我们付你 2 美元，你愿意去听阿雷利背诗吗？这一回，59% 的人说愿意。接着，和第一组学生一样，研究人员又对他们说：其实去听朗诵会是不会收到钱的（忘了那 2 美元的报酬吧）。此时再问学生们愿不愿意收到通知，只有 8% 的学生仍旧表示有兴趣。

他们再次调整了问题，找来麻省理工学院的两组学生，问其中一组愿不愿意花 10 美元去听阿雷利背 10 分钟的诗，问另一组是否愿意拿 10 美元的报酬做同一件事。接着，他们又请同一批学生给听 6 分钟、3 分钟和 1 分钟的诗朗诵定个价。和烦人声音实验一样，平均价格是跟持续时间挂钩的。可这一次，一组学生给的是正数价格（也就是他们愿意出多少钱来享受听阿雷利朗诵诗歌），另一组给的是负数价格（忍受听阿雷利背诗的薪水）。整体而言，麻省理工学院的学生们对于去听诗歌该出钱还是该拿钱，根本搞不大清楚。

只要活动是免费的，愿意参加的人就会更多。

第一组学生认为免费朗诵会值得去的有 35%——这是对大于零的价值的正面体验。第二组这么想的人只有 8%。唯一的区别只在于第一组受了引导，以为诗朗诵得花钱才能去听；第二组则以为那是一件苦差事，得花钱才能请人去听。

163

无价
PRICELESS

  汤姆·索亚实验驳斥了所谓"每一种体验都可以归类为积极或消极"的常识。是的，这世上有可怕的经历，也有辉煌的经历。可大多数的体验是好坏参半的。去巴黎旅游是件好事吗？哦，当然，人人都立即表示肯定。这是因为所有人都那么说，也因为它要花好大一笔钱。假设去巴黎旅行免费，而且自此以后永远免费。那你这个周末会去吗？下个周末呢？

  汤姆·索亚天真的小把戏成了 21 世纪的头等商业模式，它叫作 Web 2.0。靠着尊称为"用户生成内容"的东西，谷歌、YouTube、Facebook 和 Twitter 变成了价值数亿美元的企业。所有这一切都建立在如下前提下：**用户愿意免费做值得的"工作"**（新闻、电影、政治评论）。有些人赚了很多钱——我是说有些人，但不是那些忙着粉刷互联网围栏的人。

第21章
房价一定要定得比市值高

　　玛格丽特·尼尔（Margaret Neale）最有名的一个实验把房地产经纪们气坏了，连她自己的亲妈也坐不住了。尼尔想看看锚定效应在房地产市场上管用不管用。

　　1982年，她来到亚利桑那大学，对讨价还价的心理产生了兴趣。她说："当时的谈判奄奄一息，心理学家和经济学家互相都不说话了。"尼尔把自己埋进了卡尼曼、特沃斯基、希勒尔·艾因霍恩（Hillel Einhorn）和罗宾·贺加斯（Robin Hogarth）的著作里。她意识到，决策心理学可以成为有力的谈判工具。

　　她解释说："我们当时的论点是，谈判里没太多可以改动的东西，你面对的形势改不了，它铁板钉钉一样地存在着。我们知道，倘若有未来，人的行为会有所不同。"（也就是说，当他们知道跟谈判对手还会有进一步接触的时候）。"可你谈判的时候，没法选择是否还有未来，也没法选择谈判对手的个性。它就是那样，已经确定了。你能改变的只是自己采用的认知视角。"

无价
PRICELESS

"从前，尼尔和我每天都一起吃午饭，"同事格雷戈里·诺斯克拉夫特（Gregory Northcraft）说，"我们坐下来，看到了日常生活和研究工作存在的千丝万缕的联系。"联系之一是锚定效应和房屋价格。诺斯克拉夫特和尼尔分别买了自己的第一处房子。诺斯克拉夫特说："我们都有这样的体验：最初看到房子的时候，不知道对这房子该怎么想，要等看了报价之后才有个念头，要是价格比较高，我们往往会着重去看它标价之所以那么高的地方，要是房价比较低，我们的着眼点大多会放在能够解释它为什么价格低的地方上。"

他们意识到这就是锚定。他们还知道，对卡尼曼和特沃斯基的发现能否应用到重大经济决定上，经济学家们持怀疑态度。据说，市场力量将规定出合理的价格。

诺斯克拉夫特告诉我："看待这一点，有两种方式，一是，当信息很少的时候，试探和偏见会产生重大影响。如果你没有任何其他信息，就只好往自己的魔法口袋里掏一掏，找出个东西来顶事儿。不过，当你进入一个细节丰富的真实环境，那儿有好多其他东西可注意，所以不需要思维上的捷径。二是，当你进入一个细节足够丰富的环境，可用的信息多得压死人。这为试探和偏见登上舞台提供了第二条路线。要是你有太多的信息，它们就帮你筛选信息。"

诺斯克拉夫特和尼尔从美国国家科学基金会申请资金，以便在现实世界里对试探和偏见进行检验。他们勾勒了三个可能的研究方向：房地产、商务谈判和法律判决。等申请一获准，他们就从房地产入了手。

两人的目标是看看锚定效应是否会影响图森市场上真实房产的感知价值。要做到这一点，他们得找个房地产经纪借所房子用在实验里。尼尔让当房地产经纪的母亲给些建议。母亲把人脉关系网的作用渲染了一下。她说，经纪们很乐意结交教师。图森市房地产信托公司的经纪马丁同意两人使用她手里的一处房产。

| 第二部分 |
魔术般的价格骗局

价格实验

被试是商学院 54 名大三、大四的学生，还有 47 名当地房地产经纪。对于房地产专业人士来说，图森市场是他们的衣食父母。他们平均每年购入或卖出 16 处物业，在本地有着 8 年以上的从业经验。

诺斯克拉夫特把被试带到家里，让他们随意检查。被试将得到普通买家能接触到的所有信息，比如周围最近出售的房子的清单，一个装着本处房子以及周围所有待售房屋的"多重上市服务"（Multiple Listing Service）[①]表单的包裹。接下来，被试要估算房子的价值。实验里的一个变量是标价。4 组被试得知的标价都不一样。

在诺斯克拉夫特开车把被试们带去房子的路上，碰巧来了一场倾盆大雨，被试们拒绝下车。

他们找了个阳光明媚的日子打算再试一次。可惜，数据还没收集齐全，房子已经卖掉了。两人只好请求换一处房子。两所房子的结果类似。前一年，这处房子的鉴定价是 13.5 万美元，挂牌价是 134 900 美元。不过，实验里没人看到这个价。被试们听到的 4 个虚构价格是：119 900 美元、129 900 美元、139 900 美元和 149 900 美元。

两位研究者要房地产专业人士和学生们以 4 种不同的方式给房子报价。他们要扮演住房鉴定师，给一个公正的评估值；假装成代理经纪，提出一个合适的挂牌价；把自己想成是买家，提出一个愿意支付的合理价格；最后，扮演卖家，报出一个自己愿意接受的最低价格。所有的 4 种做法都表现出类似的锚定效应。

[①] 美国的一种房地产销售模式。

无价 PRICELESS

诺斯克拉夫特说:"人们往往把科学说成是一种非常系统化、干净、无菌无毒的过程,可这次研究证明,良好的科学并非如此。"

表 21-1 是买家对合理购买价的估计值。

表 21-1　买家对合理购买价格的估计值

挂牌价（美元）	估计购买价（平均）	
	学生（美元）	房地产专业人士（美元）
119 900	107 916	111 454
129 900	120 457	123 209
139 900	123 785	124 653
149 900	138 885	127 318

请记住一点,所有这些数字都是针对同一所房子的。对业余组的学生们来说,挂牌价提高了 30 000 美元（从 119 900 美元提高到 149 900 美元）,他们对房子价值的平均估计值也提高了将近 31 000 美元。他们明白买入价会比挂牌价低。但挂牌价每增加 1 美元,他们对房子价值的估计也就增加 1 美元。

信任执牌专家的人想必会很高兴:房地产专业人士受虚假挂牌价的影响较小。对专业人士来说,挂牌价提高 30 000 美元,他们的估计值只提高了 16 000 美元。挂牌价应该完全不影响专业人士才对。最先说市场决定价值、价值跟卖家没关系的不就是房地产经纪吗？卖家大多不是专家,可能有着完全不切实际的期待。经纪工作的一部分就是了解市场价,（买家的经纪）并指点客户远离价格太高的房产。

职业的房地产经纪怎么可能这么容易犯错呢？诺斯克拉夫特说:"我觉得,在很多领域,有经验的人就觉得自己是专家了,实际上两者的不同之处在于,专家们有预测模型,有经验的人则只有不一定能预测的模型。"

只有在存在反馈的情况下,经验才是管用的。就算房地产经纪把房子以过高或过低的价格出售,也很少会有确凿的证据能够证明他弄错了该产业的价格。

诺斯克拉夫特和尼尔认为,"对这类判断"专业人士或许掌握了更多相关处置方式的知识，与其说反馈纠正了判断本身的精准性，倒不如说它纠正的是对判断过程的描述（以便描述跟惯例相吻合）。就这类判断任务，我们或许能指望专业人士比业余选手做得更好一些，但平均而言，他们的判断是类似的。"

房地产专业人士和学生之间有一个明显的区别。37%的学生承认，他们考虑到了挂牌价。但这么说的房地产专业人士只有19%。诺斯克拉夫特和尼尔顽皮地评论说："房地产专业人士否认在对房产估价时考虑到了挂牌价，既有可能是因为他们没意识到这一点，也有可能是因为他们不愿当众承认自己依赖了一件不恰当的证据。但目前，这一点还是个悬而未决的问题。"

实验开始之前，一个经纪顾问小组告诉诺斯克拉夫特和尼尔说，的确存在"可信地带"。跟评估价相差超过5%的挂牌价一眼就看出来了，因为它"明显存在异常"。实验的两个中间价格（129 900美元和139 900美元）刚好处在这个区间之内。它们跟评估价刚好差了近4%。而最高和最低的两个价格，跟评估价相差近12%，房地产专业人士理应拉响警报器。

可惜没人这么做。跟更可信的挂牌价139 000美元相比，经纪们在看到异常挂牌价149 900美元时，对房子价格的看法提高了将近3 000美元。学生们的估价更是高了将近15 000美元。

"这里的问题是，决策过程的弹性到底能有多大，又是否存在某种现实的制约，能控制这类过程受影响的程度，"诺斯克拉夫特和尼尔写道，"举例来说，是任何挂牌价都能影响一处房产的感知价，还是挂牌价必须可信，人们才会考虑它，从而影响自己的价值估计？本次研究对现实制约一说的支持极为有限……"

该实验发表在1987年《组织行为和人类决策过程》（*Organizational Behavior and Human Decision Processes*）的一期上，引起了强烈反响。该实验为锚定效应的现实性提供了所需的证

> 哪怕是对一件拥有市场价值的东西来说，挂牌价造成的锚定效应也仍极为有力。

无价
PRICELESS

据，引用它的学术论文超过了 200 篇。

最无动于衷的倒是房地产经纪。研究人员向一组参与此事的经纪说明了研究的结果，"他们完全不接受，"尼尔回忆说，"他们反驳说，'你拿统计数据怎么说都可以。可它不是真的。'"

要是你因此得出个"房地产经纪都是骗子"的结论，那你可就错了。经纪确实比缺乏专业知识的学生更不容易受锚定效应的影响。这个实验真正想探讨的是人类的意识如何从现实生活中无处不在的丰富数据里得出数字。它说的不光是房地产经纪，而是我们所有人。（我提醒诺斯克拉夫特，有人对他 1987 年那篇论文里的房地产经纪做了些尖酸苛刻的评论，他说，"如果是我，我大概会说，做个人没什么好羞耻的"。）

美国亚利桑那州的实验提出了一个重要主张：哪怕是对一件拥有市场价值的东西来说，挂牌价造成的锚定效应也仍极为有力。诺斯克拉夫特得出结论：可信价格区间的范围比大多数经纪想的要宽泛得多。此外，没有任何理由认为，高于估价 12% 就能限制策略化的锚定。它纯粹只是研究人员敢在本次实验中尝试的最高数字而已。

尼尔开玩笑说，她的同事们都跑来读这篇论文，为自己卖房子寻求建议。但它并不是一幅完整的蓝图。众所周知，卖家得在要价和挂牌叫卖的时间中做出权衡。挂牌价较高固然有好处，可要价过高，找买家的时间也长，这方面的成本自然相对较高。房地产经纪毫不介意指出这一现实情况。

"打那以后，我们开始着手研究这样一个问题：价出到什么程度，就变得荒唐了？"尼尔说。在精神分析实验室，荒唐不一定有什么关系。哪怕数字看起来荒谬，锚定效应也照样管用。可买房子的人很少会去看价格超出自己承受范围的物业。"对于'你总可以降下来'的说法，市场可不买账。"纽约房地产经纪戴安娜·萨奇（Diane Saatchi）谈及 2008 年房地产市场崩盘时如此解释。定价合理的房子几个月都无人问津，还想把价格定得远远高于市值？没多大可能吧？

PRICELESS
第 22 章

卖了安迪·沃霍尔的海边别墅

2000 年，电影导演、美国近代艺术家安迪·沃霍尔（Andy Warhol）的业务伙伴，保罗·莫里西（Paul Morrissey）把自己在美国蒙托克（Montauk）的房产挂上了出售的招牌。

1971 年，他和沃霍尔以 22.5 万美元的价格，买下了一处 22 英亩[①]大小、名为"恩索"（Eothen）的物业。沃霍尔从没去过那儿——海风轻轻一吹，他的假发就要上天了。在其鼎盛时期，恩索招待了从杰奎琳·奥纳西斯到滚石乐队的各路豪杰。沃霍尔于 1987 年去世后，他的基金会把 3/4 的空地捐给了大自然保护协会，作为动植物保护区。莫里西卖的是剩下的部分，占地 5.6 英亩的 5 座房子，能停 3 辆车的车库，一处长达 600 英尺[②]面朝大西洋的平整海滩。

按美国东区房地产的标准，恩索是一处独特的物业。它建于 1931

[①] 1 英亩 ≈ 4 046.86 平方米。——编者注
[②] 1 英尺 ≈ 0.30 米。——编者注

无价 PRICELESS

年，主人是爱好打猎的艾禾美（Arm & Hammer）公司的继承人。当时，恩索古朴的木头墙壁上挂满了鹿头鱼骨标本。沃霍尔和莫里西从没改变过这夸张的装饰。房间小，从没升过级——有人说那房间是给"小矮人"住的。对买得起它的人来说，这地方可没什么吸引力。

但这些东西也可以从另一种角度来看。"想必大家都可以理解，跟沃霍尔挂了钩，是这地方最大的资本。汉普顿的买主们，跟以创纪录的价格买下沃霍尔画作的是同一批人。"莫里西若有所思地说，"希望能找到一个保存这地方的买家。"

由于正负因素混杂，评估恩索的市场价成了一件棘手的事情。莫里西要价5 000万美元。地产行业的人觉得这也太夸张了。东区的买家们想要的是"绸缎床单、制冰机、左右对开的高级冰箱、液晶平板电视、室内游泳池"，房地产经纪保罗·布伦南（Paul Brennan）告诉《纽约时报》，"要是他愿意以2 500万美元卖的话，我可以帮他来卖。"

这样看来，莫里西要了一个两倍于现实价的数目。这个锚点比诺斯克拉夫特和尼尔实验中用的那些可大多了。莫里西并非没耐心的人。他把恩索的出售牌在市场上挂了7年——这么长的时间，没有哪个心理学家耗得起。莫里西不着急，因为他每年夏天都用着恩索，还把房子租出一部分以弥补支出。随着时间的推移，他降价到4 500万美元，而后又降到了4 000万美元。显然，直到后一次降价（2006年夏天），他才开始有了些真心的主顾上门。4 000万美元的价格仍然离可信区间比较远（比布伦南建议的挂牌价高了60%），但在旁观者眼里，

> 高挂牌价能提高对价格的感知。

它已经不那么吓人了。2007年1月9日，莫里西跟时任J.克鲁的总裁米奇·德雷克斯勒（Mickey Drexler）交易成功，成交价是2 750万美元。"他看起来是个了不起的家伙，立刻明白了它的价值，"莫里西评价德雷克斯勒说，"他有心让这里保持原样。"

为了得到一个好价格，客户把房产一直搁在市场里——这是房地产经纪的噩梦。房地产经纪的薪水不是按工作时间来算的，他们宁肯早出手，也不愿干耗着。他们甚至弄出好多吓人的故事，以向买家们证明这样的偏好有道理。有

人说，房产报价过高，就会成为破损商品。等它真正被卖出去，也肯定是贱卖，不会卖出什么高价。

有人会说，莫里西把价格定得那么高太蠢了，全能又聪明的市场会让不切实际的卖家吃一脑门子的灰。可恩索这笔买卖似乎跟诺斯克拉夫特和尼尔的实验结果挺一致：高挂牌价能提高对价格的感知。恩索的售价比房地产经纪布伦南 2 500 万美元的建议挂牌价（这个报价只比房子卖出早了 4 个月）高了 8 个百分点。报价 2 500 万美元，意味着卖家可能在 2 300 万美元左右就愿意卖掉。故此，莫里西用一个高到荒谬的锚点，多卖了 450 万美元（20%）。

大多数把价格定得很高的卖家完全是真心希望卖到那个价。但他们注定是要失望的。锚定效应并不是说"你要多少就能得到多少"，它说的是"要的越多，你得到的越多"。要想锚定成功，卖家必须设定一个高价格，但并不指望真能卖到那么高。

能待价而沽整整 7 年，让辛苦为自己忙活的房地产经纪望而生畏，这样的家庭不会太多。这里有一种能让你鱼与熊掌兼得的办法。那就是使用被叫作广告参考价（Advertised Reference Pricing，简称 ARP）的小把戏。

长久以来，折扣商店就使用广告和价格标签，把本店的价格跟另一地方或另一时段更高的参考价格相比较。更高的价格其实就是锚点，它提高了产品的感知价格，并形成了有利的对比。出于同样理由，商店在清仓打折的时候会留着原来的价签，故意让顾客看见。

> 锚定效应并不是说"你要多少就能得到多少"，它说的是"要的越多，你得到的越多"。

科罗拉多大学专攻心理定价的营销研究人员唐纳德·利切坦斯泰因（此人跟萨拉·利切坦斯泰因没血缘关系）解释说："今年夏天，我去买网球拍，我去体育用品商店看了许多球拍。比较价格的时候，我把广告参考价看得跟买入价一样重。这套把戏我知道得很清楚，可我就是没办法控制自己。"

这就是参考价格的阴险之处。人人都知道它们不可能行得通！可诚如唐纳德在 2004 年的一次讲演中所说的：

> 广告参考价管用，大量研究表明它们管用，零售实践和反馈也表明它们管用。这不是什么新鲜事儿——而是一件众所周知的事儿。要是我宣传自己的售价是，比如 29.95 美元吧，再配上个广告参考价 39.95 美元，这样的话，大多数情况下，较之没有 ARP 的情况，销量会有相应的提高。随着我把广告参考价提高到 49.95 美元，59.95 美元，再到 69.95 美元，销量可能还会增加。可要是 ARP 设在 129.95 美元呢？329.95 美元又如何？好吧，再增加点儿乐子，5 000 美元怎么样？

唐纳德和其他人做过实验，研究参考价能提到多高。1988 年的一份报告说，消费品的参考价格和感知价格几乎呈直线关系，哪怕参考价比正常的市场价值高 2.86 倍也是如此。这就相当于一件 279 美元的东西，广告里说它在别的地方卖 799 美元。唐纳德说："就算广告里的价格完全不可信，你对这样东西该值多少的认识也会受其影响。"

7 年来，恩索臭名远扬。在蒙托克的房屋买卖聚餐和酒会上，总有人对着那头 5 000 万美元的"大笨象"议论纷纷。莫里西把价格减到 4 000 万美元之后，5 000 万美元的价格并没有随之消失。我可以向你保证，每个买家都听说过这处房产最初的挂牌价是 5 000 万美元。在有意无意之间，这成了一个广告参考价。最初的报价仍然拉高了估计价值。买家德雷克斯勒显然清楚 5 000 万美元和 4 000 万美元都是吹牛讲大话的。但要是他跟实验里的被试一样，那他肯定觉得自己做了一桩好买卖。在房地产市场上就跟在 J. 克鲁的商店里一样，谁都难以对 45% 的折扣视而不见。

倒卖房子的人有个惯用手法，先在短期内把房子挂一个非常高的价格，然后在卖家和经纪的耐心容忍范围内，把它降到合理的水平。之后，挂牌价上便可以"诚实"地提到最初的价格（原价为多少多少）。利用这种手法，只需把房子的挂牌周期稍微延长几天，就很有可能斩获锚点价格的大部分好处。

这类做法是否合乎道德，留给你自己去判断。这里还有一种略微迂回的伎俩：

> **价格实验**
>
> 卖家 A 把房子挂牌出售，然后说服邻居 B 在若干网站上发帖，说邻居 B 的房子正由房主自售。邻居 B 并不真心想卖，她标出一个高到荒唐的价格（要是真有人愿意出那么多，她倒也会欣然接受）。关键是要让卖家 A 的房子显得像是笔划算的交易。

Zillow 网站有一个"打动我"的功能，房主们可以为自己的产业标上幻想中的价格，哪怕它并不是为了招揽生意。凡是用过 Zillow 的人都知道，这些"打动我"的价格荒唐得很。然而，买家搜索在售住房时，这些幻想出来的"打动我"价格也会列在地图上。这不禁叫人很好奇，它们是不是有什么对比效应，能帮忙出售附近的房产。

卖房子的人使用锚点或参考价格的并不多，因为他们觉得买家肯定很精明，不会这么容易上当。唐纳德把参考价效应跟某种都市传说做了比较。有一回出现了这样一个流言：麦当劳的汉堡里有蚯蚓。部分地区麦当劳的销量随之猛跌了 30% 之多。其实，几乎没有任何人会相信这样的谣言，30% 的公众并不相信一家大企业会为了在牛肉上省几个小钱就拿自己价值数十亿美元的品牌冒风险。问题是，哪怕是没人相信的事情，也仍然会影响人们的行为。

第三部分

挥舞价格的魔棒

- 为什么议价时一定要抢先报价，而且一定要"狮子大开口"？
- 为什么如此强硬的杰克·韦尔奇会在离婚大战中败下阵来？
- 为什么一颗头骨会拍出上千万的高价？

第23章
抢先报出你的价格

"**锚**定不是什么稀奇事儿，"卡尼曼说，"它在谈判中很管用，先报出你的数目能带来优势。"对于交易者来说，这个简单的规则或许是价格心理学中最重要也最容易应用的规则了。谈判里指定的第一个数字无声地扭转了另一方对付出或接受的期望值。实地研究和学术实验都为这一论点提供了证据。决策心理学家似乎毫不怀疑它适用于真实世界的可行性。然而，把这条规则传达给商人却是难上加难。按尼尔的说法，问题在于管理人员对锚定信不过，觉得它是骗小孩儿的东西。

说到底，商业谈判人员要比购买花生酱的消费者对价格考虑得多得多。在坐下来谈判以前，他们会长时间地仔细思考自己的底价是多少。他们还尝试估计对方的底价以及夹在两者之间的差额。这么想下去，他们就觉得保留底价很现实，自己的底价牢不可破。

> 谈判里指定的第一个数字无声地扭转了另一方对付出或接受的期望值。

未必如此。著名的棘手谈判家塞缪尔·冈帕斯（Samuel

无价 PRICELESS

Gompers）曾被人问到，工人罢工到底想得到什么呢？他的回答是"更多"。谈判人员的一个普遍信念是，只要是有可能要到的东西，他们就会尽可能地多要。价格不是某人单方面地表达想要什么，而是某人认为自己能得到什么。这必然是一种粗略的猜测。大量证据表明，你可以对这种猜测加以操控。

尼尔是斯坦福大学商学院的教授，为《财富》500强企业与各国政府提供谈判技巧咨询。

> 尼尔说："我们花了很多时间向这些真正做决定的人讲述锚点的力量，人们却很抵触。他们说，我不可能受它的影响；我已经做了很多工作，我了解情况。我说，我可以把玛姬放到某个环境下，不设锚点；也可以把她放到完全相同的环境下，再设上锚点。我们的研究能办到这样的事情，你却做不到。这时，我可以比较她行为的差异。两者存在差异，而且是系统性的，所以，锚点有着强大的效果。

显微镜的发明引发了强烈的情绪反应。安东尼·范·列文虎克（Antonie van Leeuwenhoek）发现，能让干渴的旅客重振精神的清澈湖水当中却有着不停蠕动的可怕东西。他看到血液里有微小的粒子（红细胞和白细胞），精液里有像蝌蚪一样的精子细胞，而人类的口腔更是聚集着形形色色的怪物。人人都知道，这不可能是真的。任何一个视力良好的荷兰公民，都可以把手举在面前，从这儿看到那儿。没有人看到过什么细菌。

行为决策理论家向我们展示了一些无法通过其他任何方式了解的东西。生活没有重播键，它从来没法回放，让我们看看要是情况稍有不同我们会做出什么样不同的决定，或是答应什么不同的价格。这就需要实验。

而这些实验的结果往往对自由意志的概念提出了挑战。从本性上看，高层管理者都是强硬的人。当你告诉他们，谁先报出一个数字，就能对他们施加下意识的作用力，对公司的收益造成影响，他们肯定会勃然大怒："像我这么意志强硬的人，绝不会被催眠！"他们确信自己会从经验里了解谈判里什么做法行得通，什么做法行不通。

卡默勒把这叫作"土拨鼠日"。《土拨鼠日》(*Groundhog Day*，又译《偷天情缘》)是1993年上映的一部电影，比尔·默里(Bill Murray)扮演的男主角每天早晨醒来都发现当天是2月2日，他把这一天过了一遍又一遍。默里得以进行一连串的"决策实验"：勾搭妇女，酒后驾驶，甚至自杀之后安然无事。经过多次灾难性的尝试，他终于让生活回到正轨。卡默勒说，这部电影和真实生活之间的区别在于：生活很少给人机会，让人把复杂的因果搭配起来。

以色列本·古里安大学的伊拉娜·里托夫(Ilana Ritov)做过一个实验：

价格实验

148名工程和管理系的学生进行模拟谈判。一半的被试得到买家证章，另一半被试得到卖家证章。游戏的目标是为一种假想商品谈交易，赚取尽量多的利润。每起交易必须指定价格、交货期限和折扣水平。被试们商谈出一套盈利方案，通过它来判断自己依照特定的协议能赚多少钱。为了显得真实些，谈判双方并不是简单地把8 000美元的蛋糕对半分掉了事。依据交易的构建方式，买卖双方每人最高可以得到5 200美元。为了得出双赢的解决办法，人们往往要来来回回地磋商。

现实世界里的讨价还价是没有规则的，所以里托夫也没有故意设定规则。任何人都可以跟自己喜欢的人搭伙，只要两人愿意一人当买方，一人当卖方就行。两人均可首先报价。他们可以为自己的报价提出任何理由，并使用任何谈判策略。倘若有人觉得谈了半天是在白费劲儿，随时都可以退出，另寻谈判伙伴。一旦做成一笔交易，两名被试就可以去寻找其他被试，继续做交易，直至用完分配的时间。被试可以尝试让每一笔交易都实现最大利润，要不就"用数量来弥补"。

无价
PRICELESS

里托夫发现，卖家往往会主动接近买家。从某种意义上说，这不禁叫人吃惊，因为游戏极为抽象。没有需要搬来搬去的实际商品，除了名字标签之外，两组人没什么根本上的区别。不过，词语可以为行为钉起框框，被试迅速投入了买方和卖方的熟悉角色。通常，卖方会叫价，买方则还价。对大多数人来说，事情就是这样。

只见树木不见森林，是人们常犯的错误。里托夫的实验得以揭示一些谈判者本身看不清楚的东西：抢先报出己方数字所蕴含的力量。**平均而言，先报价者赚的钱更多，初始报价越高，赚钱越多。**

这一点可以清楚地从里托夫 1996 年发表在《组织行为与人类决策流程》中的论文所附的图中看出。图 23-1 以横轴标示的是初始报价，纵轴上标示的则是最终约定价。纵横两轴的出价都以发起者的利润来表示。每一个点均为达成的交易。重要的不是个别的"树木"，而是"森林"的形状。点群大致上顺着一条向上倾斜的直线分布。换句话说，你要的越多，得到的也越多。

对任何一桩交易的任何一方被试来说，最高利润是 8 000 美元。最低利润是 0。不少发起人一开始就来了个狮子大开口，直接就要 8 000 美元。上图右侧密集的点群便表示这种情况。"贪婪"的开价给对方留下的利润空间很小，甚至干脆就没有。

可是，狮子大开口却没有什么明显的负面因素。尽管最终没有人赚到 8 000 元的利润，可最初开出这个价的人赚到的和开价较低的人一样多，说不定还更好一些。

> 初始报价对另一方越是优惠，对方的最终利润就越多。

另一点发现更叫人惊讶。非发起者一方的利润表跟图 23-1 看起来差不多。初始报价对另一方越是优惠，对方的最终利润就越多。这就凸显出发起者对双方命运所具有的决定性意义。

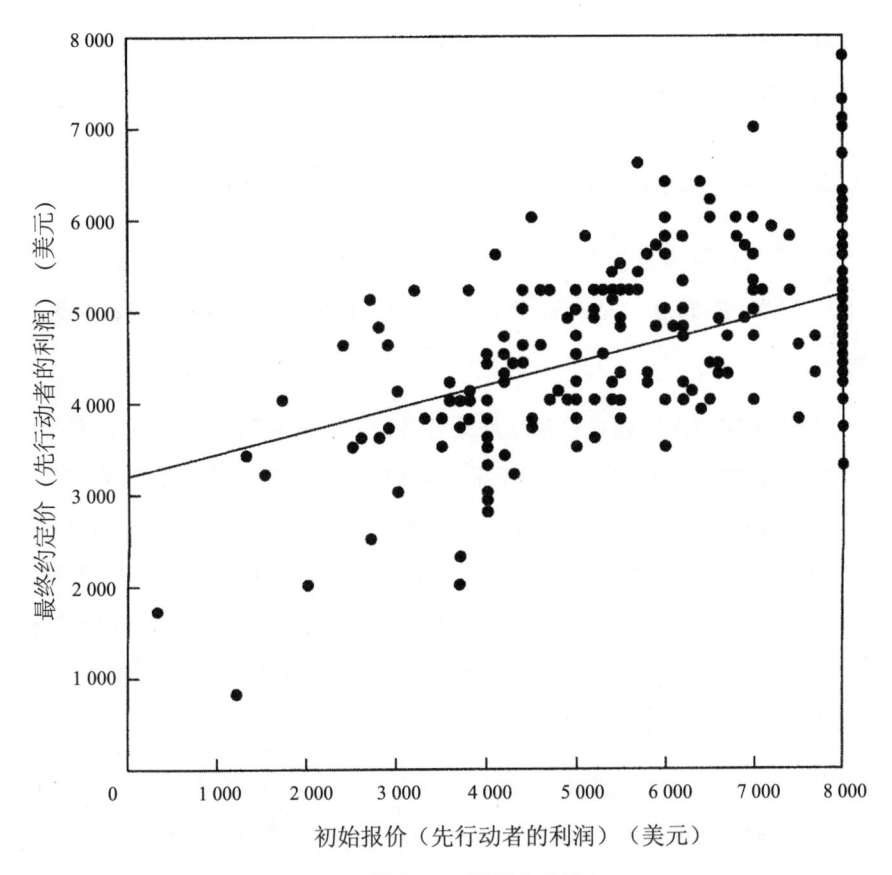

图 23-1 里托夫实验

房地产业是由卖方要价的。买方对这一点没什么办法可想。在不少其他环境中，待价而沽是一种先发优势。工资谈判往往如此。

大多数提出薪水谈判要求的员工都觉得自己处在不利的地位上。大公司每年要面试上千名申请工作的人。它会开出数百种薪资条件，看看有多少人接受。这令雇主对当前市场环境有着很好的直觉。普通的求职者同企业面谈的次数并不多，他只能猜测自己的当前市场价值。要价太低，你是在自欺欺人；要价太高，又显得自己太愚蠢（还有可能错过自己喜欢的工作）。难怪许多求职者会采用以下策略：

无价
PRICELESS

- 让雇主先开价；
- 不管雇主开价多少都说它不够；
- 要求多加 20%；
- 要是雇主增加 10%（或者你心目中的理想百分比）以上，就答应下来。

如果采用这种方法，那么，无论雇主最初的开价是多少，只要最后增加了 10%，你就能满意。这意味着，较之典型的被试，你加倍地成了锚点的奴隶。

先报出数字的人所确立的锚点是最有力的。任何人都不应主动放弃这样的机会。幸运的是，现在求职者要调查自己的价值比以前容易多了。Salary 等网站会问你几个问题（岗位名称、教育水平、经验年限、邮政编码），而后为你生成薪水钟形曲线。比如，你可以从中得知，90% 的同类工人的收入少于 73 415 美元。诚实地回答网站的问题，然后找出百分比排名为 90 的那个数字（即 90% 的人拿的薪资是多少），它会是一个很得体的锚点（初始出价）。你可能拿不到那么多，但至少招聘的家伙不会在办公室里嘲笑你。

谈判中可能出现的最糟糕情况是对方开出一个完全无法接受的价码。此时，巴泽尔曼和尼尔认为，有必要"重抛锚点"——要求从头开始。《理性谈判》(*Negotiating Rationally*) 是他们为 MBA 课程合写的通俗教材，二人在书中警告道："面对初始报价，以建议调整作为回应，就给了锚点某种程度的可信性……以退出谈判作为威胁，比答应一个无法接受的起始点更合适。"

反对价格锚定概念最常见的说法大概是，只有傻瓜才上它的当，我这么聪明，肯定不会中招，跟我打交道的那些人也一样。

2008 年，德国劳动研究协会（German Institute for the Study of Labor）的乔戈·欧切斯勒（Jorg Oechssler）、安德烈·罗伊德（Andreas Roider）和帕特里克·W. 施米茨（Patrick W. Schmitz）检验了这种看法。他们找来 1 250 名被试回答一份"认知反射测试"（Cognitive Reflection Test，简称 CRT），这是一种迷你 IQ 测试，只有 3 道题。问题都是典型的脑筋急转弯。你也不妨试试看，回答以下 3 道题

（先别看答案）：

1. 球棒和球一共是 110 美分。球棒比球贵 100 美分。请问球是多少钱？
2. 倘若 5 台机器生产 5 个零件要 5 分钟，那么 100 台机器生产 100 个零件要多少分钟？
3. 湖里开着一片百合花。百合花丛的面积每天都翻倍。假设它覆盖满整个湖面要 48 天，覆盖湖面一半需要多少天？

欧切斯勒的团队把被试分为两组。答对两道题及以上的人属于慎思组，得零分或只答对一道题的人是冲动组。（要想知道你属于哪个组，我在这里附上正确答案：5 美分；5 分钟；47 天。）

两组人还回答了关于锚定的问题。慎思组和冲动组对锚定的感受性没什么区别。事实上，研究人员发现，较之冲动组，慎思组受锚定效应的影响还稍微多一些，只不过这没什么统计上的意义。

对聪明又慎思的人来说，一个数字或一个假设性问题就能引发丰富的联想。他们对答案思考的时间越长、越用力，初始想法的曝光量也就越大。这似乎抵消了额外思考带来的准确性优势。

第24章
让对手注意力不集中

"每当我给谁修什么东西的时候,"地产商人唐纳德·特朗普(Donald Trump)有一回吐露内情道,"我总是在原价上多加5 000万美元或6 000万美元。我的手下进来,他们说成本是7 500万美元。我说成本是1.25亿美元,但给我1亿美元我就答应修。基本上,我做的是桩下流事儿,可他们却认为我做得很棒。"

不是只有特朗普意识到了两个数字所具有的魔力。来看看巴泽尔曼、萨莉·布朗特·怀特(Sally Blount White)和鲁温斯坦设计的新型最后通牒博弈吧!

价格实验

他们要一组响应者指出10美元里自己最低愿意接受的是多少钱。平均答案是4美元,这很典型。

接着,他们向第二组响应者出示两个报价(比如3美元和2美元),而非通常的一个。响应者可以接受其中任何一个,或是两个都拒绝。

| 第三部分 |
挥舞价格的魔棒

> 这极大地改变了人们的行为。有了选择余地之后,响应者更容易接受较高的那个出价(本例中为3美元),而不是否决它。请记住,第一组里的绝大多数人都说自己会否决3美元的出价(或是这么说,凡是低于4美元的出价都不接受)。这就是说,当3美元是唯一的出价时,人们会否决它;可当2美元的出价也摆上桌以后,人们却愉快地接受了3美元。
>
> 巴泽尔曼的团队检验了不同的两两出价。他们发现,人们接受的最低报价平均为2.33美元(只要它跟另一个报价比起来更高)。在这种情况下,两两出价造成了很大的影响。响应者愿意接受的价格低了40%,只因为它是两个报价里较高的那个。

为什么会这样呢?显然是对比和误导造成的。在标准的最后通牒博弈中,要是提议者对响应者开价3美元,响应者会用它跟提议者自己留下的7美元做比较。跟7美元一比,3美元显得很少,于是触发了不公平,甚至愤怒的感觉。可当桌子上有两个出价时,人们的注意力就转移到甲比乙好上面去了。至于说这两个报价跟提议者能得到的份额相比起来差很远,人们已经没有多少心力去顾及了。到了做选择的时候,当事人会这么想:要哪个呢——3美元,2美元,还是什么也得不到?

卡默勒、鲁温斯坦和普雷莱克写道:"不管是认知还是感情,自动流程都是大脑的默认操作模式,它们随时都在呼呼作响,甚至连我们做梦的时候也照常运转,构成了大脑里的大部分电化学活动……例如,注意力便主要有自动化流程控制,反过来,注意力又决定了我们吸收了什么样的信息。"兴许,在你报税的时候,棒球飞来砸烂了窗户,你并不是"决定"要抬起头来看看是怎么回事,它是自动的反应。

神经科学正开始描绘细节情况。大脑的底部有一团灰色的小肉球,叫作杏

187

无价
PRICELESS

仁核。它的作用之一是充当"看门狗",专门监测可能的威胁,哪怕你当时的关注焦点放在别的地方。在实验室研究中,杏仁核能"看到"周边视觉范围里的东西,这些东西,大脑更审慎的部位反而是看不见的。

很早以前,魔术师就在利用这种潜意识机制来指引飘忽不定的注意力关注点。他们知道,观众很快就能适应所见所闻,并主要根据对比或变化做出反应。按变魔术的学问,想实现误导,最好是趁着物体在移动而非静止的时候;趁着它活生生而非死气沉沉的时候;趁着它刚刚出现而非先前就在舞台上的时候;趁着它陌生而非熟悉的时候。一阵青烟腾起,打扮夸张的助手突然出现在舞台上,此刻,魔术师借着掩护把兔子装进了帽子。耍魔术的一大真谛就是"大动作掩盖小动作"。想让人把注意力从一个可疑的小动作上偏离开去,就要做一些加倍可疑的大动作。两相对比,小动作似乎就没那么可疑了,于是就会被忽略。这个简单的诡计竟然管用,因为人的意识总会把飘忽的知觉融入对周遭世界的幻想中,将它们整合成一幅完美的、无缝的、实时的地图——整个过程类似谷歌地图将卫星在晴朗日子里拍下的数千幅照片拼合成世界地图一样。谷歌地图中万里无云的地球只是一种幻想,同样道理,以为我们眼睛看到的东西都可信,也是一种幻想。

魔术就是在自由意识的幻觉上做买卖。因为观众没有觉察到心理操控令他们把注意力放在A、B、C而不是X、Y、Z上,他们相信自己看到了所有重要的东西。当然了,只要他们选择不去看助手被刀劈成了两半,他们本来是能够看到一切的。当今的行为决策理论家倾向于以同样的道理看待讨价还价和价格设定。擅长此道的人,其实也擅长利用伙伴受限的注意力和有限度的理性。

双重出价的最后通牒博弈,就类似"桌上有死狗"和"红脸白脸"一类的古老技术。精明的谈判者有时会提出一个他明知对方绝不会接受的出价(俗称的"死狗")。他坚持一会儿,然后重新考虑,提出另一个于对方更有利的出价。比较起来,新的出价好极了,于是对方迫不及待地接受了它。搞定!其实,新出价是谈判者早就盘算好的——要不是这么做,对方是断然不会接受的。

| 第三部分 |
挥舞价格的魔棒

还有一种做法，谈判小组里的一名成员（也就是"白脸"）开出了"死狗价"。等他去洗手间的时候，他的合伙人，"红脸"向对方表示同情，并透了口风，应允给些更慷慨的条件。白脸回来了，跟红脸闹起了矛盾。最终，红脸胜出。对方高兴地接受了他的提议（这正中红脸、白脸的下怀）。

巴泽尔曼的研究小组发现了这些选择的类似效果。以下选项，你愿选哪个呢？

(a) 自己留 400 美元，给对方 400 美元；
(b) 自己留 500 美元，给对方 700 美元。

若将上述二选项单独列出，看到 (a) 的被试认为它可以接受；看到 (b) 的被试认为它不怎么好。(b) 选项中对方比己方更好这个事实，是搞砸交易的元凶。

可要是把两个选项一并列出，绝大多数人（78%）选了 (b)。通过直接对比，人们看出，凡是选 (a) 的人，就等于自己罚了自己 100 美元。选项 (b) 对双方都更有利。

在这种抽象情境中，除非跟别的东西做比较，否则被试无从判断某个报价是否"可以接受"。增加的第二个选项改变了他们的注意焦点。

巴泽尔曼请西北大学凯洛格商学院的 MBA 给一桩假想中的工作机会打分（20 世纪 90 年代中期的美元币值）：

工作甲：4 号公司提供一年 75 000 美元的薪资。众所周知，对所有刚从顶尖商学院毕业的 MBA，这家公司都开价 75 000 美元；

工作乙：9 号公司提供一年 85 000 美元的薪资。众所周知，对其他从凯洛格商学院毕业的学生，这家公司给 95 000 美元。

对雄心勃勃的 MBA 来说，工作乙无异于赤裸裸的侮辱。若一前一后地罗列甲、乙两个工作机会，大多数 MBA 都拒绝工作乙而倾向于工作甲。可要是

189

无价
PRICELESS

同时罗列两者，他们又都倾向于工作乙。不管公正的价值是多少，放弃额外的10 000美元薪水都不值得。

这一发现颇值回味，因为我们其实很少有机会选择，而只能一前一后地评价工作机会。它们是一个接着一个来的。接到一个工作机会，你会有几天时间来做决定：薪水够不够好呢？我接受它，还是继续找呢？在这种情况下我们所做的决定，跟工作机会同时出现、能从两者或三者中挑挑选选时所做的决定不一定一样。

巴泽尔曼、怀特和鲁温斯坦认为，所谓的公平也有黑暗的另一半："归纳到一起，我们的研究表明，在孤立评价结果时，人们往往更注重人际比较，而不是最大化个人所得的结果，上述实验结果暗示，倘若是逐一做出政治决策，人们就有可能把公正感当成决策的基础。不管是对他们自己，还是对整个社会来说，这样做都不尽理想。"

PRICELESS
第 25 章

喝喝小酒，好做生意

黎塞留公爵（Duc de Richelieu）①说过，多来一瓶约翰山堡（Johannisberg）顶级白葡萄酒往往能改变帝国的命运。美国企业显然同意这个说法。为了拉拢、款待客户和商业伙伴，每年它们大概要花掉 200 亿美元。这大概占了酒类零售市场 12% 的份额。此举绝非白白慷慨。酒精能以自己的方式带来回报：让客户和供应商达成原本难以达成的交易，给出比清醒时更优惠的价格。所谓的"试探气球"多是靠着酒精相伴才提出来的，有时，交易大纲干脆是在鸡尾酒会的餐巾纸上勾勒的。只要是"正常且必要的"，美国国税局允许企业和个人从应缴税额里扣除酒精饮料"款待费用"。而对于酒精"正常且必要"，似乎没有人表示怀疑。

在经济衰退的时候，靠酒精润滑做成交易是万万少不了的。2008 年，纽约房地产市场沉了底，普天寿道格拉斯地产公司（Prudential Douglas Elliman Real Estate）在带高净值客户看房的时候，为他们免费提供泰斯卡和拉加维林威士

---

① 法国贵族，在路易十三时代担任过首相。

无价
PRICELESS

忌——这两种酒的市场价,前者是60美元一瓶,后者是77美元一瓶。一位销售员工说,"一小杯波旁酒"对销售很有好处,他颇有信心地认为,酒类预算能够获得补偿,甚至还有富余。房地产记者克里斯汀·霍赫尼(Christine Haughney)写道:"几杯小酒,能让胆小的交易者站上舞台,也能让他们鼓足勇气,买下数百万美元的公寓。"

这些价格,跟人们在完全清醒时愿意接受的价格一样吗?英国利兹大学和牛津大学的一个研究小组做了一次实验:

> **价格实验**
>
> 让社交性饮酒者在喝酒精或安慰剂后完成一组心理测试,测试中包括若干带有博彩性质的选择题。实验组饮用的鸡尾酒是奎宁水、塔巴斯哥辣酱油和酒精的浓烈混合品,对照组喝的则是纯净水。酒精的饮用量为三大口(因被试的体重而略有差异)。(是的,很难相信被试无法判断自己是在酒精组还是对照组。这是酒精实验长久存在的老问题了:它没法设计出一种可信的安慰剂。)

按民间智慧的说法,酒精让人爱冒险。喝醉了的朋友坚称自己能开车,你非得跟他打上一架才能抢下他手里的车钥匙;赌场里的"免费"酒精鼓励消费者更肆无忌惮地下注。然而,从英国的这次实验来看,在很多方面,酒精组跟对照组并不存在太大的区别。酒精并未抹杀前景理论。不管是喝了酒还是没喝酒,人们面对收益都厌恶损失,面对损失都乐于冒险。两个组人都青睐"P类赌",即胜率更大的赌注。

不过,英国的研究人员发现了一个非常显著的差异。它出现在被试面对涉及巨大损失的利切坦斯泰因和斯洛维克式"艰难"选择时。

如果你想自己试试这个实验,那你需要调三杯饮料。每一杯饮料都用高脚玻璃杯装 3.6 盎司 80% 高纯度伏特加，再用奎宁水掺满至 10 盎司。(3.6 盎司适用于体重 150 磅的人。请根据这一比例适度调整。) 在 15 分钟里把这三杯酒都喝下去。接着等上 10 分钟，回答以下两个问题（我把英国心理学家用的"点数"改成了"美元"）：

问题 1：你会选择哪一个呢？
(a) 50% 的机会赢 10 美元，不然就输 10 美元。
(b) 66% 的机会赢 20 美元，不然就输 80 美元。

问题 2：你会选择哪一个呢？
(a) 50% 的机会赢 10 美元，不然就输 10 美元。
(b) 66% 的机会赢 80 美元，不然就输 80 美元。

写出你的答案！

现在是最重要的部分：在接下来至少两个小时里，别开车、别骑车、别操作机器，也别干其他任何事。

从设计本意上说，两个问题都颇难选择。这里没有最佳答案。两道题的选项（a）是一样的，相当于公平地投了硬币。由于人们对损失的遗憾之情超过了对收益的欣喜之情，所以，从主观上来说，人人都会觉得打这样的赌是损失。两道题的（b）选项均为 P 类赌，我们知道大家喜欢 P 类赌。选择（b），你或许会轻松地赚到一些钱，高高兴兴地抽身而退。

且慢！这儿有一个"包袱"：两个（b）选项都包含了一笔令人担心的 80 美元罚款，这减少了它们的吸引力。故此，对第一个问题（说不定第二个问题也是一样），被试被迫要两相其害择其轻。

两道题只有一个区别。那就是选项（b）中赢取的金额。问题 1 里是 20 美元，问题 2 中则是更为慷慨的 80 美元。依照逻辑，你大概会认为问题 2 里选（b）的人会比问题 1 要多。

事实也正是如此。大多数被试（不管是清醒的还是喝醉的）都选了问题 1

193

的（a）和问题 2 的（b）。然而，清醒组对两道题做出不同选择的人更多。较之酒精组，他们对赢取金额的变动更为敏感。

英国研究小组的整体结论便建立在这一微妙的区别之上。在权衡巨额损失的前景时，喝了酒的人对收益额的权衡能力有所衰减。（b）选项中的收益从 20 美元提高到 80 美元，许多喝了酒的人却并没有改变自己的选择。这好像是因为他们对此并没有注意到。

酒精把人本来就有限的注意范围进一步缩小了，人们给这种现象取了个绰号，叫"酒精近视"。它把理性的界限再度收紧。问题 1 和问题 2 对被试的注意力提出了竞争需求。既然被试要进行选择（而不是指定一个价格），那他们就必须把注意力集中在获胜率上（50% 对 66%）。其次，他们务必要关心不利的风险。选项（b）中有可能损失的最大数额是 80 美元，这比选项（a）中的 10 美元损失要多得多，所以，80 美元的损失吸引了人们的注意。和魔术师的"大动作"一样，80 美元的损失造成了误导。被试首先权衡的是 1/3 的概率输掉 80 美元会有多糟糕，它是否足以推翻对 P 类赌的固有偏好。

不管是对喝醉了酒的人还是清醒的人来说，用在考虑选项（b）收益面上的认知资源都远远不够。因为这里有太多可以变戏法的数字了。喝了酒的被试尤其不堪重负。最终，他们没能给予收益足够的关注。这有时会让他们做出显得冒险的决策，有时还会让他们做出异常保守的选择。

做生意时有太多类似的事情。向潜在客户报价就是一场赌博。你永远没法准确地知道它会涉及多大的工作量：客户的要求有多苛刻，哪些地方可能出岔子，相关的机会是什么样。午餐时来上三杯马天尼就能把复杂的问题变得简单。如果未能反映出所有的相关信息，任何报价都可能是"错"的。要是报价太高，卖方说不定会失去一单有赚头的好生意，可要是报价太低，那就给自己穿上小鞋了。

第26章
通货膨胀背景下的货币错觉

10亿津巴布韦元①买不了与从前一样多的东西。

2008年7月,罗伯特·穆加贝(Robert Mugabe)政府发行了一种100亿津巴布韦元的钞票。它立刻成了收藏家们的追捧对象。可作为钱本身,几个星期里它就差不多毫无价值了。2009年1月,津巴布韦储备银行又推出了一种100万亿津巴布韦元的新钞票。钞票上画有水牛和维多利亚瀑布的图案,据说值30美元。那个时候,几乎已经没人使用津巴布韦币了。据报道,津巴布韦币的通货膨胀率最高达到每年百分之5 000亿。除了印刷的面额越来越大,政府还定期砍掉钞票后面的"0",2008年底就一口气砍掉了13个。不知怎么回事,津巴布韦的货币设计师居然能跟科学记号的禁忌对着干。

津巴布韦到底是如何管理的呢?全世界都在问这个问题,津巴布韦的记者却发现很难向外国人给出一个直白的答案。津巴布韦的经济乱成一团,失业率

---

① 成书时,1津巴布韦元=0.020 7元人民币。——编者注

高达80%，饥荒蔓延。通货膨胀只是普通津巴布韦人要面对的最微不足道的问题。那些侥幸保住工作的人便能应付。他们坚忍克己地接受了自己国家的钱币保质期像牛奶一样短。时间一天天地过去，尽管绝对价格变了又变，价格的相对比率却保持稳定。

第一个研究恶性通货膨胀心理的伟大学者是欧文·费雪（Irving Fisher）。目前，人们重新提起了对这位经济学家的关注。泰勒称赞费雪是行为经济学的先驱，这么做的还不止他一个。特沃斯基在后期写的一篇论文中认为，费雪提出的"货币错觉"概念其实就是通货膨胀时期玩弄的一套认知诡计。

其实对行为经济学家这个群体来说，费雪是怎么也不该当上英雄的。1892年他发表论述，抱怨古斯塔夫·费希纳对经济学界造成了恶劣的影响。他写道："把心理学强加于经济学之上，在我看来这不恰当而且有害。"在20世纪的数十年里，费雪大概是美国最有名的经济学家。公众最初认识他，是他与人合著的那本自我救助畅销书，书名很是真挚：《如何生活》（How to Live）。费雪还是一个成功的发明家，设计了一种索引卡系统，它是旋转抽出式索引卡（Rolodex）的前身。后来，他的索引卡公司跟另一家公司合并成了雷明顿兰德公司（Remington Rand）①，费雪自己也赚了钱。打从在耶鲁大学执教的时候，他就对当今时代的诸多议题发表过意见。他倡导素食和优生学，支持禁酒，凡是你想得到的健康养生法，他都赞成。1919年，为了治疗女儿的精神分裂症，他叫一个庸医切掉她一部分结肠，这一尝试并不成功，他女儿死了。

费雪的光辉事业在1929年戛然停止。"黑色星期一"到来之前，他都在尝试安抚投资者们焦虑不安的神经。他说：

> 市场近期的波动，只不过是"震出丧失理性的狂热"。等市场把狂热分子都踢走了，价格肯定一飞冲天。"股价已经到了一个像是永恒不变的高原上。"

---

① 一家打字机公司，后来又与竞争对手合并为斯佩里·兰德公司。

第三部分
挥舞价格的魔棒

可股价并没有稳住，市场把索引卡带来的财富蒸发殆尽，费雪的声誉也伴随他的声明烟消云散。

费雪相信，靠着物理学家的严谨态度，应该可以预测价格。这一点，肯定是受了他的博士生导师、隐居的物理学家约西亚·威拉德·吉布斯（Josiah Willard Gibbs）的鼓舞。正如气体体积可以靠压力和温度计算得出一样，费雪渴望根据供给和需求预测价格。他的论文描述了如何做到这一点，他甚至还建了一台价格产生机（如图 26-1 所示）。这是一口大水缸，里面有若干入水一半的"蓄水池"跟另一套杠杆系统相连，调整"停止器"，把收入、边际效用和供给等数据输入杠杆，接着就可以从量表上读出价格了。吉布斯一定很高兴。该设备预示了（但愿不是嘲讽）20 世纪经济学的发展方向。（"按下 1 号停止器，抬起 3 号，"费雪的操作手册上这么写着，"现在，1 号、2 号和 3 号分别代表一个富裕的中产阶层男士和一个穷苦人……"）

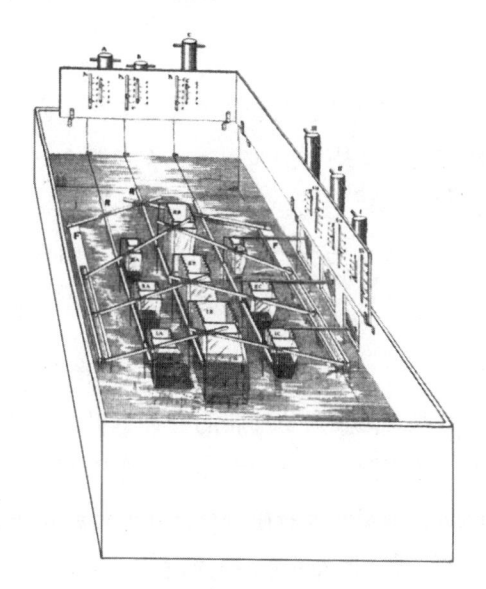

图 26-1　价格产生机

跟同时代的一些人不同，费雪对不适合他机器的异常情况特别感兴趣。1928 年，他在《货币错觉》(*The Money Illusion*) 中对通货膨胀做了史诗般的论述，

无价
PRICELESS

迄今未有超越之作。1922 年，费雪去了魏玛共和国，看到了普通民众如何应付肆虐的通货膨胀。为了偿还惊人的战争债务，德国的印钞机片刻不息地印着马克，"一战"结束后，商品价格已经翻了 50 倍。在柏林的一家商店，费雪挑了一件衬衫，并按店主的报价付了钱。"因为店主担心我会觉得她是在赚取暴利，她说：'我卖给你这件衬衫，再进新货的成本跟你付给我的价是一样的。'我还来不及问她为什么要以这么低的价格卖给我，她就自顾自地说了下去：'可因为我买这件衬衫的价格低，所以我也算赚了钱了。'"

当然，从任何意义上来说，店主都没有赚钱。她提前为衬衫预付了若干马克，当时它们尚具有相应的购买力。从进货到把衬衫卖给费雪，马克的购买力已经降低了。她的确抬高了标价，但此时，马克的币值早已大大缩水。

费雪的看法是，金钱只是获得东西的一种工具。价格稳定的时候，我们可以把金钱和购买力画上等号。可要是货币的购买力不停地变化，就有必要对两者加以区分。

不管怎么说，经济学家就是这么看的。普通人，比如店主，往往会忽视通货膨胀。德国通货膨胀的高峰是 1923 年，当时的价格每两天翻一倍。在一张新闻照片上，一位德国妇女用铲子把钞票往炉子里铲。那时，烧一堆钱所产生的热量要比用它能买到的一堆木柴所产生的热量还多。即便如此，费雪发现，德国人还是设法活了下来，并且对现实抱着部分否定态度。他们把关注点放在价格上，而不是东西上。

货币错觉的概念几乎总是在通货膨胀的背景下引入的。事实上，美元或津巴布韦元等货币缩水，不必跟它有任何关系。只要价格变化，都可能出现货币错觉。**它的立足基础是，消费者太看重价格，而对价格所代表的购买力缺乏足够的重视。**符号变得比符号所代表的东西更加重要了。

你正打开一瓶很好的波尔多葡萄酒，跟朋友共进晚餐。你在期货市场（即收获季节之前）上买了一大箱这种酒，当时它的价格是每瓶 20 美元。结果，这一年的葡萄品质非常好。你碰巧得知（并且克制不

198

住地告诉了客人们），同样的酒现在每瓶要卖 75 美元。你觉得今天晚上款待客人的这瓶酒花了你多少钱？

(a) 一文不花（因为你是一年前付的款，现在可能都不记得价格了）；

(b) 20 美元（因为原来你花的就是这么多）；

(c) 20 美元，另加利息；

(d) 75 美元（因为如今你要是再买一瓶就得花这么多）；

(e) −55 美元（因为你花 20 美元就得到了一瓶现在卖 75 美元的葡萄酒）。

1996 年，泰勒和埃尔德·沙菲尔（Eldar Shafir）向一群订阅红酒消息的收藏家提出了这个问题。许多人以前肯定碰到过这种情况。当然了，这里没有所谓的"正确"或"错误"答案。泰勒和沙菲尔只是在问当事人觉得红酒的成本是多少。他们的具体措辞是这样的："关于你喝掉的这瓶红酒成本是多少，你认为以下哪种说法最符合你的感觉？"

经济学家差不多全都力撑答案（d）。要替换你喝的葡萄酒，现在就得花这个价。你以前为它出了多少钱，只不过是一个适合在晚宴时讲述的精彩故事，历史价格不顶用。

会计师或许觉得答案（b）很自然。对库存估价的进销存管理法用的是已支付价格。这合乎情理，因为零售商知道已经付了多少钱。他并不一定非得知道当前的市场价值，说不定都不值得为判断它花费精力。

答案（a）认为，价格历史不仅毫不相关，还有可能完全被遗忘，答案（e）则完全否定了"历史不顶用"的看法，并为一瓶绝佳的红酒得出了负成本！经济学家和会计师对这两个选项必定是嗤之以鼻的。可答案（a）和答案（e）恰恰是最受人欢迎的答案，选前者的人占 30%，选后者的占 25%。只有 20% 的红酒爱好者选择了经济学家的答案（d）。过往价格像幽灵一样缠住了绝大多数人。

原因之一是票面数额太难以否认了，我们受了它们的狂轰滥炸。"就算是在熟悉的环境里，在一些某种程度上所知甚多的人里，共同话语和新闻报道也往

往表现出货币错觉。"沙菲尔、彼得·戴蒙德（Peter Diamond）和特沃斯基写道。要不，翻翻《吉尼斯世界纪录大全》吧，里面满是金钱的纪录——收入最高的运动员、最高拍卖价、最昂贵的餐点等。没有几个条目是根据通货膨胀做了调整的。没错儿，安德烈·阿加西（Andre Agassi）[①]挣到的美元钞票的确比阿诺·帕玛（Arnold Palmer）[②]要多。但至于说谁更富裕，你还是得靠猜的。

《纽约时报》、美国有线电视新闻网的记者们也并不见得比《吉尼斯世界纪录大全》的编辑好多少。看看历年来的货币价值新闻排行榜吧！就算是在最权威的媒体上，也没有多少新闻是根据通货膨胀做了调整的。这大概是因为新闻稿总是热衷"最"字号的东西。"最大手笔的兽医捐款"永远比"捐款实际数额是第八大"听起来响亮得多。

是什么造成了货币错觉呢？最简单的答案是，数学太麻烦。但这并不是故事的一切。研究人员找来擅长做数学题的学生，用与通货膨胀有关，或是价格变化显而易见、方便计算的"容易"题目考他们。总的来说，这些学生还是成了货币错觉的牺牲品。

沙菲尔、戴蒙德和特沃斯基在纽瓦克自由国际机场和美国新泽西州北部的两家大型商场调查了一个多样化的群体。

价格实验

有个问题说，安和芭芭拉是出版公司的两名员工。有一年，安得到了 2% 的加薪，当时并非通货膨胀期。另一年，芭芭拉得到了 5% 的加薪，可同期的通货膨胀率是 5%。

研究人员问第一组被试，"从经济的角度"来看，提薪后谁的日子更好过，是安还是芭芭拉？大多数人选安。这是"正确"的答

[①] 美国顶尖网球运动员。
[②] 美国家喻户晓的高尔夫球运动员，辉煌时期是20世纪60年代到70年代。

> 案。安的加薪让她的购买力提高了2%。由于通货膨胀，芭芭拉的加薪并未让她提高1%的实际购买力。
>
> 现在有趣的部分来了。研究人员从美国新泽西州游客和购物者随机选出了第二组被试，问他们谁加薪后会更开心。大多数人选择了芭芭拉。第三组被试的问题是，谁离职的可能性更大。他们选了安（意思是芭芭拉更可能留下来）。总体而言，$ $ $＝快乐＝未经通货膨胀调整的实际美元数。

对第一个问题的回答表明，被试是有能力考虑通货膨胀因素的。碰到有"从经济角度"这样的提示时，他们会这么做，可其他时候就不然了。研究人员把原因归结到"多重表示"上。人在心理上用两种方式来表示金钱，一种基于实际货币数额，另一种则基于购买力。几乎人人都知道，一旦出现通货膨胀，第一种方式就用不得了。可两种表示方法都会有人给予注意，也会影响决策（有时这种影响是不自觉的）。这暗示货币错觉可能是锚定的一种形式。美元票面数额是一个锚点，（根据通货膨胀）调整往往不足。

普通老百姓是货币错觉的真正受害者。雇主利用通货膨胀削减他们的薪资，还美其名曰"加薪"。工会谈判代表拍着他们的肩膀，恭喜他们"取得了胜利"。他们把积蓄存进账户，买成实际回报很低甚至干脆没有回报的房产、债券和养老金。政府对他们根本没有利润的房子和储蓄课以"利润"税。

也不是说货币错觉总不好。2008年《洛杉矶时报》的一篇文章指出，"2000年以来加利福尼亚州房价飙升，其实为少数族裔打开了房地产市场的大门，减少了社区因为害怕少数族裔到来而让房产贬值的恐惧情绪。"不管怎么说，经过一辈子的训练，货币错觉必然会得到强化。很多时候，我们的社会就是一条巴普洛夫实验里用的小狗，金钱就是唤起它反应的小铃铛。多次的重复之下，我们学会了对着空洞的符号猛流口水，反倒把真真正正的肉骨头抛到了脑后。

第 27 章
兜售货币错觉

假如你是一家电脑公司新加坡分号的负责人。这时是1991年,你正跟当地的一家公司谈合同,你向它出售电脑,交货时间是从现在开始算的两年以后。你现在的售价是每台电脑1 000美元。到1993年交货时,新加坡的电脑价格有望上涨20%。当然了,这只是猜测而已。安排这笔交易,有如下两种方式。

合同A:你同意(1993年时)按每台1 200美元的价格出售电脑,不管那时的电脑到底多少钱。

合同B:你同意按1993年的价格出售电脑。

你更倾向于采用哪种合同呢?沙菲尔、戴蒙德和特沃斯基在一份调查里提出了上述选择。他们发现,受访者在这两份合同的选择上分歧很大。46%的人选A,54%的人选B。心理学家们还发现,只要对两份合同的描述方法稍做改变,人们的回答就会发生戏剧性的变化。这个发现"有可能给讨价还价和谈判带来重大后果"。

上文的描述措辞尽可能保持了中立的态度。另一组被试看到的合同文本却加入了"真实"（根据通货膨胀加以调整）的限制条件。

  合同 A：你同意（1993 年时）以每台 1 200 美元的价格出售电脑，不管那时的电脑到底多少钱。因此，如果通货膨胀率低于 20%，你的所得将高于 1993 年的市价；反过来，要是通货膨胀率超过了 20%，你的所得则将少于 1993 年的市价。由于你同意了一个固定的价格，所以你的利润将取决于通胀率。

  合同 B：你同意按 1993 年的价格出售电脑。因此，如果通货膨胀超过 20%，你的所得将超过 1 200 美元，如果通货膨胀率低于 20%，你的所得将低于 1 200 美元。由于生产成本和价格都跟通货膨胀率联系在一起，所以你的"真实"利润基本上能保持不变，无关通货膨胀率。

一旦做了这样的说明，绝大多数被试（81%）都选了 B。在这个版本里，B 保证了真实利润，A 却是一场赌博。

还有另一组被试看到的合同则以美元价值做了表述——也就是故意挑起了货币错觉：

  合同 A：您同意（1993 年时）按每台 1 200 美元的价格出售电脑，不管当时电脑的价格是多少。

  合同 B：您同意按 1993 年的价格出售电脑。因此，你无法担保每台一定能卖到 1 200 美元，倘若通货膨胀率超过 20%，你的所得会更多，可要是通货膨胀率低于 20%，所得就会比它低了。

这样的措辞把 A 说成了一件保准的事情，而 B 则像是看运气了。此时，59% 的人选了 B。按沙菲尔研究小组的看法，这意味着两件事：一是，人们会

无价 PRICELESS

"自然地"根据美元数额来看待事情,在措辞"中立"和故意挑起货币错觉的时候,人们对问题的反应差异并不太大;二是,人的选择弹性非常大。厌恶损失是一种强大的动力源。为了回避风险,人们愿意出更多钱(是的,正如实验所示)。为了淡化风险的措辞多出钱,人们也愿意出更多钱。

沙菲尔、戴蒙德和特沃斯基认为,不管限定什么样的框架,人们往往都会接受。工会领导人想向会员兜售一份合约,或是管理层想向工会兜售一份重大协议,都应当谨慎考虑介绍它的措辞。诀窍是尽量把合约的风险说到最低。不管合约的实际内容如何,这都是有可能做到的。

假设合同要求把工资提高到每小时20美元,那么侧重点应当是它保证了20美元的时薪。可调式薪资有可能少于每小时20美元,甚至还会减薪。

要是它要求每年加薪3%,那侧重点则应放在它保证了薪资的提高上。工资肯定上涨,你不用担心通货紧缩,倘若合同与生活指数挂钩,通货紧缩说不定会导致减薪。

要是合同签订的是与生活成本挂钩的指数型薪资(费雪认为所有明智的合同都该这样),那么你可以说,它保证了最重要的一件事:购买力。讽刺的地方刚好也在这儿,这一点也是抨击指数型合同的要害。调查显示,除非你专门指出,否则人们是不会这样想问题的。

营销专家随时都在利用通胀的力量。互联网营销大师马琳·詹森(Marlene Jensen)建议客户使用这种机灵的盗窃手法。假设你有一种100美元的产品。你不卖100美元,而是说它本来卖149美元,打折后的售价为99美元。随着时间的推移,通货膨胀挤掉了你的利润,你不得不提价。詹森建议,别提价——少打些折扣就行了。

官方价格依然是149美元(当然,没人会付这个价),但现在你把它打折而后卖119美元。对很多东西来说,比方说订阅电子报,大部分消费者根本不会注意。他们记不得原来的价格,对这种产品应该卖什么价也毫无头绪。于是,他们抵挡不了这样的诱惑：只用119美元就买到149美元的产品。

这才只是詹森的设计的前一半。时间不断推移，通货膨胀却片刻也不消停。你告诉顾客，由于成本提高了，你必须从149美元加价到179美元。可对忠实的优质客户（其实就是所有人）你继续打折，还是照老价格卖给他们，一个子儿也不多——119美元。没人能抗拒这个——支付的价格保持不变。

这为下一轮的狮子大开口奠定了基础。最后，你找到客户说，由于成本上涨，你只能调低折扣——同时抬高官方价格。如有涨价的需要，从头再来就成。

第28章
利用性别差异的最后通牒博弈

简·比斯利·韦尔奇（Jane Beasley Welch）拿起电话分机，听到许多根本不想听到的内容。她的丈夫，通用电气公司刚刚退休的CEO杰克·韦尔奇（Jack Welch）正在跟一个陌生女人说话。简悄悄放下了电话。她看了杰克黑莓手机上的短消息，确认了自己的怀疑。简跟丈夫正面对质时，最大的冲击来了。他毫不否认自己有了婚外情，连借口都不找。他爱上了苏西·韦劳佛（Suzy Wetlaufer）。苏西42岁，长相和身段都可以跟模特相媲美，是《哈佛商业评论》的编辑。该杂志说要给杰克·韦尔奇做个形象侧写，他同意了，却不料从此便一头栽进了"史上最昂贵的幽会"当中。

双方的离婚律师很快就围绕杰克·韦尔奇悬殊的身价估值争论起来。简的律师认为它是8亿美元（并想要它的一半），杰克·韦尔奇的团队则说只有4.56亿（给简的部分不低于30%）。谈判陷入僵局，在此期间，杰克·韦尔奇给简每月35 000美元的临时津贴。对像简这样具有权利意识的女性来说，这简直不算什么。轮到简来玩最后通牒博弈了。

| 第三部分 |
挥舞价格的魔棒

2002年的夏天，人们的话题全围绕着贪婪的CEO们。安然、世通、泰科和阿代尔菲亚（Adelphia）的领导者们，接二连三传出丑闻。6月14日，腐化堕落的泰科CEO丹尼斯·科兹洛夫斯基（Dennis Kozlowski）为妻子的40岁生日举办了一场狂欢会。科兹洛夫斯基说这是股东会议，以此为借口让泰科负担了200万美元花销的一半。短短几个星期，这些丑闻就让科兹洛夫斯基成了众矢之的，他别无选择，只能辞职。讽刺的是，此前科兹洛夫斯基经常被人比作杰克·韦尔奇——这是当时对CEO的最高赞誉了。凡是翻看报纸商业版的人都知道，杰克·韦尔奇恐怕是最后一个平安下台的CEO了，没人怀疑他的正直、坦率和公平。

简有能力改变这一切。她知道，通用电气公司背着媒体和股东，供给杰克·韦尔奇多到令人吃惊的额外待遇。例如，通用电气公司答应为杰克·韦尔奇在任期内和退休后提供特朗普大楼（Trump Tower）里的一处公寓，每月租金80 000美元。简的律师告诉她，她有权使用该处公寓，因为它其实就是杰克·韦尔奇的资产。这类特殊待遇杰克·韦尔奇多得是。简的律师们要她一一道出，并用彩色图表做成了一份供词。

这成了谈判里的一个重要筹码。在那充斥着企业丑闻的年头，这些信息一曝光，（至少）会把杰克·韦尔奇从宝座上扯下来，说不定他还会被迫放弃这些特权待遇。简这边提出的要求很简单：要么把这些特权待遇公平地分给我一份，要么谁都别想得到。

杰克·韦尔奇是通用电气公司最后通牒谈判传统的重要组成部分。因为他一贯炒掉10%绩效最差的经理人，所以便得了个"中子弹杰克"的绰号。他把人全部轰没了，"房子"却屹立不倒。可要是他以为简是在虚张声势，那他就错了。

简的律师于9月5日提交了供词。第二天一早，《纽约时报》就登出了它的所有细节。媒体不再围绕着"世纪大离婚案"喋喋不休，而是惊叹于杰克·韦尔奇的薪资方案是何等多元化。杰克·韦尔奇在通用电气公司的退休金大约是每年800万美元，比他当年的最高薪水翻了一倍。关键是他还什么都不必做。

无价
PRICELESS

杰克·韦尔奇还为通用电气公司提供咨询，为此可得 86 000 美元的永久年俸。

较之终生享受的特别待遇，他的薪水简直微不足道。他可以随意使用公司的波音 737 飞机，飞行员免费，燃料也免费。每逢通用电气公司赞助的球队——红袜队、洋基队和尼克斯队打比赛，黄金位置他可以随便坐；杰克·韦尔奇在餐馆吃饭，公司埋单；汽车、电话、鲜花、干衣、红酒和维生素，公司统统包办。杰克·韦尔奇每年 800 万美元的退休金要如何花，倒成了真正的谜题了。"他好像谈出了一套退休方案，"供职于《纽约时报》的约瑟夫·诺塞拉（Joseph Nocera）说，"买任何东西都不必他亲自掏腰包。"

消息曝光后，杰克·韦尔奇大怒，很快，人们就把他跟科兹洛夫斯基说成了一路货色——这可不是恭维。简把他的老底爆料给媒体之后，不到 10 天，铺天盖地的批评声就把杰克·韦尔奇打趴下了。他宣布放弃通用电气公司付给他的所有特殊津贴。有人算了算，简的最后通牒一出，这对昔日夫妇余生里每年就少了 250 万美元的收入。

萨拉·索尔尼克（Sara Solnick）之所以对性别与谈判产生兴趣，起因是一件 T 恤。她年轻时修读经济，报名参加了卡尼曼和泰勒主持的夏日学院。在那儿，她看到了学院印的 T 恤，上面问道，"经济人是否存在"。"他们批评了经济人的现有模型，但仍然觉得'经济人'（economic man）是个'男人'（man），"索尔尼克回忆说，"我说，这个人的身份也应该有所不同。"

索尔尼克研究了劳务经济学，知道性别差距是该领域的一大难题。人们很早就知道，哪怕排除了有可能影响结果的所有明显因素，妇女的收入也仍比同等素质的男性要低。等索尔尼克了解了最后通牒博弈之后，她认为，可以从全新的角度来阐释性别角色。她想知道，在博弈对价格设定的最低限度模拟中，性别差异是否仍然存在。导师告诉她，这是个有趣的研究课题，因为不管结果如何，它都会很有意思。她申请了 5 000 美元的研究补助金，就开始行动了。

| 第三部分 |
挥舞价格的魔棒

价格实验

在索尔尼克巧妙的设计中，提议者和响应者坐在隔离物的两侧，彼此看不见。对照组的被试只知道伙伴的代码。另一组被试则知道伙伴的名字。第二组里的每个人必然都意识到了伙伴的性别，只不过没人知道实验的目的就是要研究"性别"。(有几个被试的名字很中性，比如"凯西"或"乔丹"。他们的结果不计算在内。)

不知道伙伴性别的提议者平均开价是 4.68 美元 (总数为 10 美元)。可要是提议者知道伙伴是男性，则平均开价是 4.89 美元。倘若他们知道自己是在跟女性打交道，平均开价便只有 4.37 美元了。

最容易想出来的一种解释是，人人都认为男性报复心强，女性却可以被随便踩在脚下。奇怪的是，提议者是女性时，性别差距反而更大。女性对男性响应者的平均出价是 5.13 美元，比对半分还要高，可对同性响应者的平均出价却只有 4.31 美元。要么是女性对男性更慷慨，要么就是她们更害怕男性抓狂。一位女性提议者把 10 美元全给自己的男性伙伴，这种事情，哪怕是在新几内亚也没有发生过。当事人这么解释说："我希望我们中至少有一个得到了点什么。"

索尔尼克让响应者报出自己愿意接受的最低出价。当他们知道提议者是女性时，最低值会更高。不管扮演哪一方角色，女性总会遭受不公平待遇。

这里，"性别歧视"一类的字眼或有误导之嫌。因为索尔尼克的被试是宾夕法尼亚大学的学生，一个个年轻得都记不得女权主义闹起来之前的事儿。尽管他们或许会有意识地拒绝双重标准（就好像锚定实验的被试否认自己受了随机数字的影响一样），可性别的确带来了差异。光是改了伙伴的名字，就触发了潜意识的性别行为模式（这一点可以用美元数字衡量出来）。

总体而言，索尔尼克研究中的男性提议者比女性提议者出价要高 14%。这

无价
PRICELESS

个数字，跟现实世界里的薪资性别差距报告很接近。索尔尼克指出，薪资是谈判出来的，"对于薪资待价而沽的部分，女性说不定只能得到较小的一个份额"。

对我们这个讲究男女平权的社会来说，这些发现真叫人心烦意乱。个体薪资靠讨价还价决定，"同工同酬"就成了个滑稽的概念。要是雇主（不管男女）对女性提出较低的薪资报价，而女性接受了，那还能怎么做呢？索尔尼克发现，不少老板丝毫也不担心。根据她对雇主的研究，人们的一个常见反应是："要是女性接受了我们最初开的薪资，那可真是遗憾。男人会讨价还价，得到一个更优厚的起薪。"

机会平等和结果平等诚然是两个不同的概念。人人都支持机会平等。可基本上，我们倾向于认为，机会平等会自然地带来结果的平等。索尔尼克的研究对这种想法提出了挑战。"如果你真的想要公平，"她说，"你不能光假设自己是公平的。你必须预先安排好一套程序。"

离婚争议就是一个很好的例子，究其本质，它是一种因为性别而复杂化的最后通牒博弈。韦尔奇夫妇的离婚大战就是其中的典型。男方有着更强的赚钱能力，他扮演提议者的角色，要求己方所得的比例多于50%。女方的优势主要在于她能否定任何提议（律师是按工作时间收费的，他们的计价器可没停下）。简的做法是她能够采取的最有效举措。她叫两人都牺牲掉了每年数百万美元的特殊待遇，一举成为爆发力超强的"中子弹简"[①]。她表明了自己拒绝不公平出价的意愿，大出杰克·韦尔奇及其律师团队的意料。这一招可能真的管了用。2002年10月临时赡养费听证会召开之前，杰克·韦尔奇说："让我们谈谈吧。"几个小时之内，他们就达成了协议。按《华尔街日报》的说法，"双方都说，简所得的数额远远超过了每月35 000美元。"

[①] 杰克·韦尔奇曾有绰号叫"中子弹杰克"，暗指他的铁腕管理，下狠手裁员。这里把外号安在他前妻头上，也是暗指其威胁"杀伤力"。——译者注

PRICELESS
第29章
漂亮的人薪资更高

漂亮的人，无论男女，总能享受特权。经济学家慢慢接受了这一所有人早就知道的事实。近年来，劳务经济学家发现，长得漂亮的员工薪资更高。不管当事人是什么职业，是天桥上的模特，还是格子间里写代码的程序员，事实似乎都是如此。天生好看的人，是有"美丽奖金"的；其他人等，则只有"平凡罚款"。

索尔尼克认为，说不定可以用最后通牒博弈来调查外貌对价格和工资的影响。通常，这是一个复杂的问题，因为雇主付给漂亮员工更高的薪水，原因可能很多。干销售或前台接待，外貌是整个薪资中的一部分。雇主可以合理地辩解，公众喜欢富有吸引力的面孔。最后通牒博弈至少可以消除这些因素里的一部分。"这里没有生产力问题，没有期待，被试之间没有联系。"索尔尼克和合作者莫里斯·舒维泽（Maurice Schweitzer）写道。要是外貌在最后通牒博弈里都能发挥作用，那它在人们设定价格或谈判工资时恐怕也会发挥作用。

无价
PRICELESS

价格实验

索尔尼克和舒维泽在实验中，招募了70名被试拍摄个人照片。这些照片被送到另一所大学，由一群完全陌生的被试给每张照片打分，总分是11分，从 -5（非常缺乏吸引力）到 +5（非常有吸引力）。索尔尼克和舒维泽分别从男女里各选了6名最具吸引力和最缺乏吸引力的被试。由此得到24张照片，编成一本相册。

两人在第二所大学选出被试，进行最后通牒博弈。研究人员给被试每人看一张从相册里抽出的照片，并说这个人就是他们的伙伴。有吸引力和没吸引力的人表现如何，不存在有意义的区别，区别出在其他人的反应上。

提议者对有吸引力的人出价稍微多于对没吸引力者的出价（对前者是4.72美元，对后者是4.61美元）。然而，面对有吸引力的人，响应者要求获得更多份额。伙伴若属于最具吸引力的一组，响应者的最低要求平均是3.53美元，而要是伙伴属于最没有吸引力的一组，响应者的最低要求平均为3.32美元。由于大多数的出价响应者都是接受的，所以，较之前一种情况带来的优势，后一种情况带来的劣势就显得不那么重要了。总体而言，有吸引力的人赚到了更多的钱。

在要求公众出钱、外貌有价值的职业中，比如房地产经纪、汽车经销商、拍卖员、销售员，这一实验的结果或许能得到有限的支持。但索尔尼克和舒维泽还考察了性别，发现它比外貌更要紧。从这个实验的目的来看，身为男性比女性更具有吸引力，更容易获利。不管是男是女，人们对男性的出价都更高，预期却更低。故此，男性比女性多得15%以上。外貌非常具有吸引力则是一把双刃剑。总的来说，最有吸引力的被试小组比最没有吸引力的被试小组多得近10%的薪资。尽管后一数字夸大了外貌的作用——它只比较了最好看和最难看的群体，而忽略了长相普通的路人甲乙丙丁。

PRICELESS
第 30 章

巧妙利用"傻瓜蛋理论"

认为妇女不善讨价的想法，有可能是一套自圆其说、越说越圆的预言。在汽车经销商里，这种看法似乎颇为普遍。曾是汽车推销员的达雷尔·帕里什（Darrell Parrish）回忆道：

> 推销员把买家归类成各种"典型"。我当推销员那年头，会把最常见的那种叫成是"典型的不知情买家"。他们或是优柔寡断、小心翼翼，或是十分冲动，因而也非常容易受误导。现在，猜猜哪个性别被放在这种"超容易受误导"类型的首位？你猜对了，女性。

有关性别、种族和车价的最著名实验，大概还是 1991 年到 1995 年耶鲁大学法学院的伊恩·艾尔斯（Ian Ayres）和美国律师基金会的彼得·席格曼（Peter Siegelman）所做的研究。不过，这次研究引来颇多争议。

无价
PRICELESS

价格实验

他们将一支由 38 名被试组成的小队派往在美国芝加哥地区随机选出的 153 家汽车经销点。被试的年龄介于 28 至 32 岁,都受过 3 至 4 年的大学教育。他们按指示着装:男性,上身是马球衫或按钮式衬衫,下装是休闲裤和便鞋;女性,不怎么化妆,短上衣,直筒裙,平底鞋。所有人都开租来的车去经销店,等着经销商接触他们,开始讨价还价买新车。

就像为大型辩论会做准备的候选人一样,每名被试都要接受为期两天的谈判"脚本"训练。每个人都要等待 5 分钟,让经销商先开价;要是没人出招,被试要催促经销商开价。被试应给出一个接近经销商边际成本的还价(包括选配件),那是根据《汽车价格服务消费者报告》(Consumer Reports Auto Price Service)和《埃德蒙新车价格指南》(Edmund's New Car Prices)算出来的。

之后,他们要照搬一套谈判策略。一种方法是"差额对分"。不管经销商报价多少,被试都把他的新数目和自己之前还价的差额对半分,再抬高这么多。如此反复,直到经销商接受,或是拒绝进一步谈判为止。此时,被试说他要再想一想,并不买车,径直走掉。

实验发现了种族偏见的惊人证据。对黑人的最终报价,平均比白人多 1 100 美元。这是在几乎相同的时间里,在同一经销商处采用同一模式所得的结果。事实上,在将近 44% 的案例中,白人男性得到的最初报价,比白人女性或黑人所得的最终谈判价还要低。

对被人叫成"甜心"和"美妞儿",女性需要保持极大的容忍态度。"你是个漂亮姑娘,所以我会给你一笔超优惠的交易。"一名经销商嘴上这么说,实际却没这么做。尽管如此,性别偏见的证据也并不怎么确定。白人女性比白人男性出的钱要多一些,但从统计上看并不明显。黑人女性比黑人男性得到的交易则稍稍优惠一些。

设计这样的现场实验,细节决定了成败。有太多微妙的东西可能会给结果造成偏差(虽说这是一个有关"偏见"的实验)。艾尔斯和席格曼的实验引人注目,因为它做了许多深思熟虑的保护措施。这是一个真正的双盲实验,交易商和被试都不知道发生了什么事。艾尔斯和席格曼告诉被试,他们在"研究卖家如何谈判汽车生意",完全没有透露性别或种族方面的内容。每名实验者都配了对(他们自己并不知情)。配对里的一名成员是白人男性,另一名则为黑人男性或白人女性(或黑人女性)。经过安排,配对里的两名成员都会在几天内拜访同一家经销商,对同一型号的汽车讨价还价。

艾尔斯和席格曼的结果在媒体上掀起轩然大波。尽管价格歧视是一件复杂的事情,很难简单地归结到一点上。艾尔斯就指出,他的结果并不一定像许多人假想的那样——经销商有偏见,欺负黑人和妇女。经销商经常是让跟被试性别、种族相同的推销员接待他们,"可接下来这些推销员却给了他们最糟糕的交易"。实际上,黑人从白人推销员手里得到的交易更优惠,女性从男性手里得到的交易更优惠。

1996年皮内洛皮·科坚诺·戈德堡(Pinelopi Koujianou Goldberg)发表了另一篇有关价格歧视的研究,似乎推翻了艾尔斯和席格曼的结论。他并没有做实验,而是用消费者支出调查的方法检验全美的顾客在1983年到1987年购买新车的花销。戈德堡发现,从统计上看,黑人和白人、男性或女性之间并不存在明显的价格歧视。这样一来,自由主义者们援引艾尔斯和席格曼的研究,视之为歧视继续存在的证据;保守主义者则援引戈德堡的文章,说事情并没有那么糟糕;更主要的是,两项科学研究所得结论针锋相对,令许多人迷惑不解。

戈德堡认为,这一表面上的矛盾是可以调和的。首先,有必要理解汽车经销商为什么要讨价还价。汽车是可互换的、大规模生产的产品,工厂提供质保。一两辆同款车没有理由卖不同的价钱。美国绝大多数的买家都说自己痛恨讨价。

一种流行车型,丰田旗下的赛恩(Scion)就迎合了消费者的这种喜好,采用全国统一的售价。

艾尔斯引用一位经销商的话说,讨价还价的理由很简单。买汽车其实就是"寻找傻瓜蛋"。有些消费者会出于傲慢,或对讨价还价有着神经质的反感,而照标价全额支付。这样的客户并不多,但他们在经销商利润中占了很大的一块。艾尔斯报告说,有些经销商靠10%的此类消费者就赚到了一半的利润。

今年早些时候,我曾在一次采访中询问某汽车经销商,他的利润是否绝大部分都集中在少数买卖上。他告诉我,他的代理销售店,"傻瓜蛋"和"非傻瓜蛋"生意都做得很多。他又补充说:"不过,我的表亲在一个黑人社区开了一家代理经销店。他卖的车不如我多,可他按标价卖出的车特别多。你知道,有时候好像是这样,往往是买不起它的人,却被迫出了最多的钱。"

戈德堡在黑人和女性所付的价格中找出了更多的差别。较之白人男性,这些群体里会有更多的极端客人出高价,尽管所有群体的平均销售价几乎相等。这应该可以解释两次研究的不同结论了。在艾尔斯和席格曼的实验里,人人都要求使用相同的谈判策略。这是为了揭示经销商是否会区别对待少数族裔——确实如此。但实验在设计上并无意检验黑人和女性买家在讨价还价上是否跟白人男性有所不同。

有人合理地猜测说,很多经销商都信奉"傻瓜蛋理论"。故此,他们向少数族裔的初始价就开得很高(如艾尔斯和席格曼的实验)。跟公道价格相比,初始价开得高,买家讨价还价的时间会更长,过程会更艰难。这就抹杀了性别或种族偏见的大部分证据(如戈德堡的研究)。

别的不说,这足以表明价格歧视有多么复杂。有可能,一些经销商根本没意识到"傻瓜蛋理论"。他们的报价存在统计上的种族或性别歧视,但他们本心上并无此种意图。

艾尔斯发现，不管性别和种族为何，一点点信息对买家就值319美元。声称自己已经试驾过真车的被试，比没有这么说的人平均少了319美元，这在统计上看起来极为突出。不难理解，为什么经销商听买家这么说了以后会急于完成交易。

第31章
利用性别差异定价

2003年秋天,包括森德希尔·穆拉伊纳丹(Sendhil Mullainathan)和沙菲尔在内的一个研究小组做了一次极为大胆的实验。

价格实验

他们从南非某大型消费者信贷机构得到许可,在垃圾贷款推销邮件里测试一系列心理诡计。该信贷机构提供的服务相当于美国的发薪日贷款——为穷苦的工人提供高利率的短期现金贷款。

该信贷机构给自己过去的53 194名客户发了电子邮件,声称为他们提供特别利率。穆拉伊纳丹和沙菲尔的团队测试了在电子邮件中附加照片的效果。他们把某些人的笑脸照片放在信件的右下角,签名的旁边。这含蓄地暗示,照片上的人是一名银行职员,说不定电子邮件就是他写的。

> 一半的照片是男性，另一半是女性。一部分客户收到的照片上的人跟自己同一性别，另一部分客户收到的照片上的人则是异性。由于种族在南非社会事关紧要，所以他们也测试了这一点。他们用的照片里包括黑人、白人、印度人和混血。

经济学家会说，理性的人在决定是否接受昂贵贷款的时候，不会受一张照片的影响。广告界人士和骗子的看法不同，他们认为漂亮脸蛋或种族诱饵都是有价值的。穆拉伊纳丹和沙菲尔想看看照片的影响到底有多大。为了实现这一目的，每封信会随机分配贷款利率。按南非消费贷款生意的惯例，一般是报出每月的单一利率（非复利）。测试利率的范围是每月 3.25% 至 11.75%。对于这些客户而言，3.25% 是真正的便宜货，还不到该公司正常最低值的一半。11.75% 通常是提供给信用最差借款人的最高利率。

正如你所料，客户接受低利率贷款的可能性要比高利率大。通过跟踪特定电子邮件的反应，研究人员得以判断哪些因素促使客户提出了贷款申请。他们发现，性别有关系，种族却不要紧。严格地说，性别效应是"男人的事"。在给定利率下，要是电子邮件里有女性的照片，男性客户会更容易接受贷款。对于女性客户来说，照片则没影响。

靠性诱惑卖东西，让穿着比基尼的女模特躺在车上，这类做法古已有之，这或许会让你对本次实验产生错误的认识。事实上，电子邮件里附的照片只是简单的职场年轻女性黑白照。较之电子邮件里没有照片或附加的是男性照片的男客户，收到电子邮件中附加普通女性照片的男人，提出贷款申请的可能性更大。在附加男性照片和没有照片的电子邮件之间，响应率上不存在有意义的差别。这暗示了女性照片是关键，并不单纯是所谓"为没有人情味的企业放上一张人性的面孔"在起作用。

这儿还有一件真正令人难以置信的事情。穆拉伊纳丹和沙菲尔的

无价
PRICELESS

研究小组计算出，在致男客户的信件中附加女性照片，由此带来的贷款申请量跟将利率降低4.5个百分点所带来的申请量是一样的。这可是每月4.5个百分点的区别啊！一年就有54%的利率了。

"为什么会这样呢？"这是对心理学提出的最棘手问题。南非人能看到卡尔文·克莱恩（Calvin Klein）的广告，能看到《恶搞之家》（*The Family Guy*）动画片，赤裸裸的限制级影片也并不罕见。故此，我们还是这样假设比较保险：顾客并没有想着"我要见见这火热的辣妹，为了它我值得承担高得吓人的利率"。他们不可能是有意识地在根据照片做经济决定。

是把垃圾邮件删掉，还是读读看，一般不过是一瞬间的决定。一个可能说得通的解释是，男人就是喜欢女人照片，所以读了邮件的人比删掉它的人稍微多一些。男人的照片对女性起不到同样作用，要不然结果上就该表现出来。

另一种假说跟前一种说法并不排斥，即照片启动了性别行为的自动模式。男性以为女人不擅长讨价还价（或者是做事时表现得如此——这些全都可以是无意识的）。把一张女性的脸放在特定利率的旁边，让男人觉得这是一笔划算的交易。这就好像女性是一种人形参考价，它仿佛在无声地说："这个利率比你从男性那里拿到的要低哦！"类似说得通的心理学解释还有很多。在许多社会环境和实验中，男性对其他男性持竞争态度，对女性则不然。看到女性的照片，可能会叫男性放下通常状况下想要得到最优惠利率的焦虑。

一个小照片＝大笔的新增利润。这里肯定有陷阱。沙菲尔的研究小组梳理数据，想寻找出证据证明些什么，什么都好，反正别是它表面上看起来的那样就行。比方说，他们想知道，"落入"照片"圈套"的客户是不是信贷风险更大的群体。他们对照片的反应说不定是系统化的，因为他们一贯做出糟糕的财务决策。这样一来，指望靠照片获得额外利润的念头也就可以打消了。

研究人员没有找到统计上的证据，说明容易受女性照片影响的客户在收入水平、教育、贷款偿还率上有什么与众不同的地方。相反，用照片增加利润比单纯提高利息要更有效。至少，利率高的贷款公司客户也会比较少，而支付较高利率的客户通常更容易赖账。依靠照片，公司可以用高利率吸引更多客户，而又不会增加赖账不还的风险。这就是性别的力量。

第32章
全是睾酮和催产素惹的祸

哈佛大学进化动力项目（Program for Evolutionary Dynamics）的工作人员特伦斯·伯纳姆（Terence Burnham）做了一次有关睾酮水平和谈判的实验，这引起了广泛讨论。

价格实验

它是一场最后通牒博弈，每名提议者有40美元可供分配。按要求，他们可以选择自己留15美元（另外25美元给响应者）或留35美元（另外5美元给响应者）。这就强迫提议者要么表现得比自己本心里更慷慨，要么显得过于吝啬，以致遭到对方的否决。这一实验还有其他一些新奇的改动：所有被试均为男性，都要提交唾液样本，测试睾酮含量信息。这样一来，伯纳姆就可以分析睾酮水平对博弈行为的影响了。

> 7名睾酮水平高的响应者，5人拒绝了侮辱性的5美元分配提议。其他的19名男性，睾酮水平处于平均值或偏低，只有1人拒绝了5美元的提议。拒绝提议的人里，睾酮水平高者占了八成。

这样的结果极具煽动性，因为否决权是最后通牒博弈的情绪核心。其他的一切不过是靠逻辑推动的。提议者表现"慷慨"，是为了保证自己不遭否决。博弈中的性别差异或许反映出了一种常见的信念：女性行使否决权的可能性较小。每当人们设定价格时，类似的行为也就运作起来了。谈判者怒气冲天地离开谈判桌，对面街区那个愤怒的伙计跑去取消了有线电视，因为他们提高了他的费用；抗议税收过高的人，为打官司付出的律师费比税款高得多，很快就把自己拖得破了产……这些都是响应者行使否决权的活生生的例子。究其根本，他们是对价格敏感的消费者，宁肯自己付出高昂的成本，也要拒绝过分的高价。这样的人，通常是男性。

伯纳姆认为，响应者否决出价，是为了避免显得太顺从。纵览人类进化史，金钱、逻辑和公正等概念是后来才出现的。最后通牒博弈和现实世界价格设定中看到的情绪行为，有可能立足于更基本、更生物性的动机。在市场社会里，金钱是社会主导地位的媒介，是"雄性带头大哥"打动配偶的一种方式，它仪式性地削弱竞争对手。说一个支付太高价格的男性"被搞定了"，显然不是什么巧合。

单单威胁要否决，就能起到一定的阻遏作用，故此它也影响着实际行使否决权的频率。人人都不太愿意发起不公平的出价、设定不公道的价格，因为他们知道自己可能会吃不了兜着走。从这个意义上来说，睾酮水平高的少数人帮助创造了我们的价格世界。

睾酮决定着男性的性发育和两性情欲。它在社会主导行为中扮演着重要的

无价
PRICELESS

角色。"睾酮中毒"这个表述证明了,大众普遍相信睾酮太多会导致冲动、不当的侵害的发生。但对这一观点的怀疑也是古已有之的。大多数实验都是在动物身上完成的,而对人类的研究偶尔会卷入性别政治话题。有人担心,把睾酮水平和攻击性联系起来,是为男性做出不可原谅的行为找借口。(另一种观点认为,它为"男人就是猪头"提供了科学证据。)

在动物和人类身上,睾酮主要跟面对他人挑衅所做的进攻反应存在联系,跟主动挑起事端的联系并不明显。瑞士研究者在20世纪80年代做过研究,没有找到说明睾酮水平高的年轻人爱挑起事端,跟其他男孩打架的相关证据。但他们同时发现,这类年轻人确实更容易跟教师顶嘴。

有人做了这样的实验,在最后通牒博弈里给被试注射睾酮。"基本上,我们是在研究里创造了'雄性带头大哥'。"神经经济学家保罗·扎克(Paul Zak)说。注射睾酮的作用跟天生睾酮水平高一样,它令被试更可能否决对方的低出价。

哈佛大学心理学家埃琳娜·科里(Elena Kouri)和同事们设计了一种博弈。

价格实验

每名被试单独坐在一个按钮前面。研究人员告诉他们,按下按钮,就可以减少付给看不见的伙伴的金钱数额。他的合作伙伴面前也有类似的按钮,他可以采取报复行动,减少当事人的回报。这样一来,博弈就跟核僵局差不多了。谁都不应该首先按下开始键。

为了让事情变得更有意思,科里的研究小组告诉被试,他们的合作伙伴按下了按钮。注射了睾酮的被试更倾向于采取大规模的报复行动,反复按下按钮。不过,较之对照组,注射了睾酮的被试并不见得更容易首先按下按钮。

社会主导地位是一件相对的事。雄性带头大哥就是比周围其他雄性拥有更

多金钱、权力的人。绝对数字并不那么重要。两头雄鹿争夺一头雌鹿，贪图的并不是什么双赢结局，而是要比其他雄性做得更好。把这一点放到最后通牒博弈的背景下：要是对手得到95%，你赢到一毛钱是没好处的。双方什么都得不到，这样反倒更好。睾酮推动的就是这样的看法。

有个笑话这样说道：

在北方的树林里，一名猎人穿上了一双昂贵的耐克跑鞋。"嘿，干吗穿跑鞋呀？"同伴问。

"免得我们碰到大灰熊。"猎人说。

"你觉得你能跑过熊瞎子？"

"我用不着跑得比熊快，"猎人解释说，"只要跑得比你快就行了。"

好吧，你正要去跟人谈价格，你想必很清楚自己的攻击性有多强。那么，了解对方那家伙的睾酮水平会有点帮助，对吧？看看他的无名指，你兴许能得到些线索。

戴没戴结婚戒指？研究显示，已婚男性的睾酮激素水平比单身男性的要低。

比比他的无名指和食指的长度。无名指跟食指的长度比，是由产前对雄激素（这一激素决定了胎儿的性别）的接触量所决定的。新近有大量研究指出，无名指比食指长的男性，擅长竞技体育和做交易，在最后通牒博弈中拒绝低报价的可能性更高。剑桥大学约翰·科茨（John Coates）领导的研究小组检验了金融交易员，发现无名指跟食指的长度比和交易成功率存在联系，睾酮和交易成功率也存在联系。

大体上可以这么说，在棘手的谈判里，要是对方是男性且无名指比食指短，又戴着结婚戒指，那你的运气是再好不过了。

不少激素是以阴阳成对的形式出现的。对价格决定来说，睾酮似乎是跟催产素配对的。1953年，文森特·迪维尼奥（Vincent du Vigneaud）分离出了催

225

产素，这种激素是在分娩和哺乳期间自然分泌的。它有助于促成母子之间建立起直接的感情纽带。男女两性都会产生催产素，和睾酮一样，它也会影响行为。在进行性相关的亲密活动时，催产素水平会提高。在实验中为被试注射催产素，能增加金钱决定中的信任行为。

"神经经济学"（neuroeconomics）这个术语，据说是保罗·扎克提出的。他发现，在最后通牒博弈里注射了催产素的被试，慷慨程度有大幅提高。2007年，他和安吉拉·斯坦顿（Angela Stanton）、希拉·阿曼迪（Sheila Ahmadi）共同做了一次实验，注射了催产素的提议者开价多了21%（安慰剂组的开价平均为4.03美元，催产素组则为4.86美元）。

催产素不影响响应者可接受的最低报价（跟睾酮不一样）。扎克的研究小组还尝试了独裁者博弈，发现催产素对其没有明显影响。他们的结论是，催产素影响战略性的金钱决定，也就是当事者务必要考虑自己行为会给对方造成怎样感受的决定。当催产素水平高的时候，提议者的同情心更强，这成了慷慨做法的幕后推手。

扎克早在高中生时代就对价格决策发生了兴趣。他当时在圣巴巴拉城外的一处加油站工作，有顾客走进来说，他在洗手间的地板上发现了一串珍珠项链。不久，电话铃响了，打电话的人说他掉了一串珍珠项链，那是他买给妻子的礼物。扎克告诉他，项链找到了。太好了，那家伙许诺要给200美元的奖励。他在半小时内就赶过来。与此同时，捡到项链的人说自己要参加一场重要的面试，必须离开。他同意与扎克对半分奖金，一人一半。扎克答应了，从收银机里拿出100美元，换回了项链。不用说，"丢失"项链的家伙根本没现身。这串项链只值两美元。这出"最后通牒博弈"也叫作"凑份子骗局"，是史上最古老的骗术之一。

在评估受扎克研究启发而出现的一些产品时，有必要把这个故事记在脑袋里。网络零售商现在会向指望拿下更划算交易的推销员叫卖催产素喷剂（当然，扎克跟这类产品是没有任何关系的）。有一种这样的喷剂，美其名曰"信任液"，卖 49.95 美元，只够用两个月的（"如达不到效果，保证全额退款！"）。该网站罗列了五花八门的证明信，其中有一封信是一名酒保写来的，他说这种喷剂让他的小费翻了 5 倍。网站上的建议如下：

- 销售人员如何使用信任液；
- 每天早晨洗澡后使用信任液；
- 和你喜欢的古龙水或香水一起使用；
- 在整整一天里，无味的催产素将从你身上释放出来；
- 在销售会议上发挥你的正常表现，看看潜在客户会有多么渴望从你那儿买东西。他们不会怀疑自己，只是莫名地受了你和你产品的吸引；
- 你会向潜在客户和现有客户寄送答谢卡吗？往信封上喷一些信任液，见证奇迹的诞生。尽管人们闻不到它，但信任液却提高了他们对你的信任。

照我猜，催产素在最后通牒博弈里的影响如此巨大，恐怕没有几个研究人员会怀疑它也会影响商业决策。喷剂的这部分宣传并不见得疯狂。疯狂的是把它当成产品卖。扎克在实验里是把 40 国际单位①的催产素直接喷进了被试的鼻腔。想想看，要是你这么做，该怎么向大老远赶来的客户解释呢？卖信任液的商家暗示你可以把它当成召唤金钱的香水使用。事实并非如此。催产素并非挥发性质的。往自己的身上喷，或者往答谢卡上喷，并不会对别人造成多大的影响。大部分的建议用法，对使用者本身的影响要大于那些毫无戒心的"受害者"。要是喷剂真的管用，使用者本人必定是头一个受它影响的，没准儿慷慨得连内裤都会想要送给别人呢！

---

① 所谓的国际单位（I. U.）是评估维生素 A 和 D 两种营养素含量的计量单位。1 微克视网醇当量 = 1 微克视网醇 = 6 微克 β- 胡萝卜素 = 3.33 国际单位视网醇 = 10 国际单位 β- 胡萝卜素与其他维生素 A 先质（1 000 微克 = 1 毫克，通常市售 β- 胡萝卜素一颗约 15mg，即 25 000 国际单位维生素 A）；1 微克的维生素 D 相当于 40 国际单位。——编者注

PRICELESS
第33章

百万美元俱乐部

1997年,通用电气公司的一家子公司一反常态,给出了一笔极端慷慨的工资。杰里·宋飞(Jerry Seinfeld),美国全国广播公司电视台热门喜剧的明星,宣布自己打算辞职。他那时每拍一集《宋飞正传》,能挣到100万美元,这已经是个天价了。美国全国广播公司听说他萌生去意之后,主动提出把每集的报酬涨到500万美元——只要他答应再多拍一季。

这个提议相当够意思。美国全国广播公司每年能从《宋飞正传》的广告和各地联合播放版权费里挣大约两亿美元。也就是说,这出电视剧每季20多集,每集能带来大约900万美元的利润。为了不丢掉这棵摇钱树,美国全国广播公司宁肯选择"超公平"的做法——把半数的利润都拱手献给大明星。

宋飞不屑一顾。尽管他的节目依然搞笑,他还是铁了心地要辞职。不可避免地,美国全国广播公司开价的消息传了出去,很快就上了各地的娱乐新闻。广播电视台的大佬们肯定指望所有人都以为宋飞是个特殊的例子,遭到拒绝、未能兑现的500万美元开价并未成为先例。

各层食物链上的演员们却不这么想。接下来的几年里，明星以及各色配角的加薪要求前所未有地白热化了。

2002 年，《老友记》（Friends）的主角们集体开价，要求薪水涨到每集 100 万美元。这可是 6 位"老友"每人 100 万美元啊！《人人都爱雷蒙德》（Everybody Loves Raymond）中的主角雷·罗曼诺（Ray Romano）要求每集 80 万美元，《欢乐一家亲》（Frasier）的主演凯尔希·格兰莫（Kelsey Grammer）要求每集 160 万美元。詹姆斯·甘多费尼（James Gandolfini）拒绝继续出演《黑道家族》（The Sopranos），致使剧集草草收尾，因为他发现自己的收入才跟《欢乐一家亲》里的管家一样多。

一个电视明星值多少钱？从这个意义出发，建筑工头、棒球手或者美国总统又该值多少钱？劳务经济学把工资看成人才的供给和需求之间理性权衡的结果，要不，就当成是就职者在闲暇的欲望与购物金钱的欲望之间深思熟虑的选择。可到了最近，行为经济学家收集了一批案例，说工资有可能跟价格一样，是随心所欲定下来的。"我们怀疑，挣工资的人面对消费与闲暇的权衡，对自己的时间值多少钱并没有准确的认识，甚至也不清楚自己在别家公司能挣多少钱，"阿雷利、鲁温斯坦和普雷莱克写道，"换句话说，工人关心工资的变化，但对工资的绝对水平以及它相对于其他公司同类工人的薪资水平如何，他们是比较迟钝的。"他们指出，有一句老话心照不宣地说明了工资的任意连贯性：所谓富人，就是总能比自家连襟多挣 100 块的家伙。

按通货膨胀调整后，收入最高群体的所得相差极大。以 CEO 为例，经济政策研究所算出了一个广泛采用的比例数。根据他们的数据，2005 年，美国高层企业管理人员的收入是英国同行的 1.8 倍，是日本同行的 4 倍。另一个指标是美国 CEO 收入与普通工人的比率（如图 33-1 所示）。2007 年，这个数字是 275。这变化可真够大的，里根时代才不过 50 上下，20 世纪 60 年代是 25。

20 世纪 90 年代初，美国参议员特德·肯尼迪（Ted Kennedy）带头哀叹这一变化趋势。20 世纪 80 年代时，普通工人的收入涨幅不过勉强跟上了通货膨胀

的速度，CEO 的收入却翻了一倍。美国国会做出反应，在 1993 年制定了一部法律，取消了百万美元收入门槛之上的若干税收减免政策。

此举非但没有起到限制 CEO 薪酬的作用，反倒把百万美元的门槛弄得像是锚点了。它对着企业世界脚步稍慢的大部队高声嚷嚷：7 位数的薪水是可以的（为什么我没挣到呢）。1989 年，也就是该法律颁布的 4 年之前，CEO 与普通工人的收入之比是 71。2000 年，它已经蹿上了 300。"要是评选无意识后果的排行榜，"管理监督小组"企业图书馆"（Corporate Library）的内尔·米诺（Nell Minow）说，"这部法律肯定排名最靠前。"

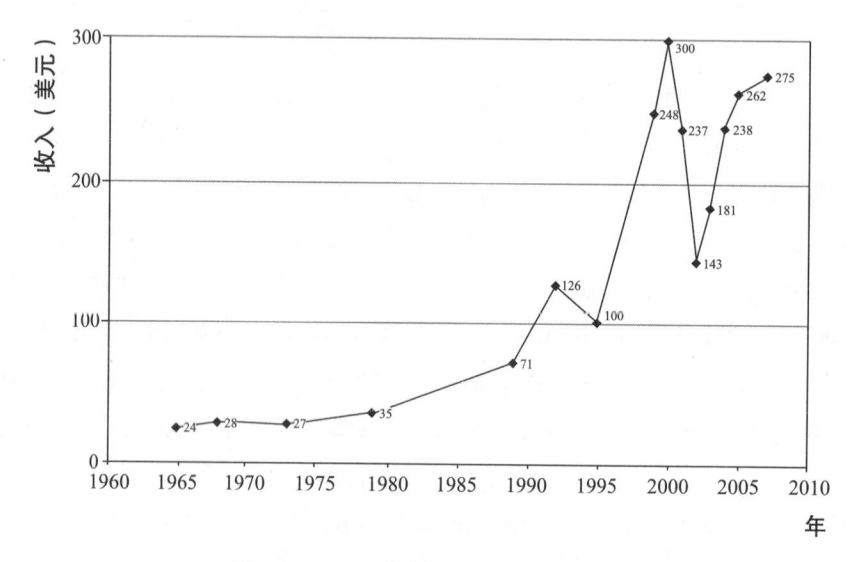

图 33-1　CEO 与普通工人收入之比（美国）

劳动者和管理层之间的阶级斗争打开了新战线——管理层和股东闹开了。为回应股东对不合理的 CEO 高薪的关注，证券和交易委员会颁布新规定，要求对高管薪酬曝光。"我绝不认为'高管薪酬'会下降，因为曝光多叫人尴尬啊！"曝光规定的设计师格拉芙·克里斯托（Graef Crystal）回忆说，"可事实证明，要是有人的年收入高高盘旋在 2 亿美元之上，他是绝不会尴尬的。"

身为苹果公司的 CEO，史蒂夫·乔布斯的薪水是 1 美元。他的真正报酬主要来自公司给他的限制性股票。2006年，这笔钱达到了6.47亿美元，约占苹果56亿美元利润的11.6%。

"独行侠理论"（Lone Ranger Theory）认为，公司的股票市值，CEO负主要责任。对乔布斯和苹果公司，这一点倒不难相信；在公众心目中，他俩简直是同义词。2008年冒出一连串的谣言，开了好多电话会议，说是乔布斯的健康状况堪忧，于是苹果公司的股价遭受重挫。一些统计学研究声称CEO与股票价值存在有力的联系，就算是公众并不熟悉的普通CEO也一样。

接受独行侠理论，CEO的薪水支票开得再大也可以想象了。

> 典型的例子是杰克·韦尔奇。他执掌通用电气公司20多年，公司的市场价值从140亿美元膨胀到5 000亿美元。"取得了如此成就的CEO值多少钱呢？"乔治梅森大学的经济学家沃尔特·E.威廉斯（Walter E. Williams）最近问道，"倘若韦尔奇只拿相当于通用电气公司1%价值增幅的一半，那他的报酬总额也差不多有25亿美元了，但他实际上只拿了寥寥几千万美元。"

独行侠理论的问题在于，你很难判断通用电气公司的发展有多大部分归功于韦尔奇，多大部分归功于运气（这里提到"运气"，是因为我一时找不到更合适的字眼）。

> 1981年到2001年，单单是通货膨胀，就让通用电气公司的价值增加了1倍。同一时期碰上股票牛市，其标准普尔股票增加了9倍。在这两点上，韦尔奇大概说不上有什么功劳吧！韦尔奇还在合适的时间退了休——就在"9·11"事件前5天，运气实在好得叫人没法相信。"9·11"事件之后，世贸中心向保险公司提出赔偿，而相关的保险公司恰为通用电气公司所有。通用电气公司一下子就损失了6亿美元，接下来的几年里更是损失了几十亿美元。不过，这可就不是韦尔奇要头疼的问题了，21世纪初惨淡的股市自然也跟他毫无关系。

无价
PRICELESS

到韦尔奇的继任者杰夫·伊梅尔特（Jeff Immelt）手上时，通用电气公司的市场价值已减少到 960 亿美元左右。你可能会说，伊梅尔特是个倒霉蛋。他一上任，通用电气公司 80% 的股东财富就化为了泡影。按独行侠理论来说，这一切全是伊梅尔特的错。

这当然十分荒唐。伊梅尔特是个有天赋又苦干的经理人，有人说他和韦尔奇一样优秀。伊梅尔特恐怕接受不了这样的提议：别从通用电气公司领工资了，直接赔偿股东们的损失吧！他会坚决地指出，通用电气公司股票价值下跌是时机不好，运气糟糕。那么，韦尔奇的成功又有多大的运气成分呢？有什么办法能判断出来吗？

2006 年，韦尔奇在 MSNBC 电视台的《硬式棒球》（Hardball）节目上亮相，援引了企业界最爱的平民风格比喻。"CEO 们就好像棒球选手，"韦尔奇说，"这些人有什么比率吗？人人都掏出支票本和钱包想签下个明星球手，经纪人乐得开了花。他们有三个星期的斡旋时间。"

主持人克里斯·马修斯（Chris Matthews）也很帮忙，他回忆了美国 20 年代最著名的棒球选手贝比·鲁斯（Babe Ruth）说的俏皮话。人家问鲁斯为什么挣得比总统还多，他回答道："我去年干得比他漂亮。"

其实，球员的薪水跟 CEO 的一样叫人觉得神秘。1922 年，鲁斯成为头号球手，每年赚 5 万美元。这差不多相当于现在的 64 万美元。2000 年，亚历克斯·罗德里格斯（Alex Rodriguez）签下一份 10 年期合同，队里每年给他 2 500 多万美元。倘若按通货膨胀加以调整，罗德里格斯也比鲁斯的收入高 49 倍。为什么会这样呢？不可能只是因为类固醇。罗德里格斯和棒球比赛在流行文化上的脚印，也比不上鲁斯那个时代的辉煌。自 20 世纪 20 年代以来，美国人口增加了差不多 3 倍，电视让更多人可以观看棒球比赛，也增加了棒球业的广告收入。然而，如今要打发闲暇时间，方式真是太多了。

假设我们把棒球球手的薪水根据通货膨胀加以调整，再除以鲁斯 1922 年按通货膨胀调整后的薪水。所得的结果，我们就叫它"贝比·鲁斯比"好了。表 33-1 显示，尽管棒球在体育比赛和娱乐方式里所占的比例越来越小，球手们的薪水却在一个劲儿地飞涨。

表 33-1　贝比·鲁斯比

年	球手	薪水（票面值）（美元）	贝比·鲁斯比
1922	贝比·鲁斯	50 000	1.00
1947	汉克·格林伯格	100 000	1.49
1979	诺兰·莱恩	1 000 000	4.63
1991	罗杰·克莱蒙斯	5 380 000	13.27
2000	亚历克斯·罗德里格斯	25 200 000	49.17

工资结构存在很大的一致性。大联盟球手比小联盟球手挣得多，伊梅尔特挣得比他手下的副总裁多，副总裁挣得比生产线上装灯泡的家伙多。薪水的任意性到底有多大，我们都不太了解。我们都喜欢这么想：勇气胜过运气，"明星"人才能扭转球队或跨国企业的败局。但这很难被证实，给它设置什么价格就更难确定了。

在实践中，顶级薪水是留待少数人判断的，剩下的人只能耸耸肩，觉得那数字恐怕不会不合理。这不光是供给和需求，更是锚定和调整。

第 34 章
淘气的市场先生

  深夜，你翻来覆去地换着电视频道，看到一种神奇新产品的广告。一个黑色小方盒子，每年一次地往外喷一张崭新的钞票。推销员向你保证，它完全合法，你想怎么花这笔钱都可以。这个盒子年年都能产出 1 美元——今年，明年，后年，大后年……直到永远！你愿意为这样的产品出多少钱呢？

  评估这个盒子的价值，方法之一是想象你一年可以怎样花掉 1 美元。你可以把它当成小费，在圣诞节送给某个你不怎么喜欢的人，或者明年夏天把一份快餐订单改成加大份。你大概会得出结论，这个盒子至少值 1 美元。你第一年就能回本，之后，它的产出都算是你的外快。

  你也有理由认为，这盒子的价值应该低于你目前的预期寿命年限数，因为这个年限决定了你还能从它那儿得到多少美元。顺便说一下，原来的主人去世以后，盒子还将继续工作，你可以把它转赠给你喜欢的人。

  你对这个盒子的估价应该跟你延迟享受的能力有些关系。也就是说，你现在得放弃辛苦挣来的一部分钱，以购入价格的形式换回之后的一条收入流。把焦点放在眼前这一刻的人（也就是老把信用卡刷爆的人），恐怕对这个盒子完全不感兴趣。看重长期持有它的人兴许愿意付相对较高的价格。

有一点很清楚。这里没有什么所谓绝对"正确"的价格。要是你想做一个锚定实验，那你恐怕会发现自己可以操纵价格。要是购物节目里的现场观众高声呼叫要以 2 美元的价格购买盒子，大多数观众兴许会觉得这是一个合理的价格。而要是现场群众觉得它值 60 美元，那 60 美元这个价格也就成了合理的了。

本杰明·格雷厄姆（Benjamin Graham）[①]，价值投资的传奇创始人，对每年产生 1 美元的黑盒子报出了一个简单的估价：8.5 美元。格雷厄姆说的其实是股票。一份股票能在将来产生收益流。把股价除以每股的盈利，你就得到了市盈率（价格与盈利之比）。它能说明买家为将来的 1 美元收入付出多少钱。由于黑匣子每年产生 1 美元的收入，所以你对它的出价，按美元来算，就等于它的市盈率。根据格雷厄姆的分析，一家公司的股票，倘若没有收入增长，应在 8.5 的市盈率上卖出。

> 格雷厄姆用"市场先生"的形象讽刺了投资者的价格心理学。市场先生是个好心肠的怪叔叔，每个工作日都会出现在你家门口，提议你购买或卖出股票。市场先生的价格每天都不一样。尽管市场先生很固执，你却不必担心是否得罪了他。不管你接不接受他的提议，第二天他总会带着新的价格卷土重来。

按格雷厄姆的说法，市场先生其实并不知道股票值多少钱。聪明的投资者是可以靠这一点赚钱的。有时，市场先生会建议以超出其价值的价格购买股票。你应该趁机卖掉！有时，市场先生的出价低于股票的价值。你应该赶紧买进！

这一招对格雷厄姆管用，对他的少数弟子——比如沃伦·巴菲特，也管用。

[①] 其经典著作《证券分析》中文简体字版已由湛庐引进，由四川人民出版社 2019 年出版。——编者注

可遵循格雷厄姆的建议，说起来容易做起来难。牛市（不客气地说，也就是泡沫）的时候，市场先生每天都给出天价，就好像股票永远也不会跌似的。大多数投资者都没办法抵御这样的诱惑。可市场先生怎么可能一天又一天地犯下这么离谱的错误呢？

早在 1982 年，斯坦福大学经济学家肯尼斯·阿罗（Kenneth Arrow）就指出，特沃斯基和卡尼曼的研究兴许可以解释股市泡沫。劳伦斯·萨默斯（Lawrence Summers）[①]在 1986 年发表的一篇论文中进一步探讨了这一主题，文章名为《股市是否合理地反映了基本价值》。萨默斯是第一个对现在所谓"股价的任意连贯性"加以扩充说明的。市场日复一日地对最新的经济消息做出迅速反应，由此产生的价格"随机漫步"，就成了市场了解真正价值的证据。由于股票价格已经反映了对公司未来收益所知的一切，所以只有突如其来的财经消息（无论好坏）才能改变价格。

萨默斯敏锐地指出，这种证据是站不住脚的。随机漫步是有效市场模型的一种预测，就好像你错过了火车是"黑色星期五要倒霉"理论的一种预测一样。你没办法通过它证明任何东西，因为有很多其他原因都可以造成同样的后果。萨默斯勾勒了其中的一种：股票价格包含了强大的任意成分，不过会通过当天的财经新闻进行前后一致的调整。

萨默斯的想法很可怕。它认为股票价格可能是一种集体幻觉。一旦投资者不再盲信，它就会一个跟头跌进谷底。"谁知道道琼斯工业平均指数的价值应该是多少呢？"1998 年，耶鲁大学的罗伯特·希勒（Robert Shiller）问道，"它今天真的'值'6 000 点吗？还是 5 000 或 7 000？2 000 或 10 000？如今没有什么一致的经济理论可以回答这些问题。"图 34-1 是历年来标准普尔指数股票的市盈率。

这 500 家公司的股票，目前占美国国内股市总投资的 3/4。和黑盒子的价格一样，市盈率代表了延迟享乐的能力。你兴许认为这种能力是人性中的恒定量，或是随着美国消费文化缓缓波动的变量。图表却讲述了一个不同的故事。曲曲

[①] 曾任奥巴马政府的国家经济委员负责人。

折折波动的线就是市盈率（使用前10年的平均盈利，这是希勒所用的指标）。黑色的粗直线是参考线，表明了市盈率的历史平均值是16%。在过去的70多年里，标准普尔的市盈率从不到5%（20世纪20年代）增加到了44%以上（1999年）。

部分变化是合理的。市场正试着预测未来的收益。倘若盈利增长前景不错，市盈率就应当高些，要是前景不容乐观，它就应当低些。利率和税率也会影响市盈率。但观察者，从格雷厄姆到希勒，都认为市盈率的大多数波动都是由投资者情绪不稳所导致的。要是能扫描输入市盈率和股票销量的数据，价格顾问们会得出结论：企业收益的"消费者"们，其需求明显缺乏弹性。这大体就是格雷厄姆的评价。他认为，大多数投资者冲进或退出市场时都是靠情绪在做决定，他们并不怎么关心价格。

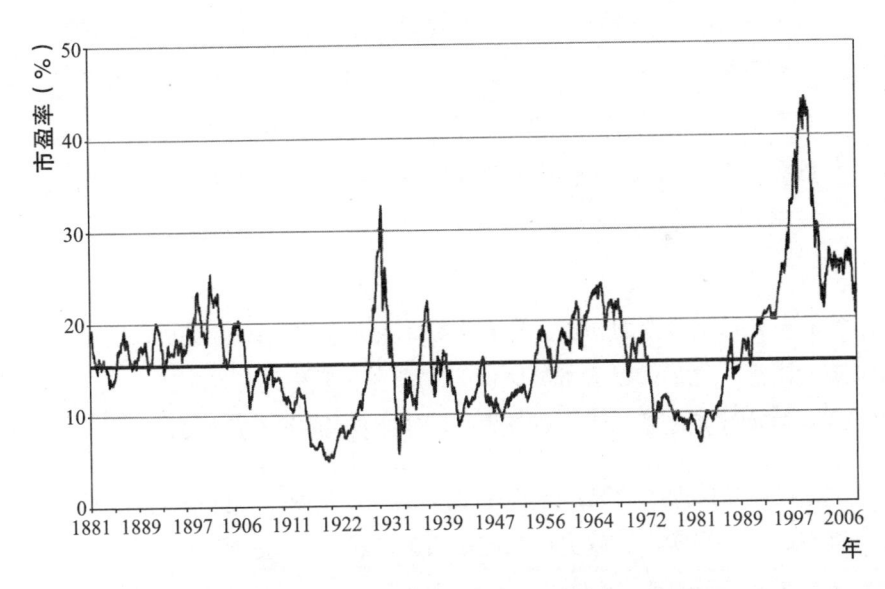

图34-1　1881—2006年标准普尔指数股票的市盈率

很多人都对市场价格心理学做了实验研究。卡默勒就用加利福尼亚州理工学院的实验经济学和政治学实验室设计出了超简化的股票市场。该实验室是经济学家查尔斯·普洛特（Charles Plott）创办的（他重复过偏好逆转实验）。实验

无价
PRICELESS

室由若干小格子间组成，每间都配备了电脑。每一次敲击键盘，每一个鼠标动作，软件都会记录并存档。实验结束的时候，研究者可以回放格子间里发生的一切，就好像视频点播电影一样。卡默勒做过这样一次实验。

价格实验

被试得到一种虚拟证券的两股，又得到一些真正的钱。75分钟之内，他们可以自己购买或出售股份，只需在软件里输入买入或卖出命令就行了。软件把买卖双方匹配起来，执行交易。被试明白，倘若在实验中赚了钱，他们是可以带走的。

由于证券是虚构的，被试没法翻查价格。他们只能自己出价、问价。卡默勒把这一切弄得尽量简单。在实验的整个过程中，每一股每隔5分钟就发24美分的股息。故此，在实验中一直持有卡默勒股票的人，能得到总计15次股息分红，即3.6美元。根据严格的价值投资者的标准，股票一开始时值3.6美元，每分一次红就少24美分。随着时间的推移，股票价值图会像下降的台阶一样。

实验开始后，股票的初始交易价格是3美元左右。10分钟后，它已上升到3.50美元附近。之后的绝大部分时间，它都在3.5美元上下徘徊。一直到最后10分钟，现实才控制了局面。随着结束的时刻步步临近，股价暴跌。

卡默勒向被试询问情况。"他们会说，当然了，我知道价格太高，可我看其他人都在高价买进卖出，就觉得我应该买进，收取一两次股息，之后以同样的价格买给其他某个傻瓜。没错儿，有些说法是对的。只要他们能在崩盘前脱身，他们就挣了很多钱，因为另外有些可怜的家伙没能及时脱手，被迫埋了单。"

这就是所谓的"大傻瓜理论"。人们在20世纪90年代末买了科技股，在2000年买了房地产，并不一定是因为他们以为价格合理，而是因为他们相信自己能把手里的东西卖给更大的傻瓜，获取利润。

那么，价值投资者（少有的几个不受他人愚弄的人）又是怎样的呢？在卡默勒的实验中，他们在赛场边上坐起了冷板凳。等股票"真正"的价值降下 3.5 美元以后，价值投资者就早早出空了自己手里的两股。此后，他们手里就没有更多的股票可卖了，更无意在卖家孜孜以求的价格上买进。所以，价值投资者对市场价格没有影响。

多次重复实验后，卡默勒弄清了如何制造而后再打消泡沫。制造泡沫的最佳方式是依靠通货膨胀。卡默勒曾在实验里不断往虚拟经济里投钱，就跟政府印刷钞票的做法差不多。钱越来越多，股票数目却保持不变，股价便上涨了。卡默勒发现，此时，他可以找回同一组被试，再做一次实验，这回不再有通货膨胀。"如果他们体验过了通货膨胀，"卡默勒解释说，"那么我们就在他们脑海里种下了价格会涨的信念，就像人工降雨一样。"结果"价格真的涨了，全因为这种建立在他们共同经历上的自我应验的预言"。

共同经历同样也是打消泡沫的关键。运行实验，接着找回同一组人重复。这一次，投资者还记得前一轮实验里的崩盘，于是态度更谨慎了。他们不把价格哄抬得太高，很快就开始退出。崩盘来得温和了一些，时间也提前了。第三次重复实验时，完全没有崩盘。价格基本上没有偏离价值投资者的底线。

> 制造泡沫的最佳方式是通货膨胀。

遗憾的是，对现实中的市场来说，记忆短暂，而泡沫与泡沫之间隔得又太久。作为一个整体，投资大众从未有机会做出决定，看看自己造成的后果，并相应改变自己的行为。没有"土拨鼠日"，故此投资者注定要重蹈黑色星期一的覆辙。

第 35 章
看在上帝的分上

20 07年6月,英国艺术家达米安·赫斯特(Damien Hirst)推出了世界上最昂贵的艺术作品。作品名为"看在上帝的分上",是一颗镶嵌了8 601枚钻石的白金头骨,每一枚钻石的来源都清清白白。它要价5 000万英镑——当时差不多是1亿美元,相当于基里巴斯共和国一年的国内生产总值。"这头骨非同凡响,"流行艺术家彼得·布莱克(Peter Blake)说,"价格看起来还蛮对头的。"

赫斯特靠着创造性定价闯出了一番事业。早先,收藏家查尔斯·萨奇(Charles Saatchi)委托赫斯特制作泡在福尔马林里的大鲨鱼时[1],艺术家要了个高得离谱的数目——5万英镑。这个数充当的是宣传噱头,为当时还籍籍无名的艺术家造造舆论。这一招奏效了。英国《太阳报》的头条是"5万英镑买条鱼"。2004年,萨奇把鲨鱼以800万美元的价格卖给了对冲基金经理史蒂夫·柯恩(Steve Cohen)。要是鲨鱼的形状再好点,价格无疑还会再高些。2007年,赫斯

---

[1] 也就是著名的后现代艺术作品《生者对死者无动于衷》,成品创作于1991年。

特其他的活体牲畜和药箱子作品按惯例都要卖7位数的高价。2007年头骨的价格恰好是1991年鲨鱼的1 000倍。赫斯特说，光是头骨上镶嵌的钻石，就花了他2 400万美元。"我们想把钻石弄得到处都是，"他解释道，"连里面都是，就在鼻子的内侧。只要是能放钻石的地方，我们都放上了。"

"是不是很漂亮？"供职于《纽约时报》的艾伦·莱丁（Alan Riding）问，"跟什么比呢？"批评界对赫斯特爱恨不一，头骨把恨他的那批人招了出来。"为了彰显人类的愚蠢和贪婪，这颗闪闪发亮的头骨真是太累了。"《时代周刊》的理查德·拉卡约（Richard Lacayo）抱怨说。伦敦评论家尼克·科恩纠结地说："价签才是艺术品。"

赫斯特的支持者认为，价签的确是艺术品。作品正是为了折射艺术市场的愚昧与荒唐。赫斯特选择使用钻石并非偶然，毕竟，钻石这种矿物质的价格，就是靠卡特尔人为抬高的。与此同时，批评赫斯特的人不怀好意地预测，头骨在这个世界上留存的时间不会太长。钻石比赫斯特的名气更值钱。不管是谁最后买下了这东西，总有一天钻石会被一颗颗挖下来卖掉。

对于价格这难以捉摸的幽灵，头骨的短暂历史已经讲述了一个精彩的传说。该作品在伦敦白立方画廊展出后没几天，赫斯特就宣布："差不多已经卖了……有人很感兴趣。"英国媒体分析，过气的流行偶像乔治·迈克尔（George Michael）可能是潜在买家之一。接下来事情就悄无声息了。看起来，画廊要做成这笔买卖有点儿艰难。到了8月底，据称头骨已经按全价——5 000万英镑，卖给了某个投资集团。画廊的发言人拒绝透露买家身份，也不肯进一步说明细节，只说买家打算稍后转售这件艺术品。

价签才是艺术品。

以更高的价格转售？不管怎么说，这些金融怪才们竟然按全价掏了腰包。按传统，画廊是会给大收藏家打折的。购买世界上最昂贵艺术品的人，似乎够资格享受这个待遇。

无价
PRICELESS

买家的身份泄露了。无非是达米安·赫斯特、白立方画廊的老板杰伊·乔普林（Jay Jopling），还有弗兰克·邓菲（Frank Dunphy）——赫斯特的会计。不难理解这是怎么一回事。头骨的价格是个锚点，一种推动赫斯特其他作品价格的巧妙方式。不管5 000万英镑的头骨能不能卖出去，维护这一价格的信誉都是最要紧的事。头骨作为宣传噱头，再成功不过了。它没能卖掉会变成新闻，于是，赫斯特和公司炮制了一份财务安排，让他们宣布头骨按全价卖掉了。

这步棋兴许下得更聪明。2008年9月15日，苏富比拍卖行开始对赫斯特（及其工作室）的223件新作品进行空前大拍卖。这一天也是雷曼兄弟公司申请破产的日子，可98%的作品都卖掉了。拍卖成交价最高的是"金牛犊"，牛的犄角和蹄子都用18K金叶制成。它卖到了1 030万美元，创下了赫斯特作品的拍卖纪录。为期两天的大拍卖，拍卖总金额达1亿多英镑，约合2亿美元。

至于头骨，会计邓菲承认它还没卖出去："不过，它现在的价格翻番了。"

PRICELESS
第 36 章
锚定解毒剂

托马斯·穆斯维勒、弗里茨·施特拉克（Fritz Strack）和蒂姆·菲佛（Tim Pfeiffer）在维尔茨堡大学做了一项实验。

价格实验

把一辆开了 10 年的欧宝 Kadett E 给 60 名德国机械师和汽车经销商看。研究人员之一说，车主的女朋友砸凹了汽车，车主的心里很矛盾，不知道它还值不值得修。他提到，他认为这辆车值 2 800 马克。"照您看来，这个价是太高还是太低呢？"接下来，他请专家们估计这辆车的现值和维修成本。专家们对汽车价值的平均估计是 2 520 马克。

研究人员又把同一辆车拉到另一组机械师面前，这回，他们说自己估计这车值 5 000 马克。结果，第二组专业人士的平均估计是 3 563 马克，高了足足 40%。

无价
PRICELESS

到此为止，实验只不过再次示范了现实世界中锚定效应对专业人士的影响。机械师们眼前实实在在地摆着那辆车，一个随意提及的价格却仍然左右了他们。

维尔茨堡实验的目的是测试一种锚定解毒剂。这是一种叫"反向思考"的技术。听到高价值，机械师就开始寻找能证明高价正当性的理由。这些理由存储在记忆里、唾手可得，受此影响，估价就往锚点的方向偏转了。

这意味着只要能让机械师思考锚点数字可能出错的理由（"反向思考"），就能轻易削弱锚定。为了对此进行测试，研究人员又找来两组机械师做进一步的实验。

> **价格实验**
>
> 研究人员先说自己认为车值 5 000 马克，接着便补充道，"昨天我的一位朋友说，他觉得这个价太高（太低）了。对这个价，你怎么看？"
>
> 如此罗列正反双方的理由提醒机械师。接着，和之前一样，研究人员询问机械师对汽车的估价。
>
> 这下子，被下了高锚点的机械师给出了 3 130 马克的平均估价（没服下"解毒剂"的机械师报出平均值为 3 563 马克）。被下了低锚点的机械师给出的平均估价是 2 783 马克（之前为 2 520 马克）。

上述两种情况中，"反向思考"都削弱了锚点的力量，令估价不再那么极端。此外，找到更多理由的机械师不容易受锚点的影响。

"反向思考"不是一个新概念。1650 年，奥利弗·克伦威尔（Oliver Cromwell）向苏格兰教会的长老发出了那句著名的呼吁："我恳求你们，看在基督的面上，想一想你们有没有可能是错了！"克伦威尔想要说服他们：以支持查尔斯二世为王来威胁英联邦是错的。他的话长老们置若罔闻，却留在了青史之上。三个世纪后，美国法官勒尼德·汉德（Learned Hand）说，克伦威尔的呼吁应该"写在每一座教堂、学校、法院的门口,还有,我或许可以这么说,也该写在美国每一个立法机构的门口"。

汉德法官提出的观点是,得出结论之前要三思。事先考虑你的判断可能在哪里出错,兴许会让你想到一种之前被忽视的原因,从而改变你的看法。克伦威尔和汉德谈的都是下决定前有意识思考的一面。穆斯维勒的研究小组认为,"反向思考"也能影响决定直观和本能一面。它可以减少锚点对价格的效力。这一点在谈判中会很有用,因为你不可能总是抢先提出一个数。

这些结果还有另一种解释。研究人员所找的机械师,有一半都对汽车的价值持极端乐观的看法。机械师或许并不希望打破客户的泡沫("顾客永远是对的")。研究人员曾表示,要是汽车还值那么多钱,他会修好凹痕。凡是想接下这份活的机械师都有理由给出较高的估价。这会造成跟锚定相同的效果,无从判断无意识试探的成分是多少,有意识推销的成分又是多少。

同样道理,研究人员提到自己的朋友持怀疑态度,机械师可以把它视为谈话里的暗示:听到不同的意见,这个人不会觉得受了冒犯。对坦率的鼓励,也可以解释如上所见的行为模式。

为了解决这个问题,穆斯维勒的研究小组做了第二次实验。

价格实验

他们要维尔茨堡大学的学生估计德国政治家赢取下届选举的概率。比如,总理赫尔穆特·科尔(Helmut Kohl)的胜率是大于还是小于80%。接着又问学生自己对科尔获胜概率的估计是多少。这显示了通常的锚定效应。之后,研究人员又请另一组学生说出科尔可能败北的三个原因,这一回,锚定效应大大减弱,就跟之前在机械师身上看到的一样。

无价
PRICELESS

"反向思考"很容易应用。要是碰到经销商、供应商、中介或雇主向你报出一个数字,你深深吸一口气,在有机会思考为什么这个价格有可能不合理之前,不做任何表态。就把它当成游戏好了:尽量想出更多的原因。

许多头脑清醒的企业家对正向思考(或反向思考)的练习不屑一顾。但锚定效应是真实的,只要是能用到的帮助,我们都应该利用起来。

PRICELESS

第 37 章

带上你的好朋友

如今的新型买家会拿着打印好的资料跑去汽车专卖店，这可真叫经销商抓狂。凡是能接入互联网的人都能解开卖车人利润的奥妙。只要花上几美元，就能买到一套经销商财务报告，当中包含最新车型及其可选配件的成本，如送抵目的地的费用、预付定金以及其他没做广告宣传的促销赠品。售卖此类信息的组织一般会建议买家说，经销商在真实成本上加价 5%，应算是"公平"的利润。故此，拿着打印资料来的买家，清楚地知道自己打算付多少。他跟"傻瓜蛋"截然两样，需要商家采用不同的应对策略。

有了这样的客户，谈判不再是随口说个价，而更多的是向事实发起挑战。经销商成了抵赖的大师。他们坚称《消费者报告》是错的，互联网是错的，买家算出来的数字是错的。打印小册子上的信息过时了（情况天天都在变）；买家心仪的车型本地已经没货了；不管小册子怎么说，其他买家愿意付经销商报的价，等等。做了功课的买家兴许不怎么相信这些说辞，但也不可能完全置之不理。总会出现某个点，买家

> 一个人有了事实的武装，情感支持似乎就成了奢侈品，而不是必需品了。

无价
PRICELESS

会厌倦：他提出的每一点事实和合理的推断，经销商都抵赖个一干二净。总之，买家让步了，他付出的价格超过了成本加价 5%。也许他相信了经销商的辩白，也许他只是不想再纠缠下去罢了。

很多地方建议购车者使用"好友系统"：带上配偶或朋友，以提供支持和备选意见。好友系统是"反向思考"的社交形式。你的朋友在必要的时候向经销商提出了相反的意见。不过，我怀疑掌握信息最详尽的买家利用好友系统的可能性恐怕是最小的。一个人有了事实的武装，情感支持似乎就成了奢侈品，而不是必需品了。

社会心理学的经典实验之一就牵涉到了好友系统。1951 年，当时在斯沃斯莫尔学院的所罗门·阿希（Solomon Asch）发表了一篇文章论决策的群体压力。

价格实验

被试均为本科男生。被试坐在一张桌子边，桌边还有其他 8 个人，被试以为这些人都是自己的伙伴。可事实上他们是阿希安排的"内鬼"。研究人员展示了一套"视力测试"，由 18 张简单的图表构成。图 37-1 就是一份摹本，按阿希使用的实际尺寸复制而成。仔细看看最左边的直线，再看看右边的三条直线，它们跟左边的直线一样长吗？

研究人员事先告诉内鬼，头两张图要给出正确答案，其后的图表则交替报出错误和正确答案。真正的被试坐的位置是安排好的，他最后一个作答。在关键题目上，被试要在听到多名内鬼给出同样的错误答案后才能发言。

总体而言，被试有 32% 的时候会给出错误答案。74% 的人至少给出一次错误答案，还有相当多的人 75% 的时候都屈服于同辈压力。由于题目无比简单，所以这个数字十分惊人。在没有内鬼的对照组，几乎人人都 100% 地给出了正确答案。

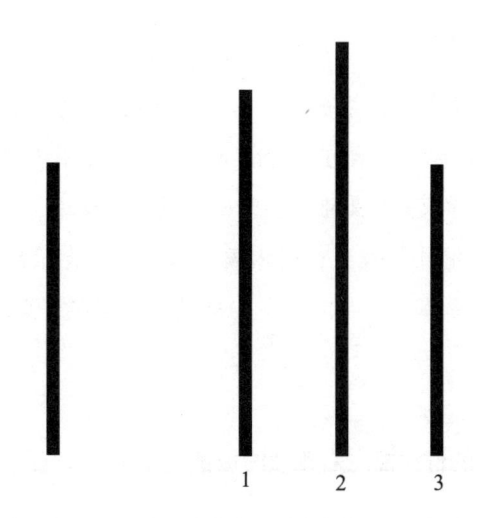

图 37-1　视力测试摹本

阿希试图揭示被试在屈从于群体意见时是怎么想的。他听到了三类解释。有些人说，集体报出的错误答案看起来的确是错的，但他们寻思，集体可能是对的。另一组被试告诉阿希，他们知道自己是对的、集体错了，可他们不想引人注目、惹起风波。还有极少数人是真正被洗了脑，就算阿希对实验做了解释，他们也坚持说自己的确看到左边的直线跟 1 号线一样长。

给出正确答案的被试大多承认他们心里是没底的。"你们或许是对的，但也可能错了！"有个人在实验里对内鬼小组这么说。后来，听说真相之后，他感到"欢欣与宽慰"，他告诉阿希，"实话实说，那时我曾这么想过，'管它的，我跟其他人一样就行了'。"

阿希又尝试在实验里加入表示同情的"哥们儿"。

价格实验

在一次实验里，桌边坐了两名不知情的被试（其余的人还是内鬼）。这给比较直线长短的那道题带来了显著影响。给出错误答案的比例从 32% 降到了 10.4%。

249

无价
PRICELESS

> 第一个回答的不知情被试"享受"不到听其他人给出正确答案的"福利"。他有时会屈服，随大流给出错误的答案。这令第二名被试提出异议变得更难了。故此，阿希又使用了另一种安排：先回答的"哥们儿"其实也是内鬼，只不过他得给出正确答案。这再次令错误率降了一半。真正的被试给出错误答案的百分比只有5.5%了。

阿希想弄清多大的群体能左右孤独的被试。答案是，三个人就可以。

倘若只有被试一个人，他们几乎全都会给出正确的答案。当被试一对一地"单挑"报出错误答案的内鬼时，情况也没有太大的不同。可要是一对二的话，被试的错误率就提高了。一旦有三个内鬼，他人影响差不多就达到最大程度了。人数再多，它的变动也不大了。此时，三人为"众"。

在汽车专卖店，"真理"是可以商量的。带一名好友，这是个好主意；带两名好友——达到了三人为众的神奇门槛，就更加不赖。

第38章
义愤理论

琼并不是一个真实存在的孩子,她是卡尼曼、大卫·施卡德(David Schkade)和凯斯·阿桑斯坦(Cass R. Sunstein)在一次有趣实验中虚构出来的人物。他们想看看自己能不能诱导陪审员,像利柏克诉麦当劳案那样,就并不太严重的损伤裁定疯狂的赔偿金。他们还想测试一种简单的、实际的纠正措施,一种能把理智和公正带回民事诉讼制度的办法。

价格实验

琼,一个好奇的6岁孩子,打开了一瓶过敏药的盖子。按说明书来看,这盖子本该是"儿童打不开"的。她吞下了太多药丸,以致在医院躺了好些天。琼的父母把制药公司告上了法庭。审判时,证据中提交的公司文件显示,制药商很清楚这种"儿童打不开"的瓶盖尽管"通常有效",其失效率却比"本行业任何其他厂家都高得多"。可怜的琼"对所有的药丸都产生了巨大的心理畏惧。每

无价
PRICELESS

> 当父母叫她服用维生素、阿司匹林或感冒药等药品,她都会不受控制地哭喊,说她害怕。"
>
> 猜猜得克萨斯州奥斯汀的陪审员们认为琼应当获得多少赔偿。2 200万美元!

1998年,卡尼曼、施卡德和桑斯坦发表文章《公愤和出离的赔偿:惩罚性赔偿心理学》(*Shared Outrage and Erratic Awards: The Psychology of Punitive Damages*),其中他们描述了陪审团裁决的"义愤理论"。他们说,陪审团其实就是一场心理物理学实验,陪审员打分评价自己对被告的行为有多大的义愤。问题是,他们需要把义愤换算成美元,而美元这一量值量表是没有比较标准的。"单纯的美元赔偿具有不可预测性,"文章作者们写道,"它主要是由个体在使用美元量表时的差异造成的(很可能是些毫无意义的差异)。"

他引述了史蒂文斯(从前法律学者们根本不知道有这么一位权威人士)的研究,表明陪审团裁决具有量值量表的许多特点。心理估值上的误差或"噪声",等比例地随估值本身的大小而提高。不管你是让一名被试反复做估计,还是比较不同人士所做的估计,情况都是这样。对陪审团来说,这意味着最高额的赔偿裁决有可能最是离谱。此外,陪审团是小样本。12人的样本太少,不足以准确表明公众的意见。这会带来异常高的赔偿,也会造成低得可笑的赔偿(尽管后者很少见诸报端)。

> **价格实验**
>
> 被试是得克萨斯州奥斯汀的899名居民,奥斯汀是施卡德所在的得克萨斯大学的总部。被试是从选民名册上招募的,跟履行陪审团义务的居民是同一批人。他们在市中心的一家酒店碰面,读了虚拟诉讼的介绍:一个蒙冤的人状告一家公司。案件中的公司被告已经被裁定有罪,并负担20万美元的赔偿损失费。被试们

> 的任务是确定惩罚性赔偿的数额。
>
> 研究人员要一组被试指定美元金额，另一组被试则只需根据一份"义愤"量表给被告的行为打分。这张量表的数值是从0("完全可以接受")到6("绝对无耻")。还有一组被试要按0("不处罚")到6("极严重的处罚")分来评价惩处力度。

所有的模拟陪审员都要单独填写问卷，不得与其他人商量。人们对义愤量表和惩罚力度量表（即等级量表）的反应有着极强的联系。可美元赔偿这一量值量表却完全不同。在心理物理学上，这样的结果是可以料到的。

按平均数来看，可怜的琼得到了最高的赔偿金。这一点很荒谬。首先，它并不代表共识。尽管2 200万美元是平均赔偿额，但中位赔偿值只有100万美元。一半的被试认为赔偿数额应为100万或更少，甚至有少数陪审员（2.8%）认为赔偿金应该是0。

这些迥异的美元金额代表陪审团意见不同吗？不。看看等级量表评分，你就能发现一个相当像样的共识。在义愤量表上，陪审员给制药公司的行为平均评分为4.19（总分为6），在惩处量表上平均评分为4.65。回答在中间值上下散乱分布，但大致呈钟形。

但等到指定赔偿金额时，陪审员们的共识就分崩离析了。每个人都不一样。你可能会碰到这样两个人：他们完全同意对被告"严厉处罚"。可一个人认为，严厉处罚意味着10万美元；另一个人却认为它意味着1亿美元。琼诉制药公司一案的平均数字之所以高，原因在于有好几个人判出了天文数字。在计算平均值时，他们的评价产生了巨大影响。

当然，真正的陪审团不会把每名陪审员的数字都平均计算。他们彼此争论金额，并尝试对外阐明原因（正如对利柏克诉麦当劳案的报道）。不过，也有研究显示，审议群体，尤其是陪审团，在做判断时不见得比单个成员更出色。当

253

无价
PRICELESS

人人都独立进行判断时,"群众智慧"的效果最好。陪审团甚至可能放大成员的偏见。倘若最先发言的陪审员报出了一个高得惊人的金额,上述情况就有可能出现。"陪审团裁定赔偿金额的不可预测性和典型失真性,在实验室条件下可以很容易地再现出来,"研究小组写道,"在这类情况下,我们认为裁决是极不稳定的,故此容易受审判或陪审团审议过程中出现的任意锚点所影响。"

琼一案中 2 200 万美元的平均赔偿额,跟其他假设场景里的美元金额并不吻合。对此,最好的证据是,研究人员还检验了琼场景的另一版本。

价格实验

一些陪审员读到的案情简介是,琼过量服用药物,永久性地损伤了她的呼吸系统,"这会让她的余生更容易患上与呼吸有关的疾病,如哮喘或肺气肿。"这些陪审员给出的平均赔偿额是 1790 万美元——低于我们最开始介绍的那个场景(那里面,琼不过是害怕药丸而已)。这并不意味有谁真的以为呼吸系统的永久性损伤不严重。没有哪名陪审员看过故事的两个版本;每一回,陪审员都是从奥斯汀的选民中随机抽选的(跟真正的陪审团一样)。显然,在原告病情并不太严重的那个场景里,判处极端高赔偿金额的陪审员碰巧多了些。

还是老样子,等级量表的评分更为一致。较之害怕药丸版本,琼呼吸系统永久受损的版本得到的义愤度更高,惩罚分值也更高,跟逻辑相吻合。这类判断并不随收入、年龄或种族的不同而变化。(在处罚力度评分中,妇女比男人更为严厉。)研究者的结论是,"处罚力度评分的基础是,社会普遍共有的道德直觉。"

美元金额却不是。陪审团裁断出疯狂赔偿金,这个问题的根源在于,就如何把义愤转换成美元,人们没有共识。

| 第三部分 |
挥舞价格的魔棒

卡尼曼、施卡德和桑斯坦利用上述研究发现来解决一些哲学问题。他们写道：正义需要一致性。相同的罪行需要得到相同的惩处。然而，在实践中，所有的情境都不尽相同。这就是为什么我们需要陪审团确保惩处吻合社会的情绪。

文章概述了几种可行的改革方式。其中大多数都涉及让陪审员在评定损害时使用等级量表而非美元量表。他们评分选出惩处力度，而不是美元金额。之后用"转换功能"把惩处评分换算成罚金。这一转换功能可以由法官或立法机构来制定。还有一个更民主的想法是让人民来判断。司法区或整个国家，可以做类似奥斯汀的这种实验，确定公众的惩处意图该换算成多少钱。之后，这种通过实践得出的转换功能就可以用来确定损失赔偿费。每隔几年可以重复实验，确保该功能与公众的想法与时俱进。卡尼曼、施卡德和桑斯坦写道："我们该如何对社会情绪做出最准确的估计呢？一旦提出这个问题，新的可能性就展现在我们的面前了。"但是，目前的制度根本不这么考虑。

255

第39章
环境影响判断

埃里克·约翰逊（Eric Johnson）是哥伦比亚大学商学院的教授，热情又带点孩子气，年纪不算小了：他在赫伯特·西蒙手下修了博士学位，又跟特沃斯基合作过。约翰逊的学生娜奥米·曼德尔（Naomi Mandel）读到了"启动"概念，想知道它能不能用在网页上。"我说，这是一个很可爱的想法，"约翰逊回忆自己还补充了一句，"它不可能成事儿的。"不管怎么说，曼德尔还是想做一些尝试性研究。"我们不停地做，它回回不落空，"约翰逊说，"我完全没料到数据会这么干净，效果是这么显著。"

曼德尔和约翰逊的实验，发表在《消费者研究期刊》上，在营销界和网络设计群体中造成轰动。长久以来，宣传都说互联网为购物者提供了公平的环境。面对实体店的价格，消费者用不着非接受不可了。买家可以在宽广的网络世界比较各家商店，不再受高压推销手法的操纵……呃，请把最后一句话划掉。曼德尔和约翰逊发现，操纵买家极为简单，就跟调整一段超文本代码差不多。

| 第三部分 |
挥舞价格的魔棒

> **价格实验**
>
> 76名大学生参与了这场所谓的在线购物测试。每人访问两个（假的）网站，一个卖沙发，另一个卖汽车。利用网站上的信息，他们要在每一产品的两类款式中选择其一。每人都要进行熟悉的价格与质量权衡，并确定哪个更重要。
>
> 实验的一个变量是每个网站主页的背景图片。沙发网站的一些访问者看到的是一张硬币铺在绿底色上的墙纸。其他人看到的则是蓬松云彩的背景（暗示舒适）。汽车站点也有不同的背景图：一种是绿色美元符号，另一种是红橙两色的火焰。

曼德尔和约翰逊认为"请务必注意，我们的启动操纵不是潜意识上的"，"我们的所有被试都能明明白白地看到第一页上的背景，在问到的时候，许多人也记得起墙纸是什么。"可要是问他们墙纸是否影响了其决定，86%的人说没有。"这种自觉的匮乏，暗示着……电子环境有可能向消费者提出巨大的挑战。"

> **价格实验**
>
> 第二次扩大实验找来了385名互联网用户。这些被试是来自全美各地的成年人，平均年龄和收入都接近普通的互联网用户。一份问卷调查了每名用户在买车和买沙发上有多少经验。这一回，网站跟踪了用户在每一网页上停留的时长。新手买家的浏览历史清楚地表现出了启动效应。用金钱图片"启动"时，他们花了更长时间比较价格。

专业买家的浏览行为受墙纸图片的影响较小。可他们的选择却照样受了左右。曼德尔和约翰逊怀疑，经验丰富的消费者会觉得，判断哪张沙发柔软舒适、哪辆汽车便宜反倒更简单。"启动"影响了专业人士从记忆中检索的事实。新手

无价
PRICELESS

必须依靠超文本页面构建类似水准的能力。最终的结果大致相同。背景图片把购物者的思维定式从"价格重要"推到了"质量重要"上。

营销人员已经开始利用这一科学。约翰逊正帮助德国的一家汽车厂商（他不能透露是哪家）重新设计网站。这些应用提出了广告与生俱来的伦理问题。在决策研究面前，我们的伦理，还有我们的经济，全都成了过时货。很大程度上，我们仍然赞同以下观点：人有着固定的价值观。凡是想偷偷摸摸改变这些价值观（"无形的说客"）的事情，都被看成是侵犯个人自由。现实情况是，消费者想要什么，大多是在鼠标的一次次点击之间构建出来的。各种内容细节施展着可测量出来的统计效应。没有哪个消费者愿意觉得自己"受了操纵"。但就某种程度而言，这无异于说鱼不想感受水。

想想看：曼德尔和约翰逊的实验还找了一个对照组，被试看到的网站是中性版本的，完全没有背景图片。他们的选择跟看到金钱背景的被试没有太大不同。这就提出了一个可能性：美国消费者的默认焦点就在价格上。需要"操纵"才能让他们注意到别的东西。

我们这个痴迷于利润的熙攘社会，很少花时间仔细思考"金钱到底有多重要"。但这并不会叫问题自动消失，只是把它推进了潜意识和自动的领域。2004年，克里斯琴·惠勒（Christian Wheeler）和同事们在斯坦福大学做了一次实验，他们找来被试做"视力测试"，之后再进行最后通牒博弈。视力测试包括按大小将照片排序。这只是一个借口，目的是向被试展示一些照片又不引起他们的怀疑。

> **价格实验**
>
> 一组被试看到的是跟商业相关的照片（会议桌、西装、公文包），另一组看到的是和商业或金钱无关的图片（风筝、鲸鱼、电源插座）。这使得被试在之后进行的最后通牒博弈里表现迥异。跟对照组比较，看到商业图片的提议者对响应者的出价少14%。看到风筝或鲸鱼图片的被试更倾向于对半分，而不是自己多贪个几分钱。

"对相对轻微的操纵而言，这是很大的影响了，"惠勒说，"人们总是想弄清楚在特定环境下如何采取行动，他们会寻找外在线索指引行为，尤其是在搞不清楚他人期待的时候。要是没有太多明确的线索来帮忙确定环境，我们更有可能根据随手找到的含蓄线索行事。"

价格实验

多年来，纽卡斯尔大学的休息室一直使用"诚实箱"给茶和咖啡收费。任何人都可以自主取用热饮，并按标价把钱投入诚实箱。这样就免去了雇用收银员——收银员的工资说不定比收来的钱更高呢。诚实箱其实就是独裁者博弈的白话版。按道理，人人都应当公平地投入自己的那份钱。但他们也可以少投，甚至完全不投。根据对独裁者博弈进行的研究，人们是否往诚实箱里如约投钱，跟周围是不是有人看大有联系。2006年的实验发现更惊人的内情。

心理学家梅丽莎·贝特森（Melissa Bateson）、丹尼尔·内特（Daniel Nettle）和吉尔伯特·罗伯茨（Gilbert Roberts）自己做了标价签，换下了"诚实箱"上原来的标签。标签上的价格完全一样，只是顶部多了一幅图片。有些标签上印的是一双直愣愣地看着你的眼睛。另一些则印的是鲜花的图片。贝特森的研究小组每周更换标价签，并计算每个星期收到的钱，以观察付费行为是否存在差异。（他们用牛奶的消费量来比较实际使用了多少咖啡和茶。）平均而言，他们发现，当价签上是眼睛图片时，人们投入的钱是有鲜花图片的2.6倍。

"我们本来以为影响会微不足道，结果却是这么大，我很惊讶。"贝特森说。职场的诚实就像台灯一样能开能关。

无价
PRICELESS

独裁者博弈的被试显然有意识地不想显得太自私。可对一幅图片来说，这种解释却是说不通的。"我们的大脑设了默认的程序要对眼睛和面孔做出反应，不管我们是否有意识地晓得它是真的还是假的。"贝特森提出。另一项实验发现镜子也有类似的效果。虽说镜子能改变行为不是什么新闻（想想蜜月套房天花板上的大镜子吧），可它的效果兴许比我们想象中还要大。C. 尼尔·马克雷（C. Neil Macrae）、盖伦·V. 博登豪森（Galen V. Bodenhausen）和艾伦·B. 米尔恩（Alan B. Milne）发现，人在有镜子的房间里，欺骗或表现性别歧视及种族歧视的可能性较低，更愿意助人为乐、努力工作。"通过安排让人们意识到自我，"博登豪森说，"他们更可能停下来思考自己在干什么。"这反过来导致了"更可取的行为方式"。

第40章 PRICELESS

金钱，巧克力，幸福

查尔斯·达罗（Charles Darrow）享有游戏《1935年：大萧条中的垄断》（以下简称"垄断"）的专利权。其实他并没有发明这个游戏，而是盗用了他人的想法。游戏讽喻了自由市场资本主义，可它到底是赞成还是反对这种制度，从来没有人说得清。尽管游戏赞美利润，可"垄断"从来都是个贬义词。

"垄断"最终获得了成功，因为它卓有成效地创造出了一个叫人身临其境、内部又和谐统一的世界。玩家们忘记了自己钱包里的真钱，使用"垄断币"——这个词逐渐有了引申意义，象征脱离实际的价格决策。"垄断"里的价格没有任何意义（房子一套100美元），但价格比率把被试需要知道的一切都说清楚了。"垄断"的世界就其本身是合理的——正如你我居住在这个星球上，总想着要搞懂它。

2006年，凯瑟琳·沃斯（Kathleen Vohs）、妮可·米德（Nicole Mead）和米兰达·古德（Miranda Goode）在实验中用到了"垄断"游戏。她们用它来"启

无价
PRICELESS

动"被试想到金钱（当然，它只是诸多的操纵途径之一）。一组被试玩"垄断"；另一组人坐在电脑显示器边上，屏幕保护程序不停飘动着美钞；一组人要看一幅外国货币的海报了；还有一组人要想象自己贫穷或富裕的样子。沃斯的研究小组发现，所有这些金钱"启动"都有着类似效果。它们会让人变得不好社交，不愿合作。受了金钱启动的被试有以下想法。

想要更多"个人空间"。 研究人员告诉每一名被试，他要跟另一名被试进行谈话、互相了解。研究人员要他从房间的角落里搬过一张椅子，放在他自己的椅子旁边。接着，研究人员离开，去接另一名被试。这么做的目的是看被试会把两张椅子隔多远。受了金钱启动的被试总会在两张椅子之间隔开更多的距离。

想要单独工作。 研究人员分配给被试一件小差事，允许其选择是单独工作还是跟人合作。绝大多数看了金钱屏幕保护程序的人选择单独工作。绝大多数看了鱼或空白屏幕保护程序的人希望跟人合作。不选择团队工作其实毫无理由。工作量是一样的，不管一个人做还是两个人做。

想一个人消遣。 被试填写一份调查问卷，要求从若干组活动中选出自己喜欢的那一种。每道题都包含两个选项：一种单独的消遣（读一本小说），一种跟家人或朋友共同进行的消遣（跟朋友去咖啡馆）。看到金钱的被试选择单独活动的可能性更大。

不太愿意帮助陌生人。 被试从一个房间走到另一个房间，"恰好"碰到一起"人为制造"的小事故：有人（当然是安排好的同伙）掉了 27 支铅笔。受了金钱启动的人不大可能帮忙捡起铅笔，平均而言，他们拾起的铅笔少得多。

不向人提出帮助请求。 被试得到一件"不可能完成的"任务。它的目的是看被试要花多长时间才去找人帮忙。受了金钱启动的人在开口之前的挣扎时间比其他人长 48%。

对慈善机构的捐赠少。 研究人员给被试一个私人机会去向本校的大学生基金会捐款。被试没有理由会察觉这也是实验的一部分。金钱启动组的捐款数额只相当于对照组的 58%。

"有些人认为我们的发现表明，金钱让人变得自私，"沃斯和同事们写道，"金钱导致贪婪或自私，这似乎成了当代西方文化必不可少的一部分。"但他们进而指出，实验结果并不适合采用这样过分简单化的阐释。

他们要被试描述自己的情感状态。接受或未接受金钱启动的被试并不存在什么有意义的区别。想到金钱并不会让人"不信任他人，焦虑或骄傲"，这些状态都可以用来解释研究的部分发现。

面对艰巨的任务，一个自私的人可能会立刻会找人帮忙，或是跟伙伴一起分摊工作，免得自己单独操劳。相反，金钱启动让人想要当个独行侠。他们就像是老套的男司机，迷路了也不愿意找人打听。

沃斯的研究小组认为，把金钱启动触发的行为称为"自给自足"更合适。和"垄断"游戏一样，自给自足是松散地起源于市场经济特点的一种"游戏"。游戏的规则说，你应当一个人玩，金钱是你的计分方式。跟其他玩家的互动要遵循公平、互惠的原则。（你不能从别人那里偷"垄断币"，虽说人人都知道它是假的。）玩这个游戏，不是要相信金钱万能，人际关系不重要，而是以金钱作为临时性共享拟制（temporary shared fiction）。

自给自足只是人类可以玩的诸多游戏之一。它在美国文化和全球强大的市场经济中扮演了一个重要角色。"启动效应或许提供了一种文化可以运作的机制，"卡尼曼提出，"有些文化里包括了一些相当于持久的类似金钱提醒器的东西。其他文化提醒你，有眼睛在看着你。有些文化让你想到'我们'，有些让你想到'我'。"

在行为决策实验里，巧克力恐怕是第二受欢迎的激发因素了。人们对巧克力的反应方式，跟他们对金钱的反应方式非常类似。他们试着理性地追求巧克力的最大化，构建巧克力量值量表。有时人对巧克力的贪恋会叫他们做出奇怪的事情。让我们来看看这些巧克力"经济学"实验。一种怪诞的"辨识感"浮

无价
PRICELESS

现出来，就好像是看到黑猩猩"模仿"那些再熟悉不过的人类弱点。

奚恺元和张岩做了一次实验，让中国大学生在以下两个选项中进行选择：

(a) 回忆并写下生活里一件失败的事，并吃一大块（15克）德芙巧克力。

(b) 回忆并写下自己生活里一件成功的事，并吃一小块（5克）德芙巧克力。

学生们必须在写的时候吃，不能把巧克力省下来带回家。你可能猜到了，大部分学生（65%）选择了更大的巧克力。精神上的戒律似乎是这样："对巧克力，能选更多的时候，绝不选更少。"

奚恺元和张岩并未让所有被试都有所选择。对另一组被试，他们只是简单地说，写一件生活里失败的事情，同时吃15克巧克力。随后，他们要给这次经历（边吃巧克力边写作）打分，量表总计9分，从极端不快乐到极端快乐。还有一个小组按要求完成选项（b），也在同一套9分量表上打分。分配到选项（b）的人压倒性地比分配到（a）的更快乐。完成（b）的人得到了一件愉快的任务，得以边做边吃巧克力。他们并不知道自己吃的巧克力比别人的要小。

一旦知道了内情（也就是知道能吃更多巧克力），事情就糟糕了。人们没办法让自己接受小一点的巧克力。奚恺元和张岩把自己的实验视为"生活的一种缩影"。在现实当中，金钱是苦乐参半的巧克力。我们穷尽一生来寻找最低的价格，最高的薪水，最多的金钱——用这些数字来确认自己的幸福。套用我们熟悉而又浅显的一个观点，金钱买不到幸福，你不能给人际关系标上价格。奚恺元和张岩让这些老套的说教焕发了全新的光彩，像是给这些颂歌镀上了全新的光泽。把金钱当成量值量表并不是一切罪恶的根源。因为金钱是一个数字，数字最容易比较，在跟其他东西进行比较以便做出决定的时候，它得到了过多的权重。较之一个没有价格的世

> 较之一个没有价格的世界，价格让我们多了一点节俭、多了一分贪婪、多了好些物质主义倾向。

264

界，价格让我们多了一点节俭、多了一分贪婪、多了好些物质主义倾向。

行为决策理论中最难于回答的问题是：人真正想要的是什么？你不能以为价格或选择反映了真正的价值。问题似乎出在问题本身。它假定人在心理上存在一种虚构的精密尺度，里面有着定义严格、跟背景无关的"真正价值"。越来越多的证据证明，事情并非如此。（最广义上的）偏好逆转就是人类的条件与处境。

多年来，行为决策理论家已经很擅长制作设计巧妙的偏好逆转实验了。就拿奚恺元做的一个实验来举例吧。你可以在两块同样精美的巧克力中挑选。一块小一些，呈心形；另一块大，可形状像蟑螂。你会选择哪一块？

奚恺元拿这个难题去问学生和朋友，他发现大多数人选择了蟑螂形的巧克力。可令人哭笑不得的一点是，奚恺元接下来又问人们更喜欢哪块巧克力，大多数人承认是心形的、小的巧克力。

|| 湛庐文化特别奉献 ||

PRICELESS
精读指导

无价：潘多拉星球的故事

精读指路人 孙路弘
营销与销售行为专家

  一家外企招聘管培生。要求应聘者上午10点到达指定地点。原来指定地点是一个会议室，会议室墙壁上挂满了一个月以来的剪报，标题有："应届生愿意接受月薪800元""硕士生屈就1 000元月薪""3 000人争抢一个职位""外企在中国特殊待遇将取消"等。先到的约100多名应聘者陆续开始阅读着墙上的这些剪报。有一些剪报是通过复印机放大了贴到墙上的，会议室的桌子上还放了一些剪报的复印件，公司组织者鼓动前来应聘求职者们随意翻阅。

作为《无价》的读者，你应该不难看出这家外企的人力资源招聘主管在玩什么把戏吧？如果你真的看懂了《无价》，请指出，该公司这么做依赖的是书中的哪条原理，并详细指出该原理在第几页，以及作者选用的是什么例子。

读书就应该这么读。不仅读懂作者用文字描述的例子以及提炼出来的原理，还应借此看透生活中点点滴滴的精明花招。

无价
PRICELESS

　　一个毕业了的高级管理人员工商管理硕士（EMBA），在投递简历后，被邀请参加面试。面试后，人力资源的招聘主管觉得他确实不错。他是 EMBA，在学习这个专业前就有多年的企业高管的经历，与企业要招聘的职位匹配度非常高。于是，第二次面试时，业务部门的主管出席，就许多业务问题同他进行了交流。当然，业务主管也非常满意。最后，业务主管问出了一个关键问题：就你应聘的这个市场总监的职位，你期待的收入是多少呢？该应聘者是这么回答的：在决定全职学习 EMBA 专业之前，我在公司最后的职位是华东区市场经理，当时的年薪是 38 万元。入学后，我发现同学们个个都很不俗，最厉害的一个入学前年薪居然都达到七位数了。不过，现在的就业市场对我们这些 EMBA 的毕业生来说，也不是买方市场，我的一个室友，他上周得到的职位年薪 43 万元，其实我的期待并不高，还是根据企业自己现有的标准吧！

　　如果你掌握了精读一本书的方法，你就肯定可以发现书中与这个例子类似的例子在第几页，并且能够提炼出当中核心的本质原理，当然，你也可以预测这个应聘者的年薪范畴大约是多少。

　　一本《无价》，区区 200 多页，汇集了 50 多个经典的心理学实验。每一个实验都有详细的描述，也有因此而产生的经济学结论。其中不少实验的设计者获得了诺贝尔奖，后来的一些学者甚至仅仅是通过对这些实验进行多角度分析就摘得诺贝尔奖的桂冠。你能对这 50 多个实验进行分类吗？比如，将所有与赌博相关的实验归为一类；将感觉偏差的实验也归到一起；再将社会群体影响类别的实验都挑出来。只要你能将对这些实验的分类落实到书面上，这本书你就读懂 65% 了。你也就应该能读懂作者创作该书的思维脉络了。为何不尝试一下呢？不妨看看我阅读本书后拍得的两张图片，它们可以作为你的参考。

　　要是一本书中都是实验，那它大概要被归类为实验手册了。难能可贵的是，作者并没打算编写一部社会心理学、经济学实验方面的专著，而是要彰显自身的思考力度和逻辑实力。书中有许多作者根据实验提炼出来的自己的观点，而这些观点在许多经济学家的专著中也屡见不鲜。

一本好书并不一定是一本学术价值多么高的书。学术价值高的通常都是论文，而论文变成图书从而成功地被社会大众所接受的例子并不多见。《无价》是一本让人看得懂的书，当中既有大家看得懂的哲理，也有大家看得明白的逻辑。而这些通常都是阻挡大众学到实用知识的障碍。当然，说此书没有任何阅读障碍，那是不可能的，毕竟《无价》并非小说。所以，要想从本书当中学到真正的价格、价值、社会、心理等珍贵的道理，仍然需要你采用精读的方法阅读本书。

有关精读这本书的实用建议如下：

1. 将书中所有的社会实验汇总一下。
2. 对汇总的结果进行分类。
3. 将书中所有的"不可不知"的内容都抄写下来。
4. 将所有的实验与"不可不知"的内容相匹配。
5. 将书中提到的所有的经济学家罗列出来。
6. 再将这些经济学家的核心观点罗列出来。
7. 将书中提到的价格方面的咨询公司的名单列出来。
8. 在互联网上搜集一下这几个公司的网站及其主要业务范围和成功客户的名单。
9. 将书中测试出来的人类的愚蠢表现罗列一个清单。
10. 将书中人们被价格策略弄晕的情节罗列出来。

然后，你将发现《无价》当中可能隐藏了太多充满邪恶诡计的故事。说的就是源自希腊神话中的故事：

为了惩罚人类，上帝造了一个女人，她的名字叫潘多拉，她的特

无价
PRICELESS

点就是凡事不经思考，凭感觉去做，概括地说，冲动、盲从、感性就是潘多拉的特点。在好奇心的驱动下，她打开了一个盒子，从盒子里出来了贪婪、虚无、诽谤、嫉妒和痛苦，看到如此不详的景象后，她立刻将盒子关得紧紧的。盒子确实关住了一个没能跑出来的东西，名字叫"希望"！

想想卡梅隆斥巨资打造的影片《阿凡达》中星球的名字吧，就是"潘多拉"。影片结尾，在将来自地球且背负无数罪恶的人类驱出之后，星球留下了"希望"，给"潘多拉"留下未来的光明。

你已经打开了《无价》，你已经看到了太多人为设计的诡计，不要匆忙地掩卷沉思，打开了就多读几次吧，用精读图书的方法放飞希望吧！

以上10个具体的行动内容就是放飞希望的途径，带上你的思维，打开你的笔记本，任由行走的文字报告希望的所在，我在这里等你来相会：

yes4you@gmail.com。

精读拓展

精读《无价》之前有一本书绝对不能错过，它会让你在理解《无价》的原理时一帆风顺。作为心理学畅销书，《影响力》20年来雄踞消费者行为学和应用心理学畅销榜榜首。对于人们为什么会顺从高昂的价格、为什么会接受无理的要求，《影响力》不仅给出了答案，还对你如何运用它提出了指导。

做完《无价》的读书笔记，你最好放松一下大脑，看看那本被全球顶级思想家誉为新锐经典的《看不见的大猩猩》，测一下你是否属于那50%，这个在哈佛大学完成的实验是有史以来最受关注的心理学实验之一。它会给你不少启示，从而让你的思维更加敏锐。人们为什么愿意为一条家庭影院数据线掏500美元的巨款？为什么经济模型预测不了经济危机？那是因为我们有 6 种错觉，其中的任何一种都可以把我们耍得团团转。我们以为自己看见的就是真实的世界，但是看见不等于看到，了解不等于知道，错觉就在潘多拉的盒子里，随时检视一下，人类心灵的奥秘就可随之揭开。

另外，面对现代社会铺天盖地的纷乱选项，你最好读一下与丹尼尔·卡尼曼齐名的心理学、经济学跨界大师巴里·施瓦茨（Barry Schwartz）所著的《选择的悖论：用心理学解读人的经济行为》(*The Paradox of Choice: Why More is Less*)——它用心理学理论解读了人类的经济行为。在该书中，施瓦茨提出了一个革命性的观点：幸福意味着拥有自由和选择，但更多的自由和选择并不能带来更强烈的幸福感，相反，选择越多，幸福感越少！这本书用 11 条实用建议，帮助你在更短的时间里做出更明智的选择，从而指引你一步步走向充实美好的人生！

未来，属于终身学习者

> 我这辈子遇到的聪明人（来自各行各业的聪明人）没有不每天阅读的——没有，一个都没有。巴菲特读书之多，我读书之多，可能会让你感到吃惊。孩子们都笑话我。他们觉得我是一本长了两条腿的书。
>
> ——查理·芒格

互联网改变了信息连接的方式；指数型技术在迅速颠覆着现有的商业世界；人工智能已经开始抢占人类的工作岗位……

未来，到底需要什么样的人才？

改变命运唯一的策略是你要变成终身学习者。未来世界将不再需要单一的技能型人才，而是需要具备完善的知识结构、极强逻辑思考力和高感知力的复合型人才。优秀的人往往通过阅读建立足够强大的抽象思维能力，获得异于众人的思考和整合能力。未来，将属于终身学习者！而阅读必定和终身学习形影不离。

很多人读书，追求的是干货，寻求的是立刻行之有效的解决方案。其实这是一种留在舒适区的阅读方法。在这个充满不确定性的年代，答案不会简单地出现在书里，因为生活根本就没有标准确切的答案，你也不能期望过去的经验能解决未来的问题。

而真正的阅读，应该在书中与智者同行思考，借他们的视角看到世界的多元性，提出比答案更重要的好问题，在不确定的时代中领先起跑。

湛庐阅读App：与最聪明的人共同进化

有人常常把成本支出的焦点放在书价上，把读完一本书当作阅读的终结。其实不然。

时间是读者付出的最大阅读成本

怎么读是读者面临的最大阅读障碍

"读书破万卷"不仅仅在于"万"，更重要的是在"破"！

现在，我们构建了全新的"湛庐阅读"App。它将成为你"破万卷"的新居所。在这里：

- 不用考虑读什么，你可以便捷找到纸书、电子书、有声书和各种声音产品；
- 你可以学会怎么读，你将发现集泛读、通读、精读于一体的阅读解决方案；
- 你会与作者、译者、专家、推荐人和阅读教练相遇，他们是优质思想的发源地；
- 你会与优秀的读者和终身学习者为伍，他们对阅读和学习有着持久的热情和源源不绝的内驱力。

下载湛庐阅读App，

坚持亲自阅读，

有声书、电子书、阅读服务，

一站获得。

CHEERS
本书阅读资料包
给你便捷、高效、全面的阅读体验

本书参考资料   湛庐独家策划

- ☑ **参考文献**
  为了环保、节约纸张，部分图书的参考文献以电子版方式提供

- ☑ **主题书单**
  编辑精心推荐的延伸阅读书单，助你开启主题式阅读

- ☑ **图片资料**
  提供部分图片的高清彩色原版大图，方便保存和分享

相关阅读服务   终身学习者必备

- ☑ **电子书**
  便捷、高效，方便检索，易于携带，随时更新

- ☑ **有声书**
  保护视力，随时随地，有温度、有情感地听本书

- ☑ **精读班**
  2~4周，最懂这本书的人带你读完、读懂、读透这本好书

- ☑ **课　程**
  课程权威专家给你开书单，带你快速浏览一个领域的知识概貌

- ☑ **讲　书**
  30分钟，大咖给你讲本书，让你挑书不费劲

湛庐编辑为你独家呈现
助你更好获得书里和书外的思想和智慧，请扫码查收！

（阅读资料包的内容因书而异，最终以湛庐阅读App页面为准）

Priceless: The Myth of Fair Value (and How to Take Advantage of It) by William Poundstone

Copyright © 2010 by William Poundstone

The perceptual illusion on page 23 is copyright © 1995 by Edward H. Adelson.

Simplified Chinese translation Copyright © 2022 by Cheers Publishing Company. All rights reserved.

本书中文简体字版由 William Poundstone 授权在中华人民共和国境内独家出版发行。未经出版者书面许可，不得以任何方式抄袭、复制或节录本书中的任何部分。

版权所有，侵权必究。

图书在版编目（CIP）数据

无价 ／（美）威廉·庞德斯通
（William Poundstone）著；闾佳译. -- 杭州：浙江教育出版社，2022.10（2025.8重印）
书名原文：Priceless
ISBN 978-7-5722-4395-0

Ⅰ. ①无… Ⅱ. ①威… ②闾… Ⅲ. ①价格—通俗读物 Ⅳ. ①F714.1-49

中国版本图书馆CIP数据核字(2022)第171748号

浙江省版权局
著作权合同登记号
图字：11-2022-256号

上架指导：营销与销售

版权所有，侵权必究
本书法律顾问　北京市盈科律师事务所　崔爽律师

无价
WUJIA

［美］威廉·庞德斯通（William Poundstone）　著
闾　佳　译

责任编辑：江　雷	
文字编辑：苏心怡	
美术编辑：韩　波	
责任校对：高露露	
责任印务：陈　沁	
封面设计：湛庐文化	

出版发行　浙江教育出版社（杭州市环城北路177号）
印　　刷　天津中印联印务有限公司
开　　本　710mm×965mm　1/16　　　插　页：2
印　　张　18　　　　　　　　　　　　字　数：280千字
版　　次　2022年10月第1版　　　　　印　次：2025年8月第2次印刷
书　　号　ISBN 978-7-5722-4395-0　　 定　价：89.90元

如发现印装质量问题，影响阅读，请致电 010-56676359 联系调换。